돈은 빅테크로 흐른다

돈은 빅테크로 흐른다

초판 1쇄 | 2023년 7월 30일
2쇄 | 2023년 8월 16일

지은이 | 애덤 시셀
옮긴이 | 고영태
감수·해제 | 홍영표

펴낸곳 | 액티브
펴낸이 | 김기호
편집 | 오경희, 양은희
기획관리 | 문성조
마케팅 | 조현정
디자인 | 유어텍스트

신고 | 2022년 5월 27일 제2022-000008호
주소 | 서울시 용산구 한강대로 295, 503호
전화 | 02-322-9792
팩스 | 0303-3445-3030
이메일 | activebooks@naver.com
블로그 | https://blog.naver.com/activebooks

ISBN | 979-11-983353-0-2 (03320)
값 | 19,000원

* 파본이나 잘못된 책은 구입한 서점에서 바꿔드립니다.

가치투자 3.0 세대를 위한 명쾌한 테크주 투자법

돈은 빅테크로 흐른다

애덤 시셀 지음 · 고영태 옮김 · 홍영표 감수

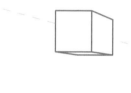

WHERE THE MONEY IS

액티브
ACTIVE

일 러 두 기

1. 단행본은 《 》, 잡지(월간지, 비정기간행물)와 영화·TV 콘텐츠는 〈 〉, 기사와 논문은 ' '로 표기한다.

2. 해외 단행본 중 국내 번역서가 있는 경우는 《벤저민 그레이엄 자서전(Benjamin Graham: The Memoirs of the Dean of Wall Street)》, 번역서가 없는 경우는 《Understanding Wall Street(월스트리트 이해하기)》 식으로 표기한다.

3. 고유명사의 원문은 단어가 처음 나올 때만 표기하는 것을 원칙으로 한다.

4. 고유명사가 긴 경우 처음 나올 때만 전체 이름(full name)을 표기하고 이후에는 약자만 표기할 수 있다. 인명의 경우 성(last name)만 표기할 수 있다.

5. 지은이, 옮긴이, 편집자의 주석은 모두 각주 표기했다. 별도의 언급이 없는 것은 지은이 주석이다.

6. 애플, 아마존, 알파벳, 페이스북 등 IT 기업 주식은 기술주, 테크주 등으로 부르는데 이 책에서는 테크주로 통일한다. 해당 기업은 테크기업으로 통일한다.

왜곡된 과거의 방식에 영향을 받지 않은 신출내기로서 나는 금융계에 나타나기 시작한 새로운 변화에 쉽게 대응할 수 있었다. 경험으로 지식의 순수성을 잃은 나의 많은 전임자들보다 더 나은 판단력과 더 분명한 관점에 근거해 나는 중요한 것과 중요하지 않은 것, 신뢰할 수 있는 것과 신뢰할 수 없는 것, 정직한 것과 정직하지 않은 것을 식별하는 방법을 배웠다.

– 벤저민 그레이엄, 《벤저민 그레이엄 자서전(Benjamin Graham: The Memoirs of the Dean of Wall Street)》

투자의 핵심은 어떤 산업이 사회에 얼마나 많은 영향을 미치는지, 또는 얼마나 성장할지를 평가하는 것이 아니다. 그보다는 특정 기업이 경쟁우위가 있는지, 그 경쟁우위가 얼마나 오래 지속될지를 평가하는 것이다.

– 워런 버핏, 〈포천(Fortune)〉(1999)

디지털시대의 가치투자, 정통과 이단 사이

2023년 상반기 마지막 거래일인 6월 30일, 애플은 종가 기준으로 시총 3조 달러를 돌파했다. 2018년 8월 시총 1조 달러를 넘어서고, 2020년 8월 2조 달러를 처음 넘어선 지 약 2년 10개월 만이었다. 시총 1조 달러를 넘기기 2년 전인 2016년 워런 버핏은 애플을 대량 매수했다. 정통 가치투자자들에게 매우 이례적으로 비친 투자였다. 2018년 오마하에서 버핏은 "애플이 테크주여서 투자한 것이 아니라 애플 생태계의 지속 가능성을 신뢰했다"라고 강조한다. 확실한 경쟁우위를 지닌 기업에 집중 투자해온 버핏의 이전 투자와 큰 차이도 없었다.

하지만 이전까지 테크주를 멀리했던 버핏의 철학과는 결이 다름을 누구나 알 수 있었다. 기술을 가치에 반영할 수밖에 없었던 버핏의 고민이 담긴 투자였을 것이다. 이후 버핏의 쇼핑 리스트에서 애플은 최선호 대상이었다. 버드와이저, 코카콜라같이 경제적 해자에 기반해 열매를 수확하는 기존 기업과는 다른 접근임은 분명하다. 2018년 오마하에서 버핏은 다시 한번 'IT가 우리 생활에 깊숙하게 들어온 새로운 현실'을 언급하며, 투자자도 이를 받아들여야 함을 강조한다. 애플 투자 이전과 이후의 가치투자 기준은 달라진 것인가?

애덤 시셀은 '애플' 이야기로 이 책을 시작한다. 2016년 버핏의 투자에 앞서 애플에 투자했던 대학 친구 알렉스의 이야기다. 2007년 알렉스는 아이폰을 샀고, 앞으로도 많은 사람이 이 폰을 구매할 것이라 생각하고 애플 주식을 매수했다고 한다. 투자 결과는 모두가 알듯이 애플은 시장 평균 수익을 압도했다. 기술 확장성이 가치 측정에 반영된 사례다.

시셀의 책이 한국에 번역 출간되는 2023년, 이와 유사한 사례가 또 출현했다. 2022년 11월 30일에 출시된 챗GPT는 출시 2개월 만인 2023년 1월 월간 활성 사용자 수가 1억 명을 돌파했고, 4월에는 1억 8,000만 명을 넘어섰다. 챗GPT와 공저한 책이 서점에 깔리고, 대학생들은 챗GPT로 리포트를 작성하며, 프로그래머는 챗GPT를 활용해 코딩하는 등 챗GPT를 필두로 한 생성형 AI는 실제로 인간의 수고를 줄여주면서 우리삶 깊숙이 자리 잡고 있다. 마치 애플이 그러했던 것처럼 생성형 AI도 우리 삶에 갑자기 들어왔다.

엔비디아는 AI시대의 개막을 선언했다. 2022년 10월 주당 108달러에 불과했던 엔비디아 주가는 2023년 6월 438달러까지 4배 급등한다. 선행 PER이 40배가 넘었을 때 투자에 나섰어도 성과가 상당했다. 현재 엔비디아가 벌어들이고 있는 이익 규모 혹은 보유하고 있는 순자산가치에 비해 주가는 싸다고 볼 수 없다. 가치투자자의 정통 잣대로 보면, 더는 엔비디아에 손을 내밀어서는 안 된다. 하지만 이 책의 저자라면 이런 반문을 할 것이다. AI 세상이 이제 시작이라면, 테크주의 가치도 재평가되어야 하지 않을까?

투자자는 누구나 좋은 기업을 좋은 가격에 사고 싶어 한다. 언뜻 보기에는 어렵지 않은 선택 같지만 실제 행하기는 쉽지 않다. 각자 생각하는 '좋은(good)'의 의미가 다르기 때문이다. '좋은'은 '가치평가' 개념이다. 투자에서 대상의 가치를 산정하고 고평가 혹은 저평가 여부를 판단하는 작업은 투자자라면 반드시 거치는 과정이다.

가치평가를 하지 않고 투자를 한다는 것은 마치 탐험가가 지도를 보지 않고 목적지를 찾아 나서는 것과 같다. 그만큼 여정이 험난할 수밖에 없다. 하지만 여기서 고민이 시작된다. 과거에 보물을 찾아가던 방식으로는 현재 시점에서 보물을 찾아내기가 힘들기 때문이다. 과거에는 항해할 때 나침반(전통적인 가치평가 방법)에 의존했지만 이후 기술이 발전했으니 이제는 레이더(새로운 가치평가 방법)가 필요하지 않을까?

전통적인 가치 비교는 벤저민 그레이엄의 《현명한 투자자》가 시작이다. 상대적이건 절대적이건 저평가된 기업에 투자해야 한다는 입장이다. 가치투자자는 미스터 마켓이 일시적으로 변덕을 부리더라도 저평가된 주식은 제자리를 찾아갈 것이라는 믿음을 갖고 있다. 유용한 접근법이지만 과거만큼 강력하지는 않다. PER과 PBR이 지닌 한계 때문이다. 당장은 기업의 실적이 좋지 못하고 보유하고 있는 순자산의 규모가 크지 않을 경우 PER과 PBR이 높게 나타나 고평가된 것처럼 보일 수있지만, 높은 성장 잠재력이 있거나 타 기업이 추종할 수 없는 독보적인 기술력을 보유한 기업이라면 단순히 PER, PBR만으로 가치를 평가하는 것은 적절치 않다.

버핏은 전통적인 가치투자에서 한 걸음 더 나아갔다. 주가가 다소 상승했더라도 이익 성장성이 확실하다면 투자에 나섰다. 그레이엄의 가치 1.0이 가격에 집중했다면, 버핏의 가치 2.0은 가격도 중요하지만 더 중요한 것은 기업의 경쟁우위, 즉 해자임을 투자 전면에 내세웠다.

이 책의 저자 애덤 시셀은 여기서 한 걸음 더 나아간다. 현재 시장 점유율이 낮지만 시장이 커지고 있고 기술적 경쟁우위를 확보한 기업이라면, 주가가 높더라도 투자하자는 것이다. '지금 많이 벌고 있는 기업을 싸게 사야 한다'라는 가치투자자의 정통 교리와 맞지 않아 보이는 주장이다. 가치 1.0에 근거한 아주 싼 기업이 아니더라도, 또 가치 2.0에 기반한 이익 창출 능력이 당장은 부족하더라도, 가치 3.0에 근거한 기술에 가치를 부여할 수 있다면 투자에 나서야 한다는 것이다.

테크기업은 미래를 위해 막대한 선행투자를 할 수밖에 없고, 그 결과 PER 계산식의 분모인 E(이익)가 작아져서 PER은 너무 높아 보일 수밖에 없다. 그러기에 그만큼 막대한 투자를 하지 않는 전통기업과 테크기업을 동일한 잣대로 봐서는 안 된다. 일례로 아마존, 마이크로소프트와 같은 플랫폼기업의 경우 어떤 방식의 가치평가를 적용하는 것이 적절할까? 테크기업의 특성상 먼 미래에 창출할 수 있는 현금흐름 규모를 합리적으로 예측하기란 사실상 불가능하다. 또한 당장 큰 이익을 내거나 대규모 고정자산을 보유하기보다는 사용자 기반을 넓히기 위한 투자를 지속해 장악력을 키우는 것이 장기적인 기업가치 제고에 보다 효과적인 전략이다. 만일 이런 기업에 대해 DCF, PER, PBR 등 전통적인 가치평가 방법만을 적용한다면 적절한 기업가치 산정이 힘들 수밖에 없음을 시셀은 지적한다. 나아가 대안으로 독자적인 어닝파워 PER 계산법과 BMP(business, management, price) 템플릿을 제시한다.

정통 교리에서 벗어난 이를 이단자라 한다. 이단의 교리는 정통 교리에 수용되어 발전하기도 하지만, 대개는 배척되어 조용히 사라진다. 벤저민 그레이엄이 창시했고 워런 버핏이 발전시킨 가치투자의 교단에 이질적인 주장이 출현했다. 가치투자자들이 이를 이단으로 치부할지, 가치투자의 지평을 넓히는 새로운 시각으로 평가할지 아직 예단하기는 힘들다. 정통 가치투자자라면 이 책의 주장이 불편할 것이다. 반면 정통 가치투자를 절대적이라 여기는 도그마티즘에서 벗어나고픈 투자자라면 매우 반길 책이다.

책 말미에 저자는 말한다. "세상은 변해왔고 또다시 변할 것이다." 변화의 가치를 투자에 투영한 것이다. 애덤 시셀은 가치투자의 이단자일까? 아니면 발전적인 계승자일까? 미래의 모습은 지금 알 수 없고, 모든 사물과 환경은 변화한다. 기업과 산업도 변화하고 투자 대상의 가치를 산정하는 기준 또한 달라질 수밖에 없다. 전통적이고 고정적인 가치평가 공식에 얽매이기보다는 좀 더 유연한 사고를 바탕으로 현 상황에 맞는 가장 적절한 가치평가 방법론을 찾아볼 필요가 있다.

시셀은 변화하는 세상에 발맞춰 진화하는 좋은 주식의 기준을 제시했다. 시셀은 가치투자의 배교자가 아닌 계승자다.

윤지호(이베스트투자증권 리테일사업부 대표)

면책 선언

이 책에 인용된 특정 가격 자료와 정보는 인터컨티넨털익스체인지(Intercontinental Exchange, ICE) 데이터에서 제공한 것이다. ICE 데이터는 자료와 정보의 정확성과 완전성을 보장할 수 없고 자료의 활용과 관련해 어떤 책임도 없다. 이 책의 어떤 내용도 투자 조언이나 특정 상품에 대한 매매 권고, 혹은 어떤 형태로든 투자에 대한 권유로 해석해서는 안 된다. 이 책은 특정 주식을 팔거나 사라는 제안을 하지 않는다. 매수 및 매도 제안은 적격한 투자자가 비공개 제안서나 기타 공식적인 제안 문서를 받은 시점에만 성립될 수 있다. 책에 언급된 모든 펀드 관련 정보는 언제든 변경될 수 있다. 이 책에서 제공된 모든 정보는 새로운 판본에서 수정되거나 보완될 수 있다.

이 책에 투자 테마를 예시한 것은 저자가 운용하는 펀드나 고객을 대신해 할 수도 있는 투자 유형을 보여주기 위함이다. 미래에 어떤 펀드나 고객이 여기서 예시한 주식에 투자할 수도 있고 투자하지 않을 수도 있다. 여기서 논의된 모든 투자 테마나 아이디어가 과거에 수익을 냈다거나 혹은 미래에 수익을 낼 것으로 가정해서는 안 된다. 미래의 어떤 투자 권고도 이 책에서 언급된 투자 주제나 아이디어에 필적할 만한 성과를 낼 것으로 가정해서도 안 된다.

이 책에 수록된 모든 투자 성과에 대한 정보, 전망, 시장 예측 및 추정은 미래의 전망이고 특정 가정에 근거를 둔 것이다. 어떤 전망과 예측, 혹은 가정도 앞으로 발생하거나 이미 발생한 실제 사건을 가리키는 것으로 해석해서는 안 된다. 과거의 투자 성과가 반드시 미래의 결과를 암시하는 것도 아니다. 이 책에 소개된 모든 정보는 정확하다고 믿지만, 저자는 그 정확성과 완전성에 관해 명시적 또는 묵시적 보증을 하지 않는다.

차례

1부
기술의 발전과 가치 3.0의 탄생

1장. 세상이 변했다

2부

테크주, 비테크주 투자의 실전

5장. 그때와 지금의 경쟁우위

6장. 주주를 위한 베스트 경영진

7장. 가치 3.0의 가치평가 도구

8장. 어닝파워 PER 산출 사례: 아마존

9장. BMP 템플릿 사례 연구: 알파벳과 인튜이트

10장. 비테크주 성공 투자를 위한 핵심 질문

3부

투자 성과를 올려줄 마지막 퍼즐

11장. 매력적인 투자 대상 찾기

12장. 투자 과정과 투자 우선순위를 위한 팁

13장. 규제와 혁신, 체스판의 후반부

용어 이해를 위한 길잡이

이 책은 투자에 관한 내용을 다루므로 비즈니스, 재무, 회계 관련 용어를 많이 포함한다. 하지만 이런 용어에 익숙하지 않은 독자라 해도 두려워할 필요가 없다. 고액 연봉을 받는 대부분의 전문직 종사자와 마찬가지로 재무나 투자업계 전문가들도 자신의 업무가 실제보다 더 어려워 보이도록 난해한 용어들을 사용한다. 전문용어를 사용하는 것이 자신들의 비싼 수수료를 정당화하는 데 도움이 되기를 바라기 때문이다.

한 세대 전에 피터 린치(Peter Lynch)가 저서에서 이야기한 것처럼 투자는 너무 중요한 것이므로 전문가들에게 맡겨놓을 수 없다고 생각한다. 나도 린치처럼 지성과 상식, 일상적인 경험이 있는 사람은 누구나 훌륭한 투자자가 될 수 있다고 생각한다. 실제로 아마추어 투자자는 기관투자가보다 단기적인 압박에 덜 노출되기 때문에 종종 시장의 기회를 이용하기에 훨씬 더 좋은 위치에 있다. 기관투자가는 다음 분기의 실적에 대해 걱정하지만 아마추어 투자자는 장기적인 관점에서 진짜 돈을 벌 좋은 기회에 집중할 수 있다.

그렇다 하더라도 회계는 기업을 이해하는 언어다. 당신이 해외여행을 하든 경제를 공부하든 해당 분야의 언어를 이해하는 것이 도움이 된다. 다시 말하지만 용어에 대해 두려움을 가질 필요는 없다. 투자자가 알아야 하는 회계는 비밀스러운 것도, 끔찍하게 복잡한 것도 아니다.

회계의 본질은 회사의 자산과 부채를 설명하는 것이며, 회계는 회사로 들어오는 돈과 나가는 돈의 흐름을 추적하도록 돕는다. 요컨대 회계는 회사의 성과 기록을 돕는 일종의 규정이다. 본문 후반부에서 알게 되겠지만 이런 규정은 경제적 현실이 변하면서 바뀌게 된다. 디지털시대의 도래와 함께 현재 회계 시스템도 그런 변화에 직면했다고 할 수 있다.

나는 본문에서 가능한 한 쉬운 용어로 재무와 회계 개념을 설명하려고 최선을 다했지만 누군가는 직관적으로 이해하지 못할 수도 있다. 용어 이해에 어려움이 있다면 책 마지막에 있는 '용어 해설'을 참고하라. 그런데도 여전히 이해가 안 되는 용어가 있다면 인베스토피디아닷컴(Investopedia.com)을 방문해보라. 인베스토피디아닷컴은 쉬운 영어로 설명된 훌륭한 무료 사이트다. 훨씬 더 깊은 지식을 원한다면 제프리 B. 리틀(Jeffrey B. Little)과 뤼시앵 로즈(Lucien Rhodes)가 쓴 《Understanding Wall Street(월스트리트 이해하기)》를 읽어보기를 권한다. 이 책은 내가 언론계를 떠나 월스트리트에 들어올 때 읽었던 짧은 입문서로 전문용어의 개념을 이해하는 데 많은 도움이 되었다.

들어가는 말

너무 크고 너무 빠른 빅테크의 물결

알렉스는 내 대학 친구다. 그는 '애플(Apple)' 한 종목만 사서 15년간 계속 보유하는 전략으로 재산을 늘렸다. 알렉스는 아이폰(iPhone)이 출시된 2007년에 애플 주식을 샀는데 매수 논리는 다음과 같았다.

> A. 나는 최근에 아이폰을 샀다. 아이폰은 매우 혁신적인 제품이어서 아주 많은 사람이 아이폰을 사게 될 것이다. 지금부터 향후 몇 년 동안 그럴 것이다.
>
> B. 애플의 주가도 뒤따라 상승할 것이다.

[그림 1]이 보여주는 것처럼 알렉스의 예측은 말도 안 될 정도로 정확했다. S&P500지수로 대변되는 시장 평균 수익은 이 기간에 대략 3배

돈은 빅테크로 흐른다

상승했지만 애플은 45배 정도 올랐다.

하지만 애플의 이런 놀라운 상승에도 불구하고 지난 15년 동안 애플 주식은 4번이나 시장가치의 30%를 잃어버렸다는 사실에 주목해야 한다. 3년 또는 4년마다 알렉스는 자신이 평생 모은 돈이 3분의 1 가까이 줄어드는 것을 지켜보았다. 주식에 투자하는 사람은 누구나 아는 것처럼 정말 고통스러운 일이다.

그러나 알렉스는 이성을 잃지 않았다. 그는 애플 주식을 팔지 않았고 이 주식을 보유하는 데 대한 확신도 잃지 않았다. 그는 단 하나의 탁월한 기업을 찾아냈고 그 주식을 계속 보유하는 단순한 방법으로 부자가 되었다. 아이폰을 출시했을 때 애플에 투자한 1만 달러는 2022년 현재 약 50만 달러가 되었다. S&P500지수에 투자했다면 얻었을 수익의

[그림 1] 2007년 아이폰 출시 이후 애플 총수익률

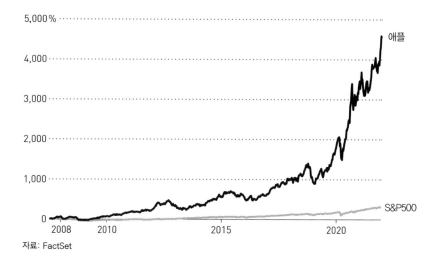

자료: FactSet

15배 정도다.

내 설명을 오해해서는 안 된다. 시장 평균도 아주 좋은 수익률이다. 급격한 변동과 때때로 발생하는 폭락에도 미국 주식시장은 지난 100년 동안 부를 축적하기에 가장 좋은 곳이었다. 이를 설명하는 것은 전혀 어렵지 않다. 많은 사람이 생각하는 것과 달리 주식시장은 거울의 방도 아니고, 오즈의 마법사가 커튼 뒤에 숨어서 줄로 조종하는 에메랄드 시티도 아니다. 주식시장은 시간이 지나면서 이익이 증가하는 기업들의 집합에 불과하다. 기업의 이익이 증가하면 시장가치도 증가한다. 미국이 계속 성장하고 번영할 것이라고 믿는다면 당신은 성장과 번영의 일부를 소유해야 한다.

[그림 2]에서 볼 수 있는 것처럼 미국 주식시장은 기준 지수와 측정기간에 따라 연평균 8~10% 수익률을 보였다. 장기적인 부 축적의 또다른 수단인 미국 부동산은 연 5%에 불과한 비교적 낮은 수익률을 보였다. 2022년 현재 금리 환경에서 3년 만기 양도성예금증서(CD)는 연간 약 1%의 이자를 지급하는 반면, 평균적인 당좌예금은 0.04%라는 한심한 수준의 이자를 지급한다.

이 수치들은 복리(compounding)의 힘을 이해하기 전에는 다소 추상적으로 들릴 것이다. 복리란 컴퓨터 성능, 비즈니스의 이익, 주식 가치 등 무언가가 성장하는 방식을 가리킨다. 예를 들면 내리막길을 굴러 내려가는 눈덩이가 점점 속도가 빨라지고 크기가 커지는 것처럼 어떤 것이 속도와 크기를 키워나가며 스스로 성장하는 방식이 복리의 개념이다.

연간 5% 수익도 괜찮은 수준이므로 지난 50년 동안 미국 부동산시

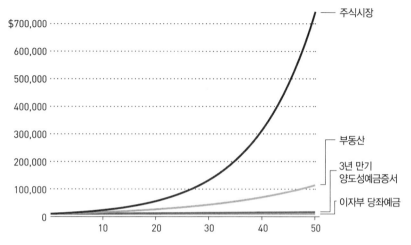

[그림 2] 주식은 다른 자산보다 수익률이 얼마나 좋을까

연평균 수익률에 따른 투자금 1만 달러의 가치 변화*

주식시장

부동산

3년 만기
양도성예금증서

이자부 당좌예금

* 투자 상품 기준 수익률: 이자부 당좌예금(0.04%), 3년 만기 CD(1%), 부동산(5%), 주식시장(9%)

장에 1만 달러를 투자했다면 10만 달러 조금 넘는 금액을 얻게 될 것이
다. 하지만 똑같은 액수를 평균적인 주식시장의 수익률로 투자했다면
70만 달러 이상을 창출할 것이다.

[그림 2]는 알베르트 아인슈타인(Albert Einstein)이 왜 복리를 8번째
세계 불가사의라고 칭했는지, 왜 주식시장에 투자해야 하는지를 설명
해준다. 나이가 어릴수록 복리의 마법은 더욱 효과를 발휘한다. 시장
이 변동성을 이겨내고 시장의 평균 수익률을 올릴 시간이 훨씬 더 많기
때문이다. 40세라도 3년 만기 CD와 비슷한 이자를 지급하는 채권에 많
은 돈을 투자해서는 안 된다고 생각한다. 이른바 2045 타깃데이트펀드
(target date fund, TDF)는 채권에 최고 15% 정도를 투자하는데, 내가 볼

때 채권의 비중이 너무 크다. 수익률을 높일 수 있는 시간이 20년 이상이 있다면 미국 기업의 성장이 당신의 재산 증식에 도움이 되도록 투자해야 한다.

주식 투자는 시장 전체에 투자하거나 특정 종목에 투자하는 형식을 취할 수 있다. 시장을 잘 알지 못하거나 시장이 두려운 사람들은 패시브 방식으로 투자하는 것을 선호한다. 이런 사람들은 단순히 시장의 평균을 추종하는 인덱스펀드를 매수한다. 좀 더 모험적인 투자자들은 상장지수펀드(ETF)를 산다. ETF는 시장 평균을 앞설 것으로 믿는 개별적인 섹터를 추종한다. 나는 특정 종목에 투자하는 것을 좋아한다. 알렉스가 애플을 매수한 것처럼 나는 연평균 9% 수익률을 내는 시장보다 더 높은 수익률을 낼 기업을 찾고 싶다. 당신도 나처럼 그런 기업을 찾을 수 있고 이 책은 그 방법을 알려줄 것이다.

수백만 명이 똑같이 시장보다 높은 수익을 내려고 할 때 그 방법이나 전략을 찾기란 정말 어려운 일이 된다. 이는 마치 복잡한 퍼즐을 풀거나 보물찾기를 하는 것과 같다. 정말로 진지하게 하지 않을 것이라면 도전해서는 안 될 일이다. 평생 저축한 돈을 걸지 않고도 할 수 있는 보물찾기와 퍼즐은 많다. 그러나 평균 이상의 주식을 찾아내고 매수하고 보유하는 일에 전념하면 알렉스처럼 장기적인 부를 축적할 수 있다. 복리의 마법이 당신을 부자로 만들어줄 것이다. 평균 9%의 수익을 내는 시장에 투자한 1만 달러는 50년이 지난 후에 70만 달러 이상이 될 것이다. 하지만 같은 금액을 평균 12%의 수익을 내는 시장에 투자하면 거의 300만 달러가 될 것이다.

[그림 3] 탁월한 주식은 어떻게 시장을 이기는가

연평균 수익률에 따른 투자금 1만 달러의 가치 변화*

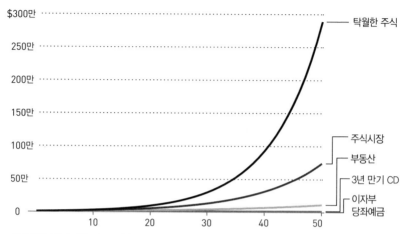

* 투자 상품 기준 수익률: 이자부 당좌예금(0.04%), 3년 만기 CD(1%), 부동산(5%), 주식시장(9%), 탁월한 주식
(12%)

이 내용은 글로 설명하는 것보다 그림이 훨씬 더 설득력이 있을 것
이다(그림 3 참조).

한 세대 전에 피터 린치는 여러 권의 베스트셀러 투자서에서 비슷한
주장을 했다. 이 가운데 가장 유명한 책이 《전설로 떠나는 월가의 영웅
(One Up on Wall Street)》이다. 피델리티(Fidelity Investment)가 내놓은 뮤추
얼펀드 마젤란(Magellan)의 펀드매니저로서 오랜 기간 시장보다 높은 수
익률을 기록한 린치는 아마추어 투자자가 개별 종목에 투자해 부를 축
적할 수 있고 또 그래야 한다는 주장을 다음 세 가지 논점에서 펼쳤다.

1. 일상생활의 경험과 상식을 이용해 평균 이상의 좋은 기업을 찾아라.
2. 그 기업에 투자하라.*
3. 편안히 앉아서 복리의 마법이 효과를 발휘하도록 하라.

린치는 《전설로 떠나는 월가의 영웅》에서 "결국 탁월한 기업은 성공하고 열등한 기업은 망할 것이다. 그래서 각각의 기업에 투자한 투자자들은 그에 따라 보상을 받을 것이다"라고 썼다.

린치의 말은 여전히 유효하다. 다만 지난 세대에 걸쳐 기술 발전이 경제를 너무 크게 변화시켜 탁월한 기업을 구성하는 특질이 크게 바뀌었다는 것이 문제다. 린치가 그 책을 썼을 당시에는 인터넷과 스마트폰, 소셜미디어가 존재하지 않았다. 토이저러스(Toys 'R' Us), 스바루(Subaru), 헤인즈(Hanes, '레그스'라는 팬티스타킹 제조사) 등 일상생활에서 접하던 탁월한 기업의 사례는 지금은 구시대적인 것이 되었다. 세상은 변하기 마련이고 린치는 이런 변화를 예상하지 못했을 뿐이다. 다만 린치를 그런 기업에 투자하도록 이끌었던 상식이 지금 우리에게는 그런 기업의 근처에도 가지 말라고 이야기하고 있다는 사실은 인정해야 한다. 오늘날 내연기관 자동차는 자율주행차와 전기차의 위협에 직면했

---

* 피터 린치의 투자법을 압축한 1, 2번 항목은 '일상생활에서 발견한 마음에 드는 기업을 곧바로 매수하라'는 말로 종종 오해를 받는다. 린치는 《전설로 떠나는 월가의 영웅》에서 "유망 기업을 찾아내는 일은 단지 첫 단계일 뿐"이라며 유망 기업을 6개 범주로 분류하고 범주별로 무엇을 보고 투자해야 하는지 등 종목 분석법을 설명했다. 2015년 〈월스트리트저널(Wall Street Journal)〉 인터뷰에서는 "스타벅스 커피가 마음에 든다고 당장 스타벅스 주식을 사라는 식의 이야기를 한 적이 없다"고 말했다. – 편집자

다. 대부분의 여성은 오래전부터 팬티스타킹을 신지 않는다. 토이저러스는 월마트(Walmart)와 이커머스(e-commerce)의 양면 공세에 깔려 짓눌리다가 2017년 파산보호를 신청했다.

컴퓨터 성능의 지속적인 향상과 관련 기술에 의해 영향받는 테크기업들은 우리의 일상생활과 세계 경제, 그리고 이 책의 가장 중요한 주제인 주식시장을 바꾸어놓았다. 2011년 이후 미국 주식의 수익은 대략 50%가 정보기술(IT) 분야에서 나왔고 2016년 이후 미국 주식의 수익도 3분의 2가량이 이 분야에서 나왔다. 10년 전에는 정부의 통제를 받는 국영기업을 제외하고 세계에서 가장 가치 있는 상장기업 10곳 가운데 단지 2곳만이 테크기업이었지만, 2021년에는 10개 기업 가운데 8개가 테크기업이다.

[그림 4] 세계에서 시가총액이 가장 큰 10대 기업

순위	1990년	2000년	2010년	2021년
1	제너럴일렉트릭	제너럴일렉트릭	엑손모빌	**애플**
2	NTT	**인텔**	페트로차이나	**마이크로소프트**
3	로열더치셸	**시스코시스템즈**	**애플**	**알파벳**
4	알트리아그룹	**마이크로소프트**	중국공상은행	사우디아람코
5	**IBM**	로열더치셸	차이나모바일	**아마존**
6	엑손	화이자	**마이크로소프트**	**테슬라**
7	프록터앤드갬블	엑손모빌	버크셔 해서웨이	**메타(페이스북)**
8	토요타자동차	월마트	중국건설은행	**엔비디아**
9	**NEC**	**보다폰**	월마트	버크셔 해서웨이
10	월마트	**노키아**	프록터앤드갬블	**TSMC**

자료: FactSet

[그림 4]가 보여주는 것처럼 디지털시대가 너무 빨리 다가오는 바람에 우리는 한 걸음 물러나 그것이 무엇인지 분석할 여유조차 없었다. 역동적이고 영속적인 어떤 일이 벌어졌다는 사실을 모든 사람이 확실히 알고 있지만 대부분의 투자자는 그 일로 몹시 당황하는 것 같다. 투자자들은 중요한 상품이 0과 1로 만들어지는 디지털산업의 언어와 역동성을 파악하지 못했다. 이를 운이 없다고 이야기하는 것은 디지털시대를 제대로 모르고 있다는 의미다. 디지털 기반 위에 세워진 기업들(월가에서는 이런 기업들을 간단하게 '테크'라고 부른다)은 오늘날 세계 경제가 창출하는 부의 대부분을 차지하고 있다.

기술이 우리의 일상생활을 완전히 지배하고 있다 보니 디지털 혁명이 거의 완성되었다고 생각하는 것도 당연하다. 하지만 사실은 전혀 그렇지 않다. 여러 면에서 디지털 혁명은 이제 시작에 불과하다. 불과 한 세대 성장했을 뿐인데 아마존(Amazon) 소매 부문의 연매출은 월마트 매출에 맞먹는다. 현재 IT 분야 전체 지출의 대략 10~15%를 차지하는 클라우드 컴퓨팅은 언젠가 3분의 2 이상을 차지할 확률이 높다. 중소기업 회계 소프트웨어를 제공하는 세계적 기업인 인튜이트(Intuit)는 궁극적으로 접근 가능한 시장의 1~2%만 거래하고 있다. 이런 기업은 수도 없이 많다. 컴퓨터 성능이 기하급수적으로 증가하면서 이런 기업은 해마다 점점 증가할 것이다.

기술은 새로운 산업과 부를 창출하고 동시에 구경제의 상당 부분을 공동화시키고 있다. 테크기업의 급격한 성장은 구경제의 시장가치가 급격하게 하락하는 현상을 동반했다. 지난 10년에 걸쳐 화석연료 섹터는 미국 주식시장에서 차지하는 가치가 13%에서 3% 미만으로 크게 감소했다. 2015년 기준, 수십 년간 신뢰할 만한 투자 기업이었던 엑손모빌(Exxon Mobil)과 웰스파고(Wells Fargo)는 아마존보다 2~3배 정도 가치가 높았다. 그러나 [그림 5]에서 보듯 2021년 아마존의 기업가치는 엑손모빌과 웰스파고를 합친 것보다 4배나 더 높다.

빅테크(big tech)들이 대체로 관심을 독차지하고 있지만 수백 개에 달하는, 작고 잘 알려지지 않은 테크기업도 가치가 계속 상승해왔다. 문서 생성과 디지털 마케팅 분야의 어도비(Adobe), 디자인 시뮬레이션 소프트웨어를 개발하는 앤시스(Ansys), 디지털 건축설계 소프트웨어 오토데스크(Autodesk)는 단지 몇몇 사례에 불과하다. 이런 테크기업 가운데 알파벳 A로 시작하는 기업을 아직 다 열거하지도 못했다. 많은 사람이 문서 작성 도구인 PDF 때문에 어도비라는 기업을 잘 알지만, 2020년

[그림 5] 2015~2021 시가총액 추이 (단위: 조 달러)

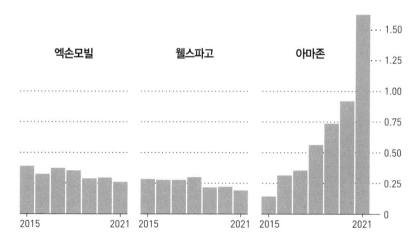

어도비가 크래프트하인즈(Kraft Heinz)와 비슷한 35억 달러 매출을 올렸다는 사실을 아는 사람은 그리 많지 않다. 세계에서 5번째로 큰 식품회사인 크래프트하인즈는 1800년대부터 오스카마이어 핫도그, 필라델피아크림치즈 같은 상품으로 잘 알려진 기업이다.

기술혁명은 미국에서 시작되었고 여전히 미국이 그 중심축을 이루고 있지만 세계적인 현상이다. 중국에서 알리바바(Alibaba)와 텐센트(Tencent)가 디지털시장을 지배하고 있고 소프트뱅크(SoftBank)는 시가총액 기준으로 일본에서 가장 큰 10대 기업 가운데 하나다. 독일에서 시가총액이 가장 큰 기업은 데이터베이스를 제공하는 에스에이피(SAP)다. 그 밖에도 인도의 플립카트(Flipkart)와 릴라이언스지오(Reliance Jio), 이스라엘의 윅스(Wix)와 엘빗시스템(Elbit Systems), 호주의 제로(Xero)와 알티움(Altium) 등 다른 여러 국가에도 테크기업을 창업하는 문화가 활발하다.

이 모든 것을 고려할 때 디지털시대에 부의 축적에 관해 진지하게 고민하고 있다면 우리는 어떻게 투자할 것인가에 관해 깊이 있고 이성적인 질문을 던져야 한다. 우리는 테크기업이 어떤 기능을 하는지, 테크기업이 가진 경쟁우위의 원천 중 오래된 것과 새로운 것이 무엇인지 이해해야 한다. 테크기업의 손익계산서는 구경제에 속한 기업의 손익계산서와 매우 다르다는 점에서 이런 기업에 대한 가치평가 방법을 배워야 한다. 무엇보다 중요한 것은 오늘날 투자자가 직면한 긴박한 상황을 파악해야 한다는 점일 것이다. 즉 디지털경제(digital economics)의 등장으로 인해 우리가 수 세대에 걸쳐 의존해왔던 많은 분석 도구와 사고

방식이 더는 효율적이지 않다는 것이다.

테크기업의 주식이 공개시장에서 거래되기 시작한 이후 아마존과 알파벳(Alphabet) 같은 기업들은 주가가 비싸 보였고 따라서 전통적인 평가 기준으로 볼 때 투자 매력이 없었다. 하지만 아마존은 1997년에 기업을 공개한 이후 2,300배나 올랐다. 이는 시장 평균보다 300배 정도 높은 것이다. 알파벳은 2004년 상장한 이후 70배나 상승하면서 시장 평균보다 15배나 올랐다. 이런 상승을 설명하는 길은 둘 중 하나다. 시장이 틀렸고 테크기업의 또 다른 폭락을 앞두었거나, 아니면 전통적인 가치평가 기준 가운데 상당수가 잘못되었다는 이야기다.

어떤 사람들은 테크기업의 주가가 곧 붕괴할 것이라고 말한다. 이들은 테크기업의 주가 상승은 두 번째 닷컴버블에 불과하다고 주장한다. 1990년대 후반 닷컴버블 당시 투자자들은 온라인 거래가 곧 현실이 될 것이라는 사실이 분명해지자 수십 개의 기술 관련 기업에 자금을 쏟아부었다. 이름에 닷컴(dot.com)이 있는 기업들은 자금 조달을 위해 뜨겁게 달아오른 주식시장으로 모두 몰려들었다. 테크주 중심의 나스닥지수가 5년도 안 되는 짧은 기간에 5배나 오르면서 사람들은 파티를 즐겼다. 그러나 파티가 끝난 뒤 후유증은 매우 심각했다. 2000년 테크주 거품이 정점에 도달했을 때부터 18개월 후 저점에 이를 때까지 테크주는 시가총액의 80%를 잃어버렸다.

하지만 우리가 또 다른 버블 붕괴를 앞두고 있다는 비관론자들의 주장은 틀렸다. 오늘날 테크기업들은 1세대 닷컴 기업들과 달리 강력한 수익 창출의 토대가 있기 때문이다. 20년 전 펫츠닷컴(Pets.com) 같은 기업들은 웹사이트 방문자가 많아 기업가치가 높다는 의심스러운 주장을 근거로 상장을 통해 수억 달러의 가치를 인정받았다. 그러나 펫츠닷컴은 전성기에도 마케팅에 1억 달러 넘게 지출했지만 5,000만 달러 이상의 매출을 기록하지 못했고 이익을 낸 적도 없었다. 오늘날 온라인 기업들은 펫츠닷컴과 완전히 다르다. 어도비는 연매출이 160억 달러에 달하고 50억 달러의 이익을 낸다. 페이스북(Facebook)은 35억 명의 사용자를 보유하고 있고 연간 순이익(earning)은 400억 달러에 이르는데, 이는 디즈니(Disney)보다 4배 정도 많은 것이다.

어떤 사람은 우리 일상생활에 대한 빅테크의 급격한 영향력 확대를 고려하면 머지않아 정부가 개입해 빅테크의 영향력과 주주들을 위한 부 창출의 능력을 통제할 것이라고 믿는다. 물론 정부가 빅테크의 영향력을 줄이려는 조치를 취할 수 있다. 빅테크를 여러 개의 작은 회사로 분할하는 데 성공할 수도 있다. 하지만 한 세대에 걸쳐 습관적으로 날마다 사용해온 세계 최대의 기술 애플리케이션(이하 앱)을 규제나 입법으로 사용하지 못하게 할 수는 없다. 어떤 정부가 전 세계 사람들이 매일 55억 번 사용하는 구글(Google) 검색을 규제할 것인가? 과연 정치인들이 전 세계 월간 활성 사용자가 수십억 명에 달하는 페이스북 서비스를 법으로 금지하려고 할까? 이런 기업의 앱들은 전 세계 사람들의 일상과 밀접하게 연결돼 있고 그 연결성은 더욱 촘촘하고 강력해지고 있다. 구글과 페이스북 같은 기업은 당연히 과거 세대의 코카콜라(Coca-Cola)와 제너럴모터스(General Motors) 같은 훌륭한 기업으로 여겨질 수 있다.

임계점에 도달한 기술 발달

기술은 어떻게 그토록 거대하고 빨라졌을까? 그리고 투자자로서 우리는 어떻게 대응해야만 할까? 두 번째 질문에 대해 답하는 것이 이 책의 주제다. 첫 번째 질문에 대한 답변은 두 번째 질문에 답하기 위한 배경지식을 제공해줄 것이다. 그래서 첫 번째 질문에 대한 답을 여기서 먼저 다루려고 한다.

기술 분야가 거대해지고 빠르게 변하게 된 가장 중요한 이유는 컴퓨터 성능과 기술 변화의 복리 효과와 관련이 있다. 컴퓨터 성능은 1950년대 후반에 기술자들이 처음으로 실리콘 트랜지스터를 상업화한 이후 20개월마다 두 배로 증가했다. 컴퓨터의 단위 성능을 향상하는 데 들어가는 비용도 20개월마다 절반으로 줄었다. 생산 비용이 감소하는데도 컴퓨터 성능이 증가한다는 것은 컴퓨터와 고속인터넷 같은 관련 기술이 기하급수적으로 강력해지고 더 저렴해졌다는 의미다. 인류 역사상 가장 많이 생산된 '전계효과트랜지스터(field-effect transistor)'라는 반도체를 기술자들이 처음 만들었을 때 그 안에는 하나의 칩(chip)만 들어 있었고 제조 비용도 1달러가 넘었다. 오늘날 하나의 전계효과트랜지스터에는 수백만 개의 칩이 포함되고 제조 비용도 10억 분의 1달러에 불과하다.

그런 가성비의 폭발적 증가는 무어의 법칙(Moore's law)으로 알려져 있는데, 지금까지 60년 이상 지속되고 있다. 기술자들은 적어도 지난 10년 동안 무어의 법칙이 깨질 것으로 예측했지만 그런 일은 아직 벌어지지 않았다. 그러는 동안 더 적은 비용으로 더 많은 일을 처리하는 컴퓨터 성능의 발전은 놀라웠다. 1959~2000년 실리콘 칩은 3,000만 배나 강력해졌지만 생산 비용은 거의 같았다. 이것은 엄청난 발전이지만 오늘날 우리 주변에서 보이는 거대한 기술적 변화의 원동력이 될 만큼 강력하지는 않았다.

벤처 투자자인 마크 앤드리슨(Marc Andreessen)이 10년 전에 한 논문에서 주장한 것처럼, 21세기로 전환할 무렵 전 세계 인구의 1%만이 고속인터넷에 접속할 수 있었다. 휴대전화도 매우 비싸서 세계 인구의 15%만 휴대전화를 사용했다. 이런 사실들을 고려하면 왜 닷컴붐이 붕괴했는지를 알 수 있다. 즉 기술적 기반이 닷컴붐을 유지할 정도로 폭넓고 강력하지 않았다는 것이다.[*]

하지만 컴퓨터 성능과 그 관련 기능은 지난 10년 동안 지금 우리가 목격하고 있는 혁명을 가능하게 만든 변곡점에 도달했다. 현재 세계 인구의 절반 이상이 고속인터넷과 강력한 성능의 휴대전화를 사용하고 있다. 그 결과 전 세계 거의 모든 사람이 인터넷에서 검색하고 쇼핑하고 채팅하고 은행 업무를 보고, 다른 많은 일상적인 활동을 하고 있다.

거의 모든 활동을 온라인으로 하는 이유가 무엇일까? 옛날 방식보다

---

[*] 이 문제에 관심 있는 사람은 2011년 〈월스트리트저널〉에 실린 앤드리슨의 '왜 소프트웨어가 세계를 집어삼키고 있는가(Why Software Is Eating the World)'라는 글을 참조하라. 1965년 컴퓨터 연산능력의 가성비 역학에 관해서는 고든 무어(Gordon Moore)의 '집적회로에 더 많은 부품 집어넣기(Cramming More Components onto Integrated Circuit)'라는 논문을 참조하라. 앤드리슨의 글은 5쪽. 무어의 글은 4쪽이다. 중요한 논문들이 왜 이렇게 짧은 것일까?

좋기 때문이다. 올림픽 구호는 '더 빨리, 더 높이, 더 힘차게'다. 기술 분야의 구호가 있다면 아마도 '더 빨리, 더 싸게, 더 좋게'가 될 것이다. 디지털 앱은 크고 작은 다양한 방식으로 우리의 시간과 돈을 절약해주고 우리의 생활을 쉽고 편리하게 만들어준다. 구글검색(Google Search)이 등장하기 전에는 정보를 검색하고 싶으면 도서관에 가거나 백과사전을 사야 했다. 백과사전은 부피가 크고 정보도 금방 시대에 뒤떨어지는 데다 질문과 답변을 주고받을 수 없었다. 디지털 지도가 나오기 전에는 종이 지도를 사용했다. 종이 지도는 찢어지고 깔끔하게 접히지 않고 다른 경로나 실시간 교통 상황도 알려주지 않는다. 페이스북과 핀터레스트(Pinterest)가 나오기 전에는 디지털 게시판이 아니라 물리적 게시판을 통해 공지문을 게시했다.

이런 발전이 기술을 그토록 거대하고 빨라지게 하는 두 번째 근거다. 기술은 더 나은 제품과 서비스를 만든다. 로켓모기지(Rocket Mortgage)는 오프라인 은행보다 절반 정도의 시간에 가격 경쟁력이 있는 주택담보대출을 찾아줄 수 있다. 인튜이트는 중소기업 고객들에게 당일 현금잔고에 대해 연 1%의 이자를 제공한다. 이것은 일반 시중은행이 제공하는 평균 이자보다 25배나 많은 액수다.

최근에 아마존은 프라임(Prime) 서비스에 가입한 고객이 매장 방문에 들이는 시간을 1년에 평균 75시간 절약해주고 있다고 추정했다. 75시간에 프라임 회원 수 200만을 곱하고 한 시간에 10달러의 가치를 부여하면 프라임 회원들은 연회비를 제외하고도 1,250억 달러의 돈을 절약하는 셈이 된다. '더 빨리, 더 싸게, 더 좋게'라는 구호는 기업에도 적용된다. 구글이나 페이스북의 디지털 광고는 황금 시간대의 텔레비전 광고보다 쌀 뿐만 아니라 광고 효과를 추적할 수 있기 때문에 훨씬 더 고객 지향적이고 효과적이다.

오늘날 사회는 빅테크의 플랫폼들이 제기하는 온갖 이슈의 위협에 주목하고 있고 마땅히 그렇게 해야 한다. 개인정보 보호와 정보의 흐름, 표현의 자유와 부당한 정치적 영향력 사이에서 적절한 균형을 유지하는 것은 중요하다. 하지만 투자자라면 왜 사람들이 이런 기술을 우선적으로 받아들이는지를 잊어서는 안 된다. 기술은 생활을 편리하게 만들어주거나 비용을 줄여준다. 최근에 에릭 브리뇰프슨(Erik Brynjolfsson)이 주도한 매사추세츠공과대학교(MIT)의 연구는 소비자들이 일상적으로 사용하는 기술 앱을 얼마나 가치 있게 생각하는지를 돈의 가치로 측정했다.

브리뇰프슨 연구팀은 소비자들에게 페이스북, 구글, 기타 앱을 포기하는 대가로 얼마의 돈이 필요한지 물어보았다. 연구에 따르면 페이스북 사용자가 페이스북을 포기하는 데 연평균 550달러가 필요했다. 왓츠앱(WhatsApp)은 앱 사용을 포기하는 대가가 페이스북보다 거의 10배 많았다. 구글을 사용하지 않는 대가로는 연평균 1만 7,500달러라는 믿을 수 없이 많은 금액이 필요한 것으로 나타났는데, 이는 미국 국민의 연평균 소득의 3분의 1에 해당한다.

이런 유용성과 이른바 '디지털경제'를 접목하면 시장에서 테크기업의 빠른 성장을 설명하는 마지막 세 번째 퍼즐 조각을 맞출 수 있다. 세계는 이렇게 강력한 비즈니스 모델을 본 적이 없었다. 규모의 경제

(economies of scale)를 이룩한 성숙한 소프트웨어기업은 미국의 평균적인 기업보다 3~4배 정도 수익률이 높다. 비즈니스를 성장시키기 위해 매우 공격적으로 투자하는 테크기업조차 구경제의 수익률이 높은 기업보다 수익성이 좋다. 중소기업용 소프트웨어 개발사인 인튜이트는 마케팅과 영업, 연구개발에 수프 제조사인 캠벨(Campbell)보다 4배나 많은 돈을 쓰고 있지만 이익률(profit margins)은 2배나 높다.

어떻게 이것이 가능할까? 캠벨의 원재료는 토마토와 닭과 면이다. 이런 재료는 비용이 많이 들어간다. 인튜이트의 원재료는 물질적인 것이 아니어서 비용이 거의 들지 않는다. 더구나 인튜이트 같은 소프트웨어 기반의 기업은 많은 자본이나 제조 시설이 필요하지 않다. 캠벨이 더 많은 수프를 만들려면 새로운 생산라인 또는 공장을 마련해야 한다. 탄산음료를 파는 코카콜라도 자회사들이 보틀링 공장을 짓고 트럭과 자동판매기에 투자해야 사업 확장이 가능하다. 소프트웨어회사는 공장이나 생산 설비가 필요 없다. 똑똑한 기술자들과 노트북만 있으면 된다. 소프트웨어회사가 새로운 지역의 시장에 진출하고 싶다면 기술자들이 새로운 코드를 만들고 '배포(deploy)'라는 명령어를 입력하면 즉각적으로 추가 비용 없이 전 세계에서 소프트웨어를 사용할 수 있다. 데이터를 처리하고 저장하는 소프트웨어회사의 중요한 자본인 서버조차 구매할 필요가 없이 빌려서 사용할 수 있다. 이것이 클라우드 컴퓨팅의 핵심이다.

'더 높은 수익성 + 더 낮은 자산 집약도 = 역사상 가장 높은 투하자본 이익률(return on invested capital, ROIC)'이 되는 것이다. 자동차회사인 포드(Ford)가 사업을 성장시키고 싶다면 1달러의 이익을 내기 위해 10달러의 자산을 투자해야 한다. 코카콜라는 6달러를 투자해야 1달러를 벌어들인다. 하지만 페이스북은 단 2달러를 투자하면 1달러의 이익을 낼 수 있다.

디지털 혁명과 주식 투자의 새로운 접근

대부분의 혁명처럼 디지털 혁명도 급격하고 예상치 못한 방식으로 일어났다. 기술은 언제 어디서나 사용할 수 있는 소비자 앱뿐만 아니라 완전히 새로운 자산을 만들어주었고, 기존 자산을 교환할 새로운 방법 또한 제공해주었다. 인간이 금을 교환 수단으로 합의하는 데 1,000년이 걸린 반면, 비트코인(bitcoin)은 10년도 안 돼 인기를 끌었다. 주식시장의 투기꾼들은 언제나 우리 곁에 있었지만, 이제는 스마트폰이 가능한 지역이면 어디서든 주식을 매매할 수 있다. 최근에 이들은 소셜미디어를 통해 힘을 합쳤다. 그리고 공매도 투자자들에게 손실을 입히기 위해 '로빈후드(Robinhood)'라는 새로운 거래 플랫폼을 활용했다.

이런 급격한 변화와 혼란을 고려하면 초보 투자자는 다음과 같은 질문을 할 수도 있다. 도대체 왜 우리는 주식시장에 투자해야 하는 것일까?

이 질문에 대한 답은 복잡하지 않다. 오늘 모든 돈을 쓰는 것이 즐겁지만 미래에도 어느 정도 돈이 필요하기 때문에 주식에 투자하는 것이다. 자식을 대학에 보내기 위해서도, 부모님이 장기적으로 편안하게 살도록 돕는 데도 돈이 필요하다. 은퇴 후에 안락한 삶을 보장받기 위해서도 돈이 필요하다. 1달러를 5달러로 만들고 다시 10달러로 늘려 미래 언젠가 사용하기 위해 현재 1달러를 쓰는 즐거움을 포기하는 것이다. 그리고 앞에서 설명한 것처럼 지난 100년 동안 미국 주식시장은 투자를 통해 돈을 벌기에 가장 좋은 시장이었다.

하지만 디지털경제가 등장한 21세기 초에 투자를 잘하려면 우리의 세계관과 투자 방법을 바꾸어야 한다. 린치는 "당신이 잘 아는 것에 투자하라"라고 말했다. 이것은 일반적으로 훌륭한 조언이다. 투자자도 사냥꾼처럼 지형지물을 잘 알고 있을 때 가장 좋은 성과를 낸다. 오늘날 나이 든 투자자는 자신이 익숙하지 않은 환경에 있다는 사실을 대체로 안다. 도대체 체그(Chegg), 스플렁크(Splunk), 핀둬둬(Pinduoduo) 같은 뜻 모를 이름의 회사들은 무엇을 하는 곳일까? 후드 티를 입고 이런 회사를 운영하는 '경영진'을 어떻게 신뢰할 수 있을까? 나이 든 투자자들은 은행, 에너지, 오프라인 소매점 같은 구경제에 속한 기업에 투자해 부를 축적하는 방법을 배웠다. 하지만 이런 기업들은 테크기업들에 흡수당하고 있다. 그 결과 경험 많은 투자자들에게 익숙한 지식의 상당 부분은 투자의 관점에서 볼 때 이제 쓸모없어졌다.

젊고 경험이 적은 투자자들은 정반대의 문제에 직면해 있다. 이들은 디지털 생태계에서 성장했고, 태생적으로 투자 기회가 있는 영역을 직관적으로 잘 안다. 그러나 젊은 투자자들은 대체로 시장과 시스템을 믿지 않는다. 그럴 만한 이유가 있다. 젊은 투자자들은 2000~2001년의 닷컴 붕괴, 2008~2009년의 금융위기, 2020년의 코로나 팬데믹 등 세 번의 중요한 시장 붕괴를 통과했다. 이들은 부모 세대보다 소득은 적고 부채는 많은 성년기에 접어들었다. 젊은 세대가 부모 세대와 달리 믿을 수 있는 투자 상품에 투자하지 않고, 암호화폐나 사회적책임주식(socially responsible stocks), 레딧(Reddit) 같은 웹사이트에서 홍보하는 투기 상품 등 좀 더 새롭고 모험적인 자산에 투자하는 것도 놀라운 일은 아니다.

내 말을 오해해서는 안 된다. 암호화폐가 새로운 것이고 내가 젊은 세대가 아니라서 투자 상품으로서 암호화폐를 싫어하는 것이 아니다. 내가 암호화폐를 싫어하는 이유는 금을 싫어하는 이유와 같다. 암호화폐도 금도 시간이 흐르면서 성장할 수 있는 역동적이고 생명력 있는 기업이 아니기 때문이다. 비트코인은 새로운 가치 저장고(storehouse of value)는 될 수 있지만 결국에는 또 다른 화폐일 뿐이다. 비트코인은 기업과는 다르게 고객도 매출도 이익도 증가시키지 못한다.

따라서 우리는 역사에서 매우 특이한 시점에 있다. 일반적으로 나이 든 투자자들은 시장을 비교적 잘 이해하지만 기술 분야는 잘 알지 못하고, 젊은 투자자들은 기술을 비교적 잘 알지만 시장은 잘 이해하지 못한다. 어느 세대든 복리의 힘을 이용해 1달러를 5달러로 만들고 다시 10달러로 늘리는 데 성공하려면 이런 지식의 격차를 좁혀야 한다.

세대 간 투자 방식의 차이를 바꾸는 것은 상당히 쉽다. 린치의 투자 원칙처럼 이것도 3단계로 나눌 수 있다.

1. 주식시장은 기업들의 집합소이고 기업에 투자하는 것이 역사적으

로 부를 축적하는 가장 좋은 방법이라는 사실을 명심한다.

2. 세계 경제가 점점 더 디지털화되고 있다는 사실을 인정하고 테크기업이 부를 창출하는 방식을 배워야 한다.

3. 그런 기업 가운데 가장 좋은 곳에 투자하고 누적되는 복리의 힘이 효력을 발휘하도록 한다.

이런 방식으로 주식시장에 접근하면 기술의 빠른 발전과 이와 관련된 모든 혼란은 우리가 두려워하거나 방향을 잃어야 하는 이유가 아니라 오히려 즐거워해야 할 이유가 된다. 테크기업은 한 세대 전에 경제를 지배했던 기업들과 완전히 다르다. 하지만 모든 산업 분야와 마찬가지로 기술 분야도 어떤 규칙을 따른다. 우리는 이런 규칙을 연구하고 이해하며 그런 규칙에 따라 투자할 수 있다. 세계는 변하고 있고 우리는 그 변화 속에서 돈을 벌 수 있다.

테크기업에 돈이 있다

디지털시대가 불러온 변화에 적응하는 데 가치투자자보다 더 힘든 시간을 보내고 있는 투자자 집단도 없을 것이다. 나는 가치투자자의 일원이 된 것이 자랑스럽다. 가치투자라는 용어는 자주 사용되고 있지만 정의하기가 쉽지 않다. 기독교에도 많은 분파가 있는 것처럼 가치투자에도 많은 부류가 있다. 어떤 사람은 기업의 자산에 초점을 맞추는 반면, 다른 사람은 기업의 순이익에 중점을 둔다. 그리고 이런 경우조차 자산과 순이익을 다르게 분석한다. 그 결과 가치투자자라고 해서 다 똑같은 방법으로 투자하는 것은 아니다. 이런 현상은 대부분의 투자자가 가지고 있는 독립적이고 고약한 성격에 의해 점점 더 뚜렷해졌다.

하지만 가치투자에는 몇 가지 중심 원칙이 있다. 그중 가장 중요한 원칙은 규율과 엄격함, 연구에 대한 고집이다. 가치투자자는 주식시장을 복권을 사는 도박장이 아니라 체계적으로 부를 축적할 수 있는 장소로 생각한다. 가치투자자는 단기 투자자나 투기꾼이 아니다. 연구를 좋아하고 분석적이며 가치평가 방식, 기준지수, 각종 비율 등 주식시장을 이해하는 데 도움이 되는 것은 무엇이든 좋아한다. 무엇보다 일단의 규칙을 통해 투자 접근 방식을 체계적으로 정리하려고 노력한다. 가치투자자는 주식시장에 분석의 틀을 적용한다. 시장을 이기면 운이 아니라 분석 체계 덕분이라고 생각한다.

가치투자자는 비싼 가격을 주고 투자하기를 싫어하는 것으로 유명한 구두쇠다. 이것이 가치투자자라고 불리는 이유이고, 투자 결정에서 가격에 비중을 적게 두는 다른 투자 방식을 좋아하지 않는 까닭이다. '보수적인 가치투자자'는 이른바 성장주 투자를 싫어한다. 성장주 투자는 가파른 매출 곡선과 수익 곡선을 가지고 있는 기업에 주로 관심을 둔다. 보수적인 가치투자자는 그보다 모멘텀투자를 더 싫어한다. 모멘텀투자는 실제로 시장을 카지노처럼 생각하고 단기 추세를 따라가는 방법으로 행운에 올라타려고 한다.

여러 학문적 연구는 가치투자의 체계적인 투자 방식 때문에 가치 기반

원칙이 장기적으로 시장을 이기는 결과로 이어졌다는 것을 입증했다.[*]

하지만 가치투자의 분석 틀은 기술적으로 새롭고 생경한 비즈니스 모델에 직면하게 되면서 도전을 받고 있다. 자산 대비 주가가 얼마나 비싼지를 측정하는 주가순자산배수(price to book value ratio, PBR), 기업이 벌어들이는 이익 대비 주가가 얼마나 비싼지를 측정하는 주가이익배수(price to earnings ratio, PER) 등 신뢰할 만한 가치 기반의 기준들은 기술이 창출하는 엄청난 가치를 제대로 분석하지 못하고 있다. 그 결과 예전에는 가치투자의 효용성을 증명해주었던 학문적 연구들이 지금 가치투자 방식은 과거만큼 좋은 성과를 내지 못하고 있음을 보여주기 시작했다.[**]

가치투자의 전도사이자 가장 성공한 투자자로 여겨지는 워런 버핏도 새로운 경제 환경을 맞닥뜨렸다. 버핏의 버크셔 해서웨이(Berkshire Hathaway) 장기 수익률은 놀라울 정도지만 최근 들어 점차 하락하고 있다. [그림 6]이 보여주는 것처럼 버크셔 해서웨이의 시장 초과수익률은 1980년대가 정점이었고 1990년대 감소했으며 2017년 이후에는 시장

---

[*] 유진 F. 파마(Eugene F. Fama)와 케네스 R. 프렌치(Kenneth R. French)의 '가치 대 성장: 국제적 증거(Value Versus Growth: The International Evidence)'를 참조하라〈금융저널(Journal of Finance)〉 53, no.6(1998): pp.1975~1999. http://www.jstor.org/stable/117458. 여기서 '장기'는 10년 이상을 의미한다.

[**] 바루크 레브(Baruch Lev)와 아눕 스리바스타바(Anup Srivastava)의 '최근의 가치투자 실패에 대한 설명(Explaining the Recent Failure of Value Investing)'을 참조하라(뉴욕대학교, 스턴경영대학원, 2019년 10월). https:// papers.ssrn.com/ sol3/ papers.cfm?abstract_id=3442539.

[그림 6] 버크셔 해서웨이와 S&P500의 수익률 차이

= 버크셔 해서웨이 수익률의 10년 이동평균 – S&P500 수익률의 10년 이동평균

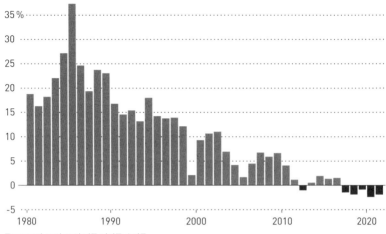

주: 2021년 12월 31일 기준 연평균 수익률
자료: S&P 다우존스지수

평균 수익률을 밑돌기도 했다.*

　가치투자자들은 이런 변화에 어떻게 대응해야 하는 것일까? 많은 모멘텀투자자가 추천하는 것처럼 우리도 그냥 FAANG(Facebook, Apple, Amazon, Nvidia, Google) 주식을 사야 하는 것일까? 아니면 무엇이 기술을 그토록 거대하고 빠르게 발전하도록 만들었는지를 이해할 새로운 방법, 수정된 투자 원칙을 찾아낼 수 있을까? 또는 테크기업이 창출하

＊　버크셔의 주식 수익률 저하는 버핏의 투자 규모가 커지면서 나타난 자연스러운 현상이다. 버핏은 2002년 버크셔 주주총회에서 진행한 질의응답에서 "투자 규모가 100만 달러에 불과하다면 수익률이 높은 소규모 투자 기회를 찾아낼 수 있습니다. 그러나 버크셔는 매년 유입되는 현금이 120~140억 달러에 이르므로 이런 소규모 투자는 고려하지 않습니다"라고 설명했다. ― 편집자

는 부의 혜택을 누리기 위한 테크주 가치평가와 분석 시스템을 체계적으로 만들 수 있을까? 가치투자는 유연하고 실용적인 사고방식이다. 가치투자는 100년 전에 처음 소개된 이후 적어도 한 차례는 진화했다. 디지털시대에 적응하기 위해 한 번 더 진화할 수 있을까?

나는 가치투자가 더 발전할 수 있다고 믿는다. 그리고 이 책은 가치투자의 발전을 위해 한 가지 방법을 제안한다. 1995년부터 월스트리트에서 애널리스트로 일하면서 나는 테크기업들이 어리숙하고 경험이 없는 스타트업에서 출발해 세계에서 가장 영향력 있는 경제적 주체로 성장하는 것을 지켜보았다. 지난 수년 동안 나는 자산관리자로서, 그리고 〈배런즈(Barron's)〉와 〈포천(Fortune)〉의 기고가로서 이런 문제들과 씨름했다. 그리고 이 책에서 그 해결책을 제시하기 위해 최선을 다하고 있다.

솔직히 말하면 나는 '테크주'에 관해 연구하고 싶지 않았다. 불과 6년 전까지만 해도 나는 과거의 정통성을 지키는 관행에 익숙한 보수적인 가치투자자였다. 처음 월스트리트에 진출해 25년간 일했던 방식으로 다음 25년을 보낸다면 나는 어쩌면 더 행복할지도 모른다. 나는 선천적으로 기술에 관심이 없고 기계 장치들을 싫어한다. 전기가 어떻게 작동하는지도 겨우 이해하는 사람이다. 과거의 방식대로 투자하는 것이 재정적으로 위험하지 않다면 과거의 내 방식에 그대로 머무를 것이다. 하지만 과거의 산업들은 점점 사라져가고 있고 새로운 산업들이 한 세기 전만 해도 못 보던 속도로 빠르게 탄생하고 있다. 과거에 내가 했던 방식으로 계속 투자했다면 나와 내 고객 모두 경제적 현실을 무시하면서 실망스러운 성과를 얻었을 것이다.

그래서 수년 동안의 고민과 연구, 심사숙고 끝에 기술을 연구하고 테크기업에 투자하겠다는 결론에 도달한 것이다. 이런 결론은 내 본뜻이 아니었고, 진실한 신자가 어쩔 수 없이 믿음을 포기하는 것과 같은 마지못한 결정이었다. 하지만 비즈니스를 공부하는 사람으로서, 거창하게 진실이라고 불리는 것에 헌신하는 사람으로서 나는 중요한 변화가 일어났다는 사실을 인정해야만 했다. 그래서 내 투자 방식에 관해 다시 생각하고 디지털경제에 관심을 기울였다. 나는 기술이 멋있거나 재미있거나 사회에 도움을 주기 때문에 그렇게 한 것이 아니다. 윌리서튼(Willie Sutton)*이 은행 강도를 저지른 것과 같은 이유로 테크기업에 투자했다. 그곳에 돈이 있기 때문이다.

---

* 40년 동안 200만 달러를 훔친 미국의 악명 높은 은행 강도. – 옮긴이

1부

기술의 발전과
가치 3.0의 탄생

1장

세상이 변했다

내가 증권계에 첫발을 내디딘 것은 25년 전이다. 월스트리트를 잘 모르는 사람들이 생각하는 것처럼 당시의 나도 큰 소리로 전화주문을 내고 그들만 이해할 수 있는 수신호로 거래하는 탐욕스러운 남성들이 득실거리는 세계에 들어섰다고 생각했다. 하지만 증권계에 대한 이런 이미지는 잘못된 것이었다. 얼마 지나지 않아 많은 사람이 생각하는 거친 이미지와는 전혀 다른, 보이지 않는 문화가 시장을 움직이는 진짜 원동력임을 깨달았다.

첫 직장은 샌퍼드번스타인(Sanford C. Bernstein, 번스타인)이었다. 번스타인은 엄격한 투자 연구로 유명했고 회사의 복도는 수도원처럼 조용했다. 번스타인에는 은행, 자동차, 의약 등 세계의 주요 산업 분야를 전담해 연구하는 연구팀이 있었다. 번스타인의 분석가들은 사무실 문

돈은 빅테크로 흐른다

을 굳게 닫고 비공개로 연구했는데 대부분 대학교수 같은 인상을 풍겼다. 깊은 생각에 빠진 분석가들은 밥을 먹거나 화장실에 다녀올 때만 연구실에서 나왔다. 의료산업 분석가인 케니 아브라모비치(Kenny Abramowitz)는 급하게 화장실을 다녀오느라 허리춤에 넣지 못한 셔츠 자락이 등 뒤에서 펄럭이곤 했다.

나는 훌륭한 투자자의 신조는 수도사의 신념과 같다고 배웠다. 연구하고 배우고 헌신적으로 원칙을 실천하는 것이다. 훌륭한 투자자는 남성 호르몬이나 아드레날린에 의존하지 않을 뿐만 아니라, 그런 것들을 무시한다. 린치는 자신이 대학에서 배운 가장 소중한 수업은 금융과 무관한 논리학 강좌였다고 말했다. 버핏은 머리를 식히기 위해 철학자인 버트런드 러셀(Bertrand Russell)의 책을 읽고 브리지 게임을 한다. 찰리 멍거(Charlie Munger)에 따르면 버핏은 방해받지 않고 오로지 투자에 관해 생각하는 자신만의 시간을 엄격하게 지키기 때문에 주간 일정표에 '이발(haircut)' 하나만 적힐 때가 많다.

언론계 출신인 나는 이런 계획적이고 수도원 같은 생활 리듬이 충격적이었다. 언론은 뉴스의 발생 주기에 따라 움직이고 위기와 극적인 사건에 집중한다. 하지만 투자에는 마감이 없다. 나는 성급함이 잘못된 결정의 원인이 된다는 것을 배웠다. 훌륭한 투자자는 천천히 지식을 쌓는다는 목표를 가지고 매일 아침 책상 앞에 앉는다. 그리고 비즈니스를 연구한다. 비즈니스에 관한 연구가 끝나면 다음 세 가지 가운데 하나를 선택한다. 투자하거나 투자하지 않거나 아니면 대부분의 경우 좀 더 지켜보는 것이다.

나중에 환경이 바뀌면 당신의 생각도 변한다. 그러는 동안 당신은 다른 비즈니스를 연구하고 다른 결론에 도달하게 된다. 비즈니스를 둘러싼 현상이나 환경이 변하면 당신의 결론도 바뀐다. 그리고 머지않아 카우보이나 상어를 닮은 공격적인 월스트리트의 투자자가 아니라 마크 트웨인(Mark Twain) 작품에 등장하는, 미시시피강의 조류 변화에 따라 유연하게 항해하는 증기선 수로 안내인을 닮게 된다.

이런 느리고 점진적인 접근 방식은 증권거래소를 도박장으로 보지 않는 장기투자자들의 특징이다. 가치투자자는 증권거래소를 시간이 지나면서 진정한 기업의 가치가 '발견되는' 장소로 생각한다. 초창기 신문기자 시절, 내 멘토 중 탐사보도 전문기자였던 팻 스티스(Pat Stith)는 "사람들이 조만간 너의 진짜 가치를 알게 될 거야"라고 말하곤 했는데 주식도 마찬가지다. 카우보이들이 추세에 편승하고 상어들이 한동안 인기 있는 주식 주변을 맴돌지도 모른다. 하지만 궁극적으로 이런 행동이 주가 등락에는 거의 영향을 미치지 못한다. 린치가 말한 것처럼 탁월한 기업은 시간이 지나면서 주식시장에서 초과수익을 얻는 반면, 형편없는 기업은 살아남지 못한다.

1980년대와 1990년대 일했던 린치는 버핏의 스승이자 현대 증권분석의 아버지인 벤저민 그레이엄(Benjamin Graham)의 학문적 계승자였다. 20세기 초 투기적 시장을 보게 된 그레이엄은 투자의 원칙이라는 개념을 시장에 적용했다. 그가 창시한 투자 방법은 여러 세대에 걸쳐 투자자들에게 시장에 접근할 기회를 가져다주었고 좋은 투자 성과는 운이 아니라 체계적인 접근법에서 나온다는 사실을 알려주었다. 그레이엄의 이런 접근 방식은 오늘날 가치투자로 알려져 있다. 가치투자의 원칙들은 다양한 학문적 이론으로 변형되었지만 모든 이론은 몇 가지 중요한 전통적 원칙들을 유지하고 있다.

가치투자자는 철저히 연구한다. 가치투자자는 매수 가격에 관해 엄격한 원칙을 가지고 있다. 무엇보다 가치투자자는 무작위를 싫어한다. 대신 그레이엄처럼 시장 분석에 특정한 틀을 적용한다. 가치투자자는 거의 변치 않는 일단의 규칙을 이용해 투자하고, 시간이 지나면서 가치투자의 원칙이 시장 평균보다 더 많은 수익을 내는 데 도움이 될 것이라고 믿는다.

번스타인의 독특한 분석 틀을 우리는 '평균회귀(reversion to the mean)'라고 불렀다. 인생은 결과적으로 정상으로 되돌아간다는 아주 단순한 아이디어를 수학적 용어로 표현한 것이 평균회귀다. 주식시장에서는 에너지, 금융서비스처럼 특정 섹터가 인기를 끌었다가 사라지기도 하지만, 평균회귀는 세계 경제에서 근본적인 것은 변하지 않는다는 것을 의미한다. 제조업 주식이 역사적 평균에 비해 어느 날 비싸다면, 평균회귀는 그 주식이 평균 가격으로 돌아갈 것이라고 가정한다. 소매업 주식이 역사적 평균보다 싸다 해도 결국은 제 가치를 인정받을 것이다.

주식시장에서 '비싸다'라는 말은 주식 가격이 높다는 뜻이 아니라는 사실을 이해하는 것이 중요하다. 휘발유나 식료품은 화폐 액면가 기준으로 높을수록 비싸다고 하지만 주식은 그런 식으로 가격을 평가하지 않는다. 일반적으로 기업은, 특히 주식은 어떤 것과 비교할 때만 '싸다, 비싸다'라고 표현한다. 주식이 싼지 비싼지를 판단할 때 투자자들은 주가와 그 가치척도 사이에서 비교 분석한다. 그레이엄은 일반적으로 부채를 차감한 기업의 순자산가치(net asset value)와 비교해 가격이 싼지 비싼지를 판단했다. 버핏은 기업의 이익 흐름을 더 중요하게 생각했다.

평균회귀라는 분석 틀은 기업의 현재 이익 대비 현재 가격을 비교하는 버핏의 방식대로 주가를 측정한다. 이런 원칙은 가치투자자로 인정받는 존 템플턴(John Templeton) 경의 다음과 같은 격언으로 요약될 수 있다.

> 영어에서 4단어로 된 가장 위험한 말은 "이번에는 다르다(This time it's different)"다.[*]

번스타인에서 이 격언은 모든 직원이 반드시 지켜야 하는 '사도신경' 같은 원칙이었다. 우리는 가격의 변화를 예측하려 하지 말라고 배웠다. 가격은 내재가치를 중심으로 계속 변화하기 때문이다. 그냥 역사적으로 쌀 때 사서 역사적으로 비쌀 때 팔라. 인생은 결국 정상으로 돌아가기 마련이다.

나는 석유와 가스산업을 분석하는 수습 애널리스트였다. 우리 업무는 다른 모든 애널리스트처럼 기업 분석 데이터를 이른바 '블랙박스'라는 곳에 입력하는 것이었다. 블랙박스는 진짜 상자가 아니라, 번스타인

---

[*] 투자자가 과거의 패턴이 이번에는 반복되지 않을 것이라고 가정하는 것. – 옮긴이

이 평균회귀 방식을 이용해 통계적으로 기업의 주가가 저렴한지 아닌지를 결정하는 정교한 컴퓨터 분석 모델을 가리킨다. 매출 추정치, 예상 이익, 부채 비율 등의 데이터를 입력하면 블랙박스는 비싸거나 싸다고 추정되는 주식과 산업 섹터를 출력해준다. 비싼 것을 매도하고 싼 것을 매수하는 방식으로, 미국 유명 기업 주식들을 할인 중인 가격으로 고객의 포트폴리오에 담아주었다. 우리는 에너지산업이 인기가 사라졌을 때 엑손과 BP를 매수했고 소매유통업종이 싸졌을 때 시어스(Sears)와 JC페니(JCPenney)를 매수했다.

20세기 후반에는 모든 것이 최종적으로 평균으로 돌아갔기에 블랙박스는 번스타인과 고객들에게 많은 이익을 안겨주었다. 전성기에 번스타인은 8,000억 달러를 운용했고 세계에서 가장 큰 자산운용회사 가운데 하나가 되었다.

내가 번스타인에서 일할 때 블랙박스를 관리하는 사람은 번스타인의 최고운용책임자(CIO)인 루 샌더스(Lew Sanders)였다. 샌더스는 마른 체격에 조용한 사람으로, 마치 수도원장처럼 조용하고 우아하게 번스타인의 복도를 걸어 다녔다. 샌더스는 똑똑하고 투자의 흐름을 아는, 내가 꿈꾸던 투자자였다. 그는 분석에 필요한 정보를 얻기 위해 번스타인의 블룸버그 공용 단말기 앞에 오랜 시간 서 있었다. 나는 그 모습을 지켜보곤 했는데, 그토록 창백하고 맑고 차가운 푸른 눈은 내 평생 처음이었다. 컴퓨터 단말기 앞에 서 있을 때 그는 두 눈만 움직였다. 그의 눈동자는 왼쪽에서 오른쪽으로 빠르게 움직이다가 초점을 맞추기 위해 잠시 멈춘 다음 다시 화면으로 이동했다. 그의 손가락이 주기적으로 빠르게 자판 위를 움직이면서 새로운 데이터세트에 접속했고, 다시 눈이 바삐 움직였다.

이것이 내가 기억하는 진짜 투자자의 사냥법이다. 진짜 투자자는 꼼짝도 하지 않고 가만히 사냥감을 지켜본다.

영문 모를 추락

번스타인에서 수습 기간이 끝났다고 느꼈을 때 나는 번스타인을 떠나 배런캐피털(Baron Capital)로, 이어서 데이비스셀렉티드어드바이저스(Davis Selected Advisors, 데이비스)로 자리를 옮겨 높은 직급의 애널리스트로 일했다. 2000년에는 데이비스에서 뮤추얼펀드를 공동 운용하기 시작했고, 2003년에는 가치투자자로서 충분한 경험을 쌓았다고 생각하고는 내 회사를 차렸다.

새롭게 시작한 회사에서 나는 평균회귀 같은 기술적 방법과, 청산가치 이하로 거래되는 주식을 매수하는 그레이엄의 독창적 투자 방식을 조합해 자산을 운용했다. 10년 후 정산한 결과, 운용보수를 공제한 수익률이 S&P500의 시장 평균을 이기는 기록을 세웠다. 나는 내가 이룩한 성과가 매우 자랑스러웠다. 나와 고객들에게 큰돈을 벌어다 주었기 때문이다. 투자 방식을 바꿀 이유가 없었다.

그러다가 2010년대 중반쯤에 갑자기 내 투자 방식이 성과를 내지 못하기 시작했다.

2014년 12월 31일 오후 늦게 나는 책상에 앉아 있었다. 샌더스의 눈빛과 달리 내 눈빛은 불안했다. 나는 먼저 겨울의 우울함 속에서 환하게 반짝이는 엠파이어스테이트빌딩을 바라보았다. 이어서 내 포트폴리오의 수익률이 기록된 서류를 보았다. 포트폴리오의 성과가 좋지 않았다. 그해 시장은 13~14% 상승했지만 내 포트폴리오는 4~5% 정도 하락했다. 투자에 관해 잘 알지 못하는 사람도 이것이 얼마나 큰 차이인지는 알 것이다.

가치투자의 기본 원칙에 따라 투자했지만 나는 전혀 성과를 내지 못했다. 나는 매수 가격보다 청산가치가 높은 기업으로 TV 방송국과 신문사를 소유한 '트리뷴미디어(Tribune Media, 트리뷴)'의 주식을 보유하고 있었다. 트리뷴은 최근에 폭스방송국(Fox Broadcasting)에서 훌륭한 경력을 쌓은 젊은 CEO를 새로 영입했다. 하지만 트리뷴의 주식은 청산가치보다 높은 가격으로 거래되지 않고 계속 하락했다. 나는 화장품 방문판매업체인 '에이본프로덕츠(Avon Products, 에이본)' 주식도 보유하고 있었는데 2014년에는 에이본의 성과도 좋지 않았다. 2년 전 소비재 상품 기업에 전문적으로 투자하는 한 억만장자 가문이 에이본을 비공개 기업으로 전환하기 위해 주당 23달러의 가격을 제안한 바 있었다. 에이본은 이 제안을 거절했고 주가는 하락했다. 나는 에이본이 가치 있는 기업이라는 것을 알고는 주당 12달러에 매입했다. 투자 지식이 풍부한 개인투자자가 한 주에 23달러를 주고 사겠다고 제안했던 주식이었다. 하지만 2014년 말 에이본 주가는 9달러로 하락했다.

내 포트폴리오에는 이런 기업이 상당수 포함돼 있었다. 철도 차량을 만드는 프라이트카아메리카(FreightCar America), 오일서비스기업인 세븐티세븐에너지(Seventy Seven Energy)는 역사적 평균보다 쌌기 때문에 매수한 전형적인 평균회귀 주식이었다. 경험상 이런 주식은 조만간 상승하는 것이 맞았다. 하지만 이와 반대로 그 당시까지 주가는 계속 하락했다.

모든 가치투자자처럼 나도 보유 기간 초반에 내가 매수한 가격보다 낮은 가격으로 거래되는 상황에 익숙했다. 그레이엄이 남긴 명언처럼 단기적으로 주식시장은 사람들의 의견이나 정서에 영향을 받는 투표기(voting machine)이지만 장기적으로 보면 기업의 가치가 나타나는 저울(weighing machine)이다. 주식시장은 시간이 흐르면서 기업의 진정한 가치가 발견되는 곳이다. 가치투자의 핵심은 시장이 그 주식에 투표할 때 사서 시장이 주식의 가치를 저울질할 때까지 기다리는 것이다.

하지만 2014년 12월 저녁, 사무실 책상에 앉아 있던 나는 시장이 내가 보유한 주식들의 가치평가를 마쳤고 원하는 가치를 찾지 못했다는 결론에 이르렀다는 불안감에 휩싸였다.

내가 소유한 기업들은 두 가지 공통점이 있었다. 첫째는 모두 가격이 저렴하고 역사적으로 우량주였다는 것이다. 둘째는 모두 전성기가 지난 기업이라는 것이다. 에이본은 해외에서 성장 잠재력이 있었지만 미국과 유럽에서 화장품 방문판매는 사양산업이었다. 화장품 판매는 상당 부분 온라인으로 이동하고 있었다. 트리뷴의 신문사와 방송국은 온라인 경쟁자들에 광고 매출의 상당 부분을 빼앗기고 있었다. 트리뷴이 유능한 CEO를 새로 영입한 것은 중요하지 않았다. 에이본과 트리뷴

돈은 빅테크로 흐른다

의 비즈니스 모델이 디지털로의 거대한 전환 때문에 훼손된다면 두 회사의 가치는 얼마나 될까? 내가 보유한 주식이 당시 할인 중이어서 주가가 싼 것이 아니었다면? 미래에 대한 전망이 좋지 않기 때문에 주가가 저렴한 것이었다면?

다른 모든 사람과 마찬가지로 나는 디지털 앱의 성장이 내가 보유한 기업들을 위협하고 있다는 사실에 주목했다. 하지만 기업의 주가가 너무 비싸다는 이유로 디지털 앱을 연구하지 않았다. 대부분의 가치투자자처럼 나도 다른 투자자들이 신경제에 속한 테크기업에 부여하는 고평가(high valuations)를 무시했다. 2014년 초 페이스북은 200억 달러를 주고 불과 5년 전에 설립된 메신저기업 왓츠앱을 인수했다. 200억 달러는 에이본과 트리뷴의 시장가치를 합친 것보다 큰 액수였다. 하지만 에이본과 트리뷴은 연간 100억 달러의 매출을 기록했고 이는 왓츠앱의 매출보다 500배나 많았다.

나는 무엇인가 잘못되었다고 생각했다. 두 번째 닷컴버블이 다가온다는 신호이거나, 아니면 페이스북이 구경제에 익숙한 나 같은 가치투자자들이 이해하지 못하는 성공 요인을 가지고 있거나였다. 가치투자자로서 나는 "이번에는 다르다"라는 말이 가장 위험하다는 사실을 여전히 믿고 싶었다. 다른 한편으로 나는 테크기업의 성장이 15년 전 닷컴 시대와 다르다는 사실을 인정해야만 했다. 테크기업의 주가는 비쌌지만 합당한 이유가 있을지도 모른다. 왓츠앱의 사용자는 세계 인구의 15%에 달하는 10억 명에 가까워지고 있었다. 구글은 검색 광고 수익으로 660억 달러를 벌어들였고 연 20~25%의 빠른 속도로 성장했다. 이와 함께 다른 디지털 앱도 지속 가능한 경쟁우위에 기반한 탄탄한 비즈니스 모델을 가지고 있었다. 구글검색과 왓츠앱 같은 디지털 앱은 해마다 사용자가 증가했고 더 많은 매출을 올렸으며 고객들의 일상생활 속으로 더 깊이 파고들었다.

내가 보유했던 신문사, 방문판매 화장품회사, 화물열차 제조사에도 테크기업과 같은 이야기를 할 수 있을까? 그럴 수 없었다.

버핏의 애플 대량 매수

그레이엄이 100년 전에 가치투자 원칙을 소개한 이후 가치투자와 테크주는 서로 잘 어울리지 못했다. 테크주는 우리의 분석 시스템 가운데 어떤 것에도 들어맞지 않았다. 테크주는 역사적 평균에 비해 늘 비싸 보였기 때문에 평균회귀 전략이 통하지 않았다. 소프트웨어회사들은 유형자산이 거의 없고 따라서 자산에 기초한 그레이엄의 분석법을 이용해 가치평가를 할 수 없다. 가장 중요한 것은 가치투자의 분석은 예측 가능성과 안정성을 무엇보다 중요하게 생각한다는 점이다. 그런데 테크주는 최근까지 투자자들에게 이 두 가지를 제공하지 못했다.

아주 최근까지도 테크주에 투자하는 것은 PC, 라우터, 광케이블을 만드는 하드웨어회사에 투자하는 것을 의미했다. 이런 기업들은 성장하는 산업과 수익성이 높은 산업을 혼동해서는 안 된다는 버핏의 충고가 옳다는 사실을 보여준다. 기업은 새로운 반도체나 PC를 출시하면 한

동안 돈을 벌어들이다가 경쟁이 치열해지면서 이익에 타격을 받게 될 것이다.

21세기 초에 더 훌륭한 소프트웨어 기반의 비즈니스 모델이 등장했다. 하지만 그 당시 기술적 기반은 소프트웨어회사를 지탱해줄 만큼 탄탄하지 못했다. 닷컴버블이 터지면서 테크주의 주가가 폭락했을 때 가치투자자들은 "이번에는 다르다"라는 말이 가장 위험하다는 사실을 또다시 확인했다. 기술 분야에 평균회귀가 있다면 그것은 혼돈의 평균으로 돌아가는 것이었다. 진지한 가치투자자라면 대체로 테크주에 큰 관심을 두지 않았다.

하지만 그로부터 15년 후에 매우 특별한 일이 벌어졌다. 2016년 가치투자자들의 등대이자 그레이엄 투자 원칙의 계승자인 버핏이 시장 가치 70억 달러에 달하는 애플 주식을 매수한 것이었다. 버핏이 애플에 투자하자 가치투자자들은 당황했다. 이것은 마치 교황이 사제의 직분을 여성들에게 개방하겠다고 말해 가톨릭교계 전체가 혼란에 빠지는 것만큼이나 놀라운 일이었다. 애플은 컴퓨터를 제조하는 하드웨어 테크기업이었다. 치열한 경쟁으로 1990년대 말에는 파산 선언까지 90일밖에 남지 않았을 정도로 큰 타격을 받았다. 가치투자자들은 오마하의 현인이 도대체 무슨 일을 벌이고 있는 것인지 궁금해했다.

다행히도 나는 버핏의 설명을 들어보기 위해 오마하로 갈 비행기표를 구했다. 해마다 봄이면 버핏과 멍거가 그들의 지주회사인 버크셔 해서웨이와 전반적인 세계 경제에 관해 설명하는 것을 듣기 위해 4만 명의 가치투자자가 버핏의 고향인 오마하에 모인다. 투자에 관심이 있는 사람은 누구나 한 번쯤은 오마하로 성지 순례를 간다. 버핏과 멍거는 농구 경기장에 마련된 연단에 앉아서 온종일 다양한 질문에 답하면서 지난 1년 동안 어디에 투자했고 왜 투자했는지를 자세하게 설명한다. 2023년에 버핏은 92세가 되었고 멍거는 더 나이가 많지만 두 사람은 직접 말로 설명하는 옛날 방식으로 가치투자의 전통을 전수하기 위해 헌신하고 있다.

2017년 5월에 오마하로 향하면서 나는 버핏이 애플에 투자했기 때문에 이번에는 정말로 다를 것으로 생각했다. 구글, 페이스북, 텐센트, 애플은 닷컴 호황기의 의심스러운 기업이 아니었다. 반대로 버핏이 평생 지속적으로 찾았던 브랜드 충성도와 여러 세대에 걸친 성장력을 갖춘 기업이었고 많은 돈을 벌고 있었다. 2016년 구글의 모기업인 알파벳은 200억 달러에 달하는 순이익을 기록했다. 버크셔 해서웨이가 오랜 기간 지분을 보유하고 있고 100년 이상의 역사를 가진 코카콜라의 순이익은 알파벳의 3분의 1에 불과했다.

오마하를 방문했을 당시 나는 이미 전성기를 지난 에이본, 트리뷴 그리고 다른 기업들의 주식을 모두 판 상태였다. 나는 이런 기업들이 월스트리트의 표현을 빌리면 가치 함정(value trap)에 빠졌다고 결론을 내렸다. 즉 주가는 저렴하지만 가치 있는 주식이 아니었다. 그 당시 내가 가장 많이 보유한 종목은 알파벳이고 투자 성과도 좋았다. 세상을 보는 내 관점도 새롭게 바뀌고 점점 깊어지고 있었다. 하지만 여전히 새로운 방식이었고 버핏이 왜 애플을 매수했는지 그 이유를 직접 듣고 싶었다. 불행은 혼자 오지 않고 확신도 마찬가지다. 특히 최근에 얻게

돈은 빅테크로 흐른다

된 확신에 대해서는 다른 사람도 그렇게 생각하는지 알고 싶어진다.

주주총회에 앞서 버핏은 한 인터뷰에서 애플 주식의 매수로 자신의 투자 방식에 커다란 변화가 일어난 것이 아니라고 설명했다. 그는 애플이 코카콜라 같은 기업들과 똑같은 소비재 프랜차이즈의 특징을 가지고 있다는 사실을 깨닫게 된 일화를 이야기했다. 버핏은 증손자들과 그 친구들을 데리고 데어리퀸(Dairy Queen)에 갔는데 아이들이 아이폰에 너무 빠져 있어서 아이스크림을 주문하지 못할 뻔했다고 했다.

버핏은 나중에 다음과 같이 말했다.

> 나는 애플이 테크주이기 때문에 매수한 것이 아닙니다. 애플의 생태
> 계 가치와 그 생태계가 얼마나 지속될 수 있는지에 관해 확실한 결론
> 에 도달했기 때문에 투자한 것입니다.

연단 위에서 멍거는 버핏을 편안하게 놔두지 않았다. 그는 버핏이 애플을 매수한 것에 관해 짓궂게 장난을 쳤다.

> 당신이 애플을 산 것은 좋은 징조라고 생각합니다. 둘 중 하나죠. 당신
> 이 제정신이 아니거나 무엇인가를 배우고 있다는 뜻이죠.

청중은 웃음을 터트렸다. 애플 매수에 관한 버핏의 항변에도 불구하고 멍거의 말이 사실이라는 것을 알고 있었기 때문이다. 애플 주식의 매수는 버핏의 투자 행태에 극적인 변화를 나타내는 것이었다. 자식과

손자 그리고 증손자를 볼 정도로 70년이라는 오랜 기간 투자해온 버핏이 자신은 테크주 분석에 대한 경쟁우위가 없다고 생각해 테크주를 피했다가 지금 애플에 70억 달러라는 거금을 투자한 것이었다.

주주총회가 진행되면서 버핏이 디지털경제를 깊이 공부했고 자신이 배운 것에 대해 깊은 인상을 받았다는 사실이 분명해졌다.

버핏은 주총 참석자들에게 다음과 같이 말했다.

> 지금은 앤드루 카네기가 제철소를 세우고 벌어들인 이익을 이용해 또 다른 제철소를 건설하는 과정에서 더 큰 부자가 된 세상과 완전히 다릅니다. 존 록펠러가 정유소를 건설하고 유조차와 다른 모든 것을 사들인 시대와도 다릅니다. 나는 사람들이 그 차이를 제대로 이해하고 있다고 생각하지 않습니다.

버핏은 계속해서 "앤드루 멜론(Andrew Mellon)*은 지금 시가총액이 큰 회사들을 보면 몹시 당황스러울 것입니다. 아무런 자산도 없이 기본적으로 수천억 달러의 가치를 창출할 수 있다는 생각에 대해서 말이죠"라고 말했다.

"빠르다는 것이죠"라고 멍거가 끼어들었다.

버핏은 "네, 빠릅니다"라고 맞장구를 치며 다음과 같이 말을 이었다.

---

* 20세기 초 미국 재무장관이자 사업가. – 옮긴이

시가총액의 합이 2조 5,000억 달러 이상의 가치가 있는 5개 테크기업(애플, 마이크로소프트, 알파벳, 아마존, 페이스북)을 운영하는 데 자금이 전혀 필요하지 않습니다. 이들 기업은 지난 30~40년 동안 〈포천〉 500대 기업 목록에서 친숙하게 보았던 유명 기업들, 예를 들면 엑손이나 제너럴모터스 등 다른 기업들을 앞질렀습니다.[*]

버핏보다 늘 직설적으로 말하는 멍거는 구글의 모기업인 알파벳을 사지 않은 것에 관해 자신과 버핏을 질책했다. 멍거는 청중에게 다음과 같이 말했다.

여러분이 과거를 돌이켜 볼 때 테크주 분야에서 우리의 가장 큰 실수가 무엇인지 물어본다면 나는 우리가 구글이라는 기업을 알아보지 못해 주주 여러분을 실망시켰다는 것입니다. 구글의 광고 효과가 뛰어나다는 것은 알았지만 정작 투자하지 못했습니다.

버핏도 이에 동의하면서 버크서 해서웨이의 자동차보험 자회사인 가이코(GEICO)가 마우스 클릭 기반의 구글검색 광고를 구매하기 시작했던 10년 전에 어떻게 구글이 자신의 관심을 끌게 되었는지에 관해 이야기했다.

---

[*] 4년 반이 지나 이 글을 쓰는 2022년 기준으로 이들 5개 기업의 전체 시가총액은 4배나 증가해 대략 10조 달러에 달했다.

우리는 클릭당 10~11달러를 지불하고 있었습니다. 추가 비용이 전혀 들어가지 않는 작은 광고를 누군가 한 번 클릭할 때마다 10~11달러를 낸다면 이것은 정말 훌륭한 비즈니스입니다.

회색적인 시각으로 생각하도록 훈련받은 사람이 볼 때 버핏이 디지털경제의 성장에 관해 내린 전반적인 결론은 이례적으로 이분법적이었다. 버핏은 "과거에 존재하던 세상과 완전 다릅니다. 나는 이런 세상이 계속될 것으로 생각합니다. 이런 변화의 추세는 결코 끝나지 않을 것입니다"라고 말했다.

'아!'라는 탄성이 터져 나왔다. 버핏과 나는 같은 생각을 하고 있었다. 디지털경제에 대한 버핏의 생각이 널리 알려지기 시작했다. 주주총회가 끝나고 이어지는 저녁 식사 자리와 사교 모임에서 친구들과 디지털경제로의 변화 추세에 관해 이야기를 나누게 될 것으로 기대했다.

그러나 이런 사교 모임에서 애플에 관해 이야기하고 싶어 하는 사람은 없었다. 실제로 아무도 테크기업 전반에 관해서나 버핏이 설명한 새로운 세상에 관해 말하고 싶어 하지 않았다. 모두가 여전히 과거 구경제에 속한 기업들에 관해서만 이야기했다. 그중 하나가 버핏이 최근 투자한 항공사에 관한 것이었다. 항공사에 대한 버핏의 투자는 애플보다 규모가 훨씬 작았다. 버핏이 버크셔 해서웨이의 자회사인 여러 보험회사에 대해 작고 점진적인 변화를 추진한 데 관해서도 오래 이야기했다.

정말 어이가 없었다. 항공회사와 보험회사는 버핏이 점점 사양산업이 되어가고 있다고 말한, 성숙 단계의 자본 집약적인 기업들이었다.

돈은 빅테크로 흐른다

가치투자의 거장이 우리에게 뒤돌아보지 말고 앞을 내다봐야 할 때라고 말한 것을 아무도 귀담아듣지 않았던 것일까?

샌더스의 테크주 투자

그해 겨울, 나는 번스타인에 근무할 당시 블랙박스를 운영했던, 옅은 푸른색의 눈을 가진 샌더스를 만나러 갔다. 2008년과 2009년 금융위기 여파로 샌더스는 과거 투자 방식에 대한 판단이 나보다 빨랐다. 주택시장 거품이 터지자 은행 주식이 폭락했고, 블랙박스는 샌더스에게 은행 주식이 싸다는 신호를 보냈다. 평균회귀와 수십 년에 걸친 성공적인 투자 경험에 의존해 샌더스는 금융 주식이 다시 오를 것으로 생각하고는 많은 돈을 투자했지만, 당연히 상당수 금융 주식은 상승하지 못했다. 리먼브러더스(Lehman Brothers)는 파산했고 베어스턴스(Bear Stearns)는 헐값에 팔렸다. 씨티은행(Citibank)은 자본을 크게 확충해야 했고 10년이 넘은 지금까지 금융위기 이전 주가의 10분의 1로 거래되고 있다.

2009년 말쯤 시장은 금융위기에서 회복되었고 S&P500은 모처럼 좋은 성과를 기록한 해가 되었다. 하지만 번스타인의 대표 펀드는 50% 이상 하락했다. 12월 말의 어느 침울한 날에 샌더스는 번스타인을 떠났다. 이후 그와 연락이 끊겼다.

그런데 내가 디지털시대의 투자 방법과 씨름하기 시작했을 때 샌더스가 다시 내 앞에 나타났다. 그는 자기 회사인 샌더스캐피털(Sanders Capital)을 경영하고 있었다. 나는 그의 투자 포트폴리오에서 마이크로소프트(Microsoft)와 알파벳을 포함해 여러 테크기업이 큰 비중을 차지하고 있는 것을 보고 크게 놀랐다. 전통적인 가치투자의 관점에서 볼 때 그중 어떤 종목도 전혀 매력적이지 않았기 때문이다.

나는 큰 호기심이 들었다. 평균회귀를 철저히 신봉하던 샌더스가 자신의 신념을 포기한 이유는 무엇이었을까? 나는 샌더스에게 이렇게 말했다. "지난 몇 년 동안 나는 우리의 전통적 투자 방식 가운데 상당 부분이 더 이상 효과가 없다는 의구심을 품어왔습니다. 알리바바와 페이스북은 물론이고, 그보다 작은 수십 개 기업도 성공하고 있습니다. 과거의 전통적인 평가 기준으로 이들 기업을 살펴보면 전혀 매력적이지 않거든요. 전통적 가치투자 방식이 더는 안 먹히는 것인지도 모르겠습니다. 아마도 '이번에는 다르다'가 가장 위험한 말이 아닐 수도 있습니다. 오히려 '일상의 모든 것은 정상으로 돌아가게 되어 있어'라는 말이 가장 위험한 말일 수도 있겠네요."

샌더스는 아무 말도 하지 않았다. 그의 옅은 푸른색 눈이 아래로 향했다. 나는 계속해서 말했다. "나도 테크기업에 투자하기 시작했습니다. 그런데 당신도 나와 똑같은 방식으로 투자하고 있군요."

그는 여전히 아무 말이 없었다. 나는 마침내 물었다.

"루, 이것만은 물어야겠습니다. 도대체 어떻게 된 것인가요?"

샌더스는 미소를 지으며 냉철한 눈빛으로 나를 쳐다보았다. 그리고 한동안 내 기억 속에 남을 말을 했다. "세상이 변했다네."

돈은 빅테크로 흐른다

2장

[가치 1.0] 벤저민 그레이엄과 자산가치의 시대

그레이엄이 만일 조용하고 학구적인 번스타인에 있었다면 집처럼 편안해했을 것이다. 등 뒤로 삐져나온 셔츠를 펄럭거리면서 화장실에서 사무실로 급히 돌아가던 분석가 아브라모비치와 그레이엄은 틀림없이 좋은 친구가 되었을 것이다.

그레이엄은 현대 증권분석의 아버지로 알려졌지만 기본적으로 지적이고 배움에 대한 열정이 강한 사람이었다. 그는 7개 언어에 능통해 프랑스어로는 코르네유(Pierre Corneille), 독일어로는 카프카(Franz Kafka), 고대 그리스어로는 호메로스(Homeros)를 일상적으로 인용했다. 그레이엄은 대공황 시기에 저조한 투자 성과에 대한 시를 쓴 역사상 유일한 금융 분석가일 것이다. ("야생의 숲에서 사냥당한 가엾은 수사슴처럼 영혼의 안식처를 모르는 그는 어디서 잠들까?"라고 그의 시는 끝을 맺는다.) 많은 위대한 사상가와 마찬가지로 그레이엄도 매우 똑똑했지만 동시에 건망증으로도 유명했다. 그는 새로운 방식의 계산자를 발명하기도 했지만 색깔이 짝짝이인 신발을 신고 회사에 출근하기도 했다.

그레이엄은 대학 시절 상당 기간 야간 근무를 하면서 운수회사를 위해 트럭 수송에 관한 통계표를 만드는 일을 했다. 그러면서도 불과 2년 반 만인 1914년에 컬럼비아대학을 2등으로 졸업했다. 교수진은 그레이엄의 실력을 높이 평가했고 졸업하기가 무섭게 그에게 수학·영어·철학과 강사 자리를 제안했다.

하지만 강사의 월급은 많지 않았다. 그레이엄에게는 부양해야 할 홀어머니와 두 명의 동생이 있었다. 아버지는 그레이엄이 아홉 살 때 돌아가셨고 어머니가 하숙생을 받아서 근근이 생활을 유지하고 있었다. 그레이엄은 직업을 선택할 시기가 되자 가장 많은 돈을 벌 것 같은 금융 분야를 택했다.

1914년 그레이엄이 진출한 월스트리트는 지적인 것과는 거리가 멀었다. 반대로 축제와 카지노, 놀이공원 탑승기구의 이상한 조합 같았다. 커브거래소(Curb Exchange)*는 브로드가의 도로 가장자리에서 증권을 거래했다. 경찰은 날마다 20미터 정도에 이르는 구역을 밧줄로 차단해 사람들이 수백만 달러어치의 증권을 사고팔 수 있도록 해주었다. 거래 주문을 담당하는 직원의 눈에 쉽게 띄려고 많은 사람이 밝은 색깔

---

* 아메리카증권거래소(American Stock Exchange)의 옛 이름. – 옮긴이

의 모자를 썼다. 그들은 수신호를 보내거나 주변 건물 위층에서 큰 소리로 지시사항을 외쳤다.

그레이엄은 '뉴버거 헨더슨앤드러브(Newburger, Henderson&Loeb, 뉴버거)'라는 회사에서 일했다. 앨프리드 뉴버거(Alfred Newburger)라는 이름의 인상적인 백발 노인이 운영하는 회사였다. 그레이엄이 출근한 첫날 뉴버거는 "투기를 하면 돈을 잃게 될 걸세. 내 말을 명심하게"라고 말했다.

당시 채권은 신사들을 위한 안전하고 존경받는 투자 수단인 반면, 주식은 길거리 사기꾼들의 투기 수단이었다. 뉴버거에 가장 많은 수수료를 지급하는 고객들은 이런 사기꾼들을 모방한 투기꾼과 단기 거래자들이었다. 그래서 뉴버거 같은 뉴욕증권거래소에 등록된 회사조차 도박장과 비슷하게 운영될 수밖에 없었다. 그레이엄이 처음에 담당한 업무 가운데 하나는 고객들이 1916년 대통령선거 결과 내기에 건 판돈을 걷는 일이었다. 20세기 초에는 월스트리트의 증권 중개업자가 각종 내기의 물주 역할을 하는 것이 합법이었다.

초기에 그레이엄이 맡은 또 다른 일은 '주식시세판 사환(board boy)'이었다. 주식 시세표시기를 읽고 커다란 칠판에 가격의 변화를 기록하는 일을 담당했다. 고객들은 매일 중개업자가 마련한 '고객대기실'에 모여 가격의 변화를 지켜보았다. 고객대기실은 뉴버거의 중요한 수입원이었다. 도박꾼들이 한곳에 모여 말이 경주하는 것을 지켜보는 일종의 장외 경마장 같았다. 뉴버거는 직원들에게 무모한 투기를 말렸지만 정작 고객들에게는 권장했다. 그래야 돈을 벌 수 있었기 때문이다.

어떤 면에서 이런 도덕적 해이는 이해할 수 있는 일이다. 그레이엄이 월스트리트에서 일하기 시작했을 때 상장기업들에 관해 얻을 수 있는 정보는 거의 없었다. 오늘날 증권거래위원회(Securities and Exchange Commission, SEC)는 상장기업에 분기마다 재무제표를 제출하도록 요구한다. 하지만 그 당시에는 SEC 자체가 존재하지 않았다. 오늘날 정상적인 기업의 재무제표를 모두 합치면 100쪽이 넘지만 그레이엄이 처음 일할 때는 가장 유명한 미국 기업들조차 자산과 부채가 기록된 1쪽 분량의 재무상태표 하나만 공개했다. 오늘날 투자자들에게 기업의 수익과 비용에 관해 세부적인 정보를 제공하는 손익계산서에도 당시에는 회계연도의 이익 또는 손실 하나만 포함된 경우가 많았다.

상사의 경고에도 불구하고 그레이엄은 투기에 가담했다. 그는 고객 대기실을 정기적으로 방문하는 한 고객을 따라 철도회사의 주식을 샀다. 하지만 그 회사는 얼마 가지 않아 파산했다. 그레이엄은 또 새볼드 타이어(Savold Tire, 새볼드)라는 기업의 기업공개에 참여해 자신과 친구들의 돈 수천 달러를 잃었다. 새볼드의 공모는 사기로 드러났다. 나중에 그레이엄은 새볼드의 주식 공모 사기를 뒤에서 조종한 남자를 찾아갔다. 그는 투자자들을 속였다는 사실을 인정하고는 1달러당 33센트를 돌려주는 데 합의하는 방식으로 그레이엄을 달랬다. 그레이엄은 짧은 순간이었지만 그를 사기죄로 고소할 생각을 했었다. 하지만 당시의 법은 너무 약했고 규제와 법 집행 체계가 형편없었다. 그래서 규제당국을 찾아가도 도움을 받지 못할 것이라는 사실을 잘 알고 있었다.

증권분석의 첫 성공 사례

1920년에 그레이엄은 아버지가 되었다. 그래서 투기에 가담하지 않고도 돈을 벌 확실한 방법을 찾아야 했다. 알다시피 제1차 세계대전 이후는 체계적인 투자 방법을 찾기 시작하는 그레이엄 같은 사람에게는 완벽한 시기였다. 전쟁에 따른 수요 때문에 산업경제는 더 안정적인 금융 토대를 가지게 되었고 US스틸(U. S. Steel), 아말가메이티드코퍼(Amalgamated Copper) 같은 회사가 훨씬 더 신뢰할 만한 투자 대상이 되었다. 이런 기업들은 영업활동에 관한 더 많은 정보를 공개하기 시작했다. 시어도어 루스벨트(Theodore Roosevelt) 대통령이 주간통상위원회 같은 규제당국에 기업으로부터 더 많은 정보를 요구할 권한을 부여했기 때문이다.

컬럼비아대학에 다니면서 생계를 유지하기 위해 운송정보 통계표를 만들던 그레이엄은 이제, 다음 대통령선거에서 누가 이길 것인지에 관한 확률을 따지기보다 구체적인 재무 데이터에 집중할 수 있게 되었다. 기업의 재무제표를 연구하던 그레이엄은 여러 가지 패턴에 주목하게 되었다. 1915년에 그는 구겐하임자원개발(Guggenheim Exploration, 구겐하임)의 재무제표를 보았다. 구겐하임은 사업을 그만두고 자산을 주주들에게 나눠줄 계획이었다. [표 2-1]에는 그레이엄이 분석한, 구겐하임의 핵심적인 재무 사항이 들어 있다.

[표 2-1] 구겐하임자원개발 재무상태 요약

시장가치			
			1915년 9월 1일 기준
구겐하임 1주			**68.88달러**
구겐하임 1주당 보유 증권들의 시장가치			
	주가: 달러	주식 수	달러
케네콧구리	52.50	0.7277	38.20
치노구리	46.00	0.1172	5.39
아메리카제련	81.75	0.0833	6.81
레이콘스구리	22.88	0.1850	4.23
기타 자산			21.60
합계			**76.23**

그레이엄은 첫 번째 줄의 숫자와 마지막 줄의 숫자 사이의 불일치를 보고 놀랐다. 구겐하임은 1주에 69달러 아래로 거래되고 있었다. 그런데 구겐하임이 보유하고 있는 증권들의 시장가치 합은 주당 76달러가 넘었다. 이는 구겐하임이 실제 자산가치의 약 90%에서 거래되고 있다는 의미였다. 투자자는 구겐하임 주식 1주를 69달러에 매수한 다음 구겐하임이 보유하고 있는 다른 주식들의 시장가치인 76달러에 팔 수 있었다. 이를 통해 주당 7달러, 약 10%가 조금 넘는 차익을 얻을 수 있었다.

이런 방식은 투기가 아니라 분석이었다. 구겐하임이 회사를 청산하면서 지분을 주주들에게 나눠주어도 사실상 10%의 이익이 보장되는 것이다. 이 논리에 따라 그레이엄과 뉴버거 동료들은 이 같은 방식의 거래를 실행했고 구겐하임이 청산될 때 차익을 챙겼다.

하지만 뉴버거와 뉴버거의 주요 구성원들은 그레이엄이 제시한 이런 아이디어를 대부분 무시했다. 한번은 그레이엄이 뉴버거 고객에게 당시 선호하는 투기 주식인 콘솔리데이티드텍스타일(Consolidated Textile, 콘솔리데이티드)의 보통주를 처분하고 대신 전환사채를 매수하게 해보자고 제안했다. 채권은 더 안전할 뿐만 아니라 배당금과 어느 정도의 가격 상승 잠재력까지 제공한다고 주장하면서 말이다. 하지만 동업자들은 반대했다. 콘솔리데이티드의 보통주가 채권보다 더 자주 거래되고 고객대기실에 있는 사람들은 칠판의 주식 시세가 계속 바뀌는 것을 지켜보고 싶어 하기 때문이라고 했다. 결국 채권은 가격이 상승했지만 주식은 70% 폭락했고, 그레이엄을 제외한 모든 사람이 크게 놀랐다.

1923년 그레이엄은 뉴버거를 그만두고 자신의 투자회사를 차렸다. 당시 그레이엄은 29세에 불과했지만 경쟁력이 있었고, 그도 이 사실을 잘 알았다. 그레이엄은 훗날 자서전*에서 다음과 같이 이야기한다.

> 가격을 결정하는 것이 완전히 다른 요인(주로 사람과 관련된 것들)이라고 생각하던 시대에 무미건조한 통계 수치는 월스트리트 사람들에게 어리석은 것처럼 보였다. 하지만 왜곡된 과거의 방식에 영향을 받지 않은 신출내기로서 나는 금융계에 나타나기 시작한 새로운 변화에 쉽게 대응할 수 있었다. **'경험으로 지식의 순수성을 잃은 나의 많은 전임자**

---

* 《벤저민 그레이엄 자서전(Benjamin Graham: The Memoirs of the Dean of Wall Street)》을 가리킨다. - 옮긴이

들보다 더 나은 판단력[*]과 더 분명한 관점에 근거해 나는 중요한 것과 중요하지 않은 것, 신뢰할 수 있는 것과 신뢰할 수 없는 것, 정직한 것과 정직하지 않은 것을 식별하는 방법을 배웠다.

노던파이프라인 자산가치

재무제표가 공개되는 일은 많아졌지만 널리 배포되는 경우는 많지 않았다. 그래서 그레이엄은 재무제표를 보기 위해 자주 출장을 가야만 했다. 1926년 어느 날 그레이엄은 워싱턴의 주간통상위원회 기록실에서 자신의 경력과 명성을 확실하게 높여줄 회사를 발견했다.

노던파이프라인(Northern Pipe Line)은 록펠러의 스탠더드오일(Standard Oil)이 분사하면서 만들어진 34개 회사 가운데 가장 작은 회사였다. 노던파이프라인의 자산은 오하이오주의 경계부터 펜실베이니아를 거쳐 뉴욕의 북부까지 석유를 수송하는 작은 파이프라인이 전부였다. 그레이엄은 노던파이프라인의 영업에는 관심이 없었고, 대신 구겐하임과 마찬가지로 자산가치와 주가 사이의 가격 불일치에 관심을 두었다.

노던파이프라인은 주당 95달러의 가치가 있는 우량 등급의 철도채

---

[*] 지은이 강조.

권을 보유하고 있었다. 하지만 주식은 주당 65달러에 거래되고 있었다. 막강한 스탠더드오일에서 분리된 회사가 수백만 달러의 철도채권을 가지고 뭘 하는 것일까? 더 중요한 사실은 노던파이프라인의 주식이 이런 채권보다 대략 30% 정도 낮은 가격으로 거래되는 이유였다. 노던파이프라인은 수익성이 있었고 운전자본이 거의 필요하지 않았다. 실제로 노던파이프라인은 연간 배당금으로 주당 6달러를 지급했다. 그런데도 주식의 가치가 이렇게 비효율적으로 평가되는 이유는 무엇일까?

뉴욕으로 돌아온 그레이엄은 노던파이프라인을 경영하는 부시넬(Bushnell) 형제를 찾아갔다. 사무실은 브로드웨이 26번가에 있었다. 그레이엄은 그들에게 노던파이프라인이 철도채권을 보유할 이유가 없다고 생각한다고 말했다. 그런 다음 주당 65달러에 노던파이프라인 주식을 보유하고 있는 주주에게 주당 95달러 가치의 채권을 배분해주는 것이 더 좋지 않겠냐고 물었다. 그렇게 하면 주당 30달러의 가치를 창출하는 동시에 노던파이프라인은 계속해서 돈을 벌고 배당금을 지급할 수 있지 않을까?

부시넬 형제는 불가능하다고 답했다. 노던파이프라인이 채권을 팔아 그 돈으로 파이프라인을 교체하거나 연장해야만 할지도 모른다고 했다. 그레이엄은 언제 그런 일이 일어날 것인지 물었다. 부시넬 형제는 언제인지 확실하지 않다고 답했고 그레이엄이 집요하게 물어보자 짜증을 냈다. 그레이엄은 자서전에서 당시를 다음과 같이 회상했다.

이보세요 그레이엄 씨, 우리는 참을 만큼 참았고 우리가 할 수 있는 것보다 훨씬 더 많은 시간을 내어 이야기했습니다. 파이프라인 비즈니스는 복잡하고 전문적인 일입니다. 당신은 이 일을 잘 모를 테지만 우리는 평생 해온 일입니다. (…) 우리의 정책을 지지하고 싶지 않으면 이런 상황에서 건전한 투자자들이 하는 방법을 제안해드리겠습니다. 당신의 주식을 파는 것입니다.

그레이엄은 그들에게 그렇게 하지 않을 것이라고 답했다. 그는 주식을 팔 생각이 없었고, 그다음 해 주주총회에 참석해 다른 주주들에게 자기 의견을 발표할 생각이었다.

1927년 1월 그레이엄은 야간열차를 타고 피츠버그로 갔다. 그다음 날 아침에 눈보라 속에서 직통 노선을 타고는 노던파이프라인 주주총회가 열리는 장소인 오일시티로 갔다. 주주총회 참석자는 단 8명뿐이었다. 부시넬 형제 2명, 노던파이프라인 직원 5명, 그리고 그레이엄이었다. 회의가 시작되었고 한 직원이 전년도 연례보고서에 대한 승인을 제안했다.

그레이엄은 "의장님, 연례보고서는 어디에 있습니까?"라며 이의를 제기했다.

부시넬 형제 가운데 한 명이 "그레이엄 씨, 미안합니다. 연례보고서는 몇 주 더 지나야 준비됩니다"라고 대답했다.

그레이엄은 "하지만 부시넬 씨, 아직 준비도 안 된 연례보고서를 어떻게 승인할 수 있습니까?"라고 물었다.

돈은 빅테크로 흐른다

형제가 잠시 귓속말을 나눈 후에 한 사람이 "우리는 늘 이런 방식으로 해왔습니다. 찬성하는 사람은 '예'라고 말해주세요"라고 했다.

존재하지도 않는 연례보고서를 승인한 후에 부시넬 형제는 다음 안건으로 넘어갔다. 몇 가지 의례적인 안건을 처리한 후에 의장은 주주총회 종료를 요청했다.

그레이엄은 자리에서 일어나 "부시넬 씨, 우리가 뉴욕에서 합의한 것처럼 나는 공식적으로 회사의 재무상태와 관련된 보고서를 검토해보고 싶습니다"라고 말했다.

부시넬은 "그레이엄 씨, 동의(動議) 형식으로 제안해주시겠습니까?"라고 말했다. 그레이엄은 안건을 제의했다. 안건은 순식간에 부결되었고 주주총회는 끝났다.

그다음 해에 그레이엄은 다른 많은 주주의 위임장을 받아 4명의 변호사와 함께 주주총회에 참석했다. 그레이엄은 노던파이프라인 주식의 4분의 1을 보유한 록펠러재단의 위임장은 받지 못했지만 6명의 이사 가운데 2명을 선임할 수 있는 표를 확보했다. 몇 주 후에 뉴욕에 돌아온 부시넬 형제는 브로드웨이 26번가에 있는 사무실로 그레이엄을 불렀다. 형제 중 한 명이 이렇게 말했다. "그레이엄 씨, 우리는 주주들에게 자본을 돌려주는 것에 대한 당신의 생각에 반대하지 않습니다. 우리는 단지 시기가 적절하지 않다고 생각한 것입니다. 현재 이 문제와 관련해 당신이 전적으로 찬성할 계획을 제안할 준비가 되어 있습니다."

이 만남 후에 노던파이프라인은 주당 70달러의 현금과 증권들을 배분했다. 그들은 또 회사 조직을 재정비했고 결과적으로 그레이엄이 투자한 주당 65달러의 투자금은 거의 배로 늘어났다.*

1929년 대폭락 이후

과거에 스탠더드오일 파이프라인이었다가 분리된 다른 회사들도 노던파이프라인의 사례를 따라 잉여현금을 주주들에게 분배하자 그레이엄의 명성은 높아졌고 그의 은행 잔고는 물론 자신감도 상승했다. 자산에 기초한 그레이엄의 접근법은 성공적이었다. 그래서 그는 자신이 소유한 증권을, 돈을 빌리거나 더 많은 주식을 사기 위한 담보로 활용했다. 전문용어로 신용거래를 했다. 그레이엄은 1929년에 주식시장이 폭락할 때까지 이런 방식으로 투자했다.

모든 주식 가격이 크게 하락했고 그레이엄은 신용거래에 따른 채무 때문에 더 큰 손실을 보았다. 1932년 그의 투자회사 자산은 최고점 대비 70% 하락했다. 대폭락 5년 후에야 그레이엄의 펀드는 1929년 이전 수준으로 회복했다.

그레이엄 가족은 작은 아파트로 이사했고 부인은 댄스 강사로 일했

---

* 그레이엄은 나중에야 부시넬 형제가 뜻을 굽힌 진짜 이유를 알게 되었다. 록펠러재단 임원들은 그레이엄의 계획을 좋아했지만 그레이엄에게 재단의 권한을 위임하는 방식으로 부시넬 형제를 당혹스럽게 하고 싶지 않았다. 하지만 우회적인 방식으로 록펠러의 뜻을 부시넬 형제에게 전달한 결과 그레이엄의 계획은 성공했다.

다. 그레이엄은 어머니를 위해 고용했던 운전기사와 차를 포기했다. 하지만 자신의 투자 원칙을 포기하지는 않았다. 다른 투자자들이 절망하고 있는 동안 그레이엄은 자산 기반의 투자 방식을 활용해 지속적으로 투자했다. 그는 회사가 쉽게 현금으로 전환할 수 있는 유동자산에 특별한 관심을 보였다. 공장 같은 유형자산(고정자산)은 시장에 팔려고 내놓았을 때 재무상태표의 장부가치를 인정받을 수도 있고 그러지 못할 수도 있다. 그러나 재고자산 같은 유동자산은 장부가치에 가깝게 받고 팔 가능성이 훨씬 더 컸다.

구겐하임과 노던파이프라인의 사례처럼 그레이엄은 청산가치보다 낮은 가격에 기업을 사고 싶었다. 하지만 대공황을 경험한 그는 훨씬 더 엄격한 방법론을 적용해야만 했다. 철저하게 보수적으로 판단하기 위해 그레이엄은 현금화가 쉬운 유동자산에도 할인을 적용했다. 여기에 기초를 둔 투자 방식이 '순유동자산가치(net current asset value)' 또는 '순운전자본(net working capital)' 접근법으로 알려졌고 오늘날까지 그레이엄의 제자들은 이른바 '넷넷(net nets)'*이라는 기업을 찾고 싶어 한다.

1930년대 주식시장은 매우 침체되어서 수백 개의 주식이 이런 기준을 충족시켰다. 그레이엄은 화이트모터컴퍼니(White Motor Company, 화이트모터)의 1931년 연말 재무상태표를 분석할 때 회사의 현금과 주식은 회계상 장부가치의 100%, 매출채권은 장부가치의 80%, 재고자산과

---

* 시가총액보다 '유동자산 − 총부채 = 순현금'이 훨씬 많은 기업. − 옮긴이

공장은 각각 장부가치의 50%와 20% 수준으로 평가했다. 그레이엄은 모든 부채를 빼고 계산한 화이트모터 자산의 청산가치가 주당 31달러가 될 것으로 추정했다. 하지만 이 회사의 주식은 주당 8달러에 거래되고 있었다. 1932년 그레이엄은 〈포브스(Forbes)〉에 '미국 기업은 생존했을 때보다 파산했을 때 더 가치 있는가?(Is American Business Worth More Dead Than Alive?)'라는 제목의 글을 3회에 걸쳐 연재했다. 이 글에서 그는 미국 증시에 상장된 제조사의 3분의 1 이상이, 즉시 매각했을 때의 자산가치인 순청산가치 이하로 거래되고 있다고 주장했다.

그레이엄은 가치투자 또는 적어도 가치투자의 첫 번째 형태라고 알려진 투자 방법을 최초로 고안했다. 실물자산과 회사의 청산가치에 초점을 맞춘 그레이엄의 접근 방식을 '가치 1.0'이라고 부를 수 있다.*

이후 나타난 모든 가치투자 방법론과 마찬가지로 그레이엄의 가치투자법은 엄격하고 원칙을 준수하며 과학적 방법처럼 반복 가능하고 검증할 수 있다. 모든 투자 성과가 남아 있는 것은 아니지만 그레이엄은 가치투자 방식을 활용함으로써 1930년대부터 그가 은퇴한 1956년까지 상당히 큰 차이로 시장을 이겼다. 그레이엄은 자신의 연수익률이 20% 정도라고 추정했다. 이는 같은 기간 시장 평균 수익률의 2배에 달한다.

---

* 이스트코스트에셋매니지먼트(East Coast Asset Management)의 공동 설립자이자 CIO인 내 친구 크리스 베그(Chris Begg)에게 고마움을 전하고 싶다. 크리스는 이 책에서 사용한 '가치 1.0, 가치 2.0, 가치 3.0'이라는 용어를 알려주었다.

그레이엄은 훌륭한 투자자였을 뿐만 아니라 개방적이고 관대한 선생님이었다. 그는 컬럼비아대학 경영대학원에서 25년 이상 증권분석을 가르쳤고 투자자들이 시장을 이해하는 데 도움이 되는 많은 책을 썼다. 대공황의 깊은 수렁에서 그레이엄은 자신의 투자철학을 《증권분석(Security Analysis)》이라는 저서에서 체계적으로 정리했다. 이 기념비적인 교과서로 우리는 그레이엄의 투자 방법과 생각을 알 수 있다. 이 가운데 중요한 개념이 바로 투자와 투기에 대한 명확한 구분이다. 투기꾼은 주식을 복권처럼 생각하고 사는 반면, 투자자는 실제 기업의 일부를 소유하는 주인이 되려고 주식을 매수한다. 그레이엄은 또 투자자들에게 안전마진이 있을 때만 주식을 사라고 권고했다. 안전마진을 가지고 투자를 한다는 것은 기업이 잘못되더라도 주식에 큰 영향을 미치지 않을 정도의 낮은 가격에 주식을 사야 한다는 의미다.

15년 후에 그레이엄은 《현명한 투자자(The Intelligent Investor)》에서 또 다른 중요한 개념인 '미스터 마켓(Mr. Market)'을 소개했다. 그레이엄은 시장을 추상적인 대상으로 생각하지 말고 의인화할 것을 제안했다. 시장에 이름을 지어주고 마치 동업자처럼 시장을 대하라는 것이다. 우리와 미스터 마켓은 어떤 기업의 주식을 함께 소유하고 있지만 서로 기질이 다른 동업자다. 우리는 냉정함을 유지하고 싶어 한다. 하지만 미스터 마켓은 어느 날 갑자기 매우 들뜬 상태로 회사에 나타난다. 그리고 엄청나게 높은 가격으로 우리 회사의 주식을 사겠다고 제안한다. 나중에 미스터 마켓은 들떴던 상태에서 침울한 상태로 변한다. 그리고 우리에게 똑같은 주식을 매우 낮은 가격에 팔겠다고 제안한다.

오늘날 이런 비유는 매우 상식적인 것처럼 들리지만 그레이엄이 살던 시대에는 대단히 혁명적인 아이디어였다. 우리는 미스터 마켓의 기분에 지배되지 말고 그의 기분을 최대한 이용해야 한다. 주식시장은 대체로 비이성적인 인간들이 섞여 있는 곳이기 때문에 제정신이 아닌 경향이 있다. 하지만 우리는 그런 광기에 휩싸여서는 안 된다. 다른 사람들이 증권거래소에 모여 소리치도록 내버려두라. 우리는 연례보고서를 읽으면서 이성적인 태도를 유지할 것이다.

한계에 이른 가치 1.0

안전마진과 미스터 마켓이라는 개념은 영원히 사라지지 않을 중요한 개념적 도구다. 그러나 그레이엄의 구체적인 가치평가 방식에는 허점이 있다.

가치 1.0도 다른 모든 성공적인 투자 전략과 마찬가지로 일부 문제점이 있다. 즉 더 많은 투자자가 가치 1.0의 투자 방식을 채택할수록 경쟁이 치열해지면서 초과수익은 줄거나 사라진다는 것이다. [그림 2-1]에서 볼 수 있는 것처럼 자산가치보다 주식을 싸게 사는, 이른바 가치 프리미엄은 대체로 감소해왔다.

가치 1.0은 저렴한 주식이 적정 가치까지 상승하는 과정에서 계속해서 포트폴리오의 구성을 변화시켜야 하는 단기 전략이라는 점에서 그레이엄 방식은 한계가 있다. 그레이엄의 접근 방식은 '담배꽁초 투자'

로 알려졌다. 그레이엄의 포트폴리오에 있는 주식들은 길거리에서 주운 싸구려 담배 같기 때문이다. 한두 모금 피우기에는 좋지만 곧 버려야 하고 새로운 꽁초를 찾아야 한다. 그런 주식을 찾고 추적하고 진입 시점과 탈출 시점을 결정하려면 많은 시간을 쏟아부어야 한다. 포트폴리오의 순환 주기가 빠르기 때문에 담배꽁초 투자에서 올린 수익은 장기 자본소득세율보다 높은 일반 소득세율에 따라 세금을 내는 경우가 많다. 세율이 높은 구간에서 올린 20%의 단기 투자 수익은 그중 50%를 세금으로 내고 나면 10%가 된다.

핵심은 가치 1.0은 유연성이 없고 기계적이며 초점을 자산 가격에만 맞춘다는 사실이다. 그 결과 가장 큰 물고기는 언제나 그물을 빠져나간다. 가치 1.0은 그 당시에 잘 맞는 투자 방법이었다. 수치화된 공식을 엄격히 준수하는 가치 1.0 방식이 투기를 막아주었다. 가치 1.0은 쉽고 이분법적 답을 요구하는 단순한 투자 방식이다. 즉 주식은 그레이엄의

[그림 2-1] 가장 비싼 주식 대비 가장 싼 주식의 가치 프리미엄(주가/자산 기준)

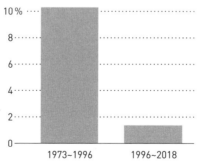

자료: 안드레이 곤살베스와 그레고리 레너드(Andrei Goncalves and Gregory Leonard), '시가총액 대비 펀더멘털 비율과 가치 프리미엄의 하락(The fundamental-to-market ratio and the value premium decline)', 케넌 비공개기업연구소(Kenan Institute of Private Enterprise Research), 2020.

청산가치 기준을 충족하는지 아닌지 둘 중 하나다. 그레이엄은《현명한 투자자》에서 안전마진을 지닌 투자 가능한 기업을 찾는 일은 "통계 자료에 기초한 단순하고 명확한 수학적 계산 결과에 달렸다"라고 말했다.

하지만 시간이 지나면서 세계는 대공황에서 벗어났고 가치 1.0은 미국 경제에 점점 더 들어맞지 않는 투자 방법처럼 보였다. 제2차 세계대전 이후 미국은 안정화되었고 점점 더 번영했다. 자산에 근거한 그레이엄의 가치평가 방식으로는 순자산가치 기준의 기업을 찾아낼 뿐, 크고 성장하는 이익 흐름을 창출할 능력이 있는 기업을 찾아내는 것은 어려웠다. 그레이엄은 공식을 지나치게 중시하고 기업에 대한 정성적 분석을 상대적으로 경시했다. 그레이엄의 보조원 가운데 한 사람은, 그레이엄은 누군가가 기업이 어떤 성과를 냈는지에 관해 말하기 시작하면 따분해하면서 시선을 창밖으로 돌렸다고 기억한다. 그레이엄은 애널리스트들에게 기업의 경영진을 만나지 말라고 했다. 그는 경영진들이 애널리스트를 속이고 실제로 가장 중요한 수치는 못 보게 방해할 수도 있다고 생각했다.

그레이엄 밑에서 일하다가 나중에 전설적인 가치투자자가 된 월터 슐로스(Walter Schloss)가 한번은 그레이엄에게 염가 종목은 아니었지만 유망한 신 테크기업인 할로이드(Haloid) 투자를 권유한 적이 있었다. 할로이드는 나중에 제록스(Xerox) 복사기를 만들어 판매하는 회사가 되었다.

그레이엄은 슐로스에게 "월터, 나는 그 기업에 관심이 없어요. 가격이 싸지 않아"라고 말했다.

은퇴 후의 그레이엄

할로이드에 관한 슐로스와 그레이엄의 대화는 한 세대 전에 콘솔리데이티드의 보통주를 좀 더 안전한 채권으로 교환하자는 그레이엄의 아이디어를 비웃었던 뉴버거 파트너와의 대화 내용과 비슷하다. 당시 그레이엄은 상급자들의 지성이 경험 때문에 변질되었다고 말했는데, 똑같은 일이 그레이엄에게 일어난 것일 수도 있다. 다만 앞 세대의 실수가 무모한 것이었다면, 그레이엄 방식의 근본적 문제는 너무 원칙론적이고 지나칠 정도로 조심스럽다는 것이었다.

그레이엄은 포트폴리오매니저로서는 이른 나이인 62세에 은퇴했다. 부유했던 그는 젊은 시절의 지적인 관심사로 돌아갈 여유가 있었다. 스페인어로 된 소설을 번역했고 한 권의 시집을 출간했다. 그는 미국, 포르투갈, 프랑스 엑상프로방스를 오가며 여생을 보냈다. 그런데 사망 직전, 자신이 만들었던 원칙의 한계를 특이하게 간접적으로 인정했다.

그 고백은 1973년 출간된 《현명한 투자자》 최종 판본의 2쪽 분량의 후기에 기록되었다. 그레이엄은 자신의 투자 원칙의 문제점을 인정하는 것이 부끄러웠는지 제삼자의 입장에서 글을 썼다. 실제로 오랜 동업자였던 제롬 뉴먼(Jerome Newman)에게 일어났던 일을 다른 누군가에게 일어난 일처럼 서술했다. 그레이엄의 후기는 다음과 같이 시작한다.

우리는 인생의 상당 부분을 월스트리트에서 자신과 다른 사람들의 편드를 운용하면서 보낸 두 명의 동업자를 잘 안다. 몇 가지 가혹한 경험을 통해 그들은 엄청나게 많은 돈을 벌려고 노력하는 것보다 안전하고 신중한 것이 낫다는 것을 배웠다. (…) 이런 방식으로 그들은 시장이 상승하든 하락하든 오랜 기간 매우 좋은 실적을 유지했다.

그레이엄의 이야기는 1948년 합자회사 자산의 20%를 단일 종목에 투자했던 일화로 이어진다. 그 주식은 자산과 이익에 비해 매우 저렴했고, 그레이엄과 그의 동업자는 "그 회사의 가능성에 깊은 인상을 받았다".

그레이엄이 주식을 매수한 직후에 주가는 급등했고 계속 상승했다. 시간이 지나면서 주가는 계속 올랐고 그레이엄과 그의 동업자는 처음 투자한 금액의 200배를 벌었다. 주가가 빠르게 상승하자 자산에 근거한 가치평가 기준으로는 주식이 비싸 보였다. 하지만 자서전에서 밝힌 것처럼 그레이엄은 그 회사를 '일종의 가족 사업'으로 생각했기 때문에 계속 보유하기로 결정했다.

그레이엄은 《현명한 투자자》에서 "단 한 번의 투자 결정에서 얻은 이익이, 지난 20년 동안 우리가 전문 분야에서 수많은 조사와 끊임없는 숙고와 수많은 **결정***을 통해서 벌어들인 이익보다 훨씬 컸다는 것은 아이러니가 아닐 수 없다"라고 결론을 내렸다.

---

* 지은이 강조.

바꿔 말하면 하나의 훌륭한 기업에 대한 한 번의 투자가 한 세대에 걸친 모든 담배꽁초 투자의 합보다 더 많은 돈을 벌었다는 것이다.

그 회사는 자동차보험회사인 가이코였다. 자서전에서 그레이엄은 가이코를 단 두 번 언급했는데 그중 한 번은 그가 청구한 보험금 때문이었다. 반대로 노던파이프라인에 관해서는 한 챕터 전체를 차지할 정도로 많은 이야기를 했다.

그레이엄은 《현명한 투자자》 후기에서 "가치에 관한 이 이야기가 현명한 투자자들에게 주는 교훈이 있을까?"라고 의문을 던진 뒤 "분명한 사실은 월스트리트에서 돈을 벌고 지키는 방법은 여러 가지가 있다는 것이다. 또 다른 사실은 그렇게 명확하지는 않지만 한 번의 행운 또는 한 번의 탁월하고 기민한 결정(이 두 가지를 구별할 수 있을까?)이 평생에 걸친 전문가의 노력보다 더 가치 있을 수 있다는 것이다"라고 덧붙였다.

여기서 그레이엄은 속내를 다 드러내지 않았다고 생각한다. 이 후기를 쓸 때쯤 그는 가이코 같은 훌륭한 기업을 찾아내는 것은 단순한 행운이 아님을 알고 있었다. 그는 좋은 기업을 발굴하는 것도 자신이 체계화한 자산 기반의 투자 방식과 마찬가지로 체계화될 수 있다는 사실을 알았다. 그가 가르친 컬럼비아대학의 한 학생(실제로 그가 유일하게 A+를 준 유명한 학생)이 투자 성과를 통해 그 사실을 입증하고 있었다.

3장

[가치 2.0] 워런 버핏과
브랜드-TV 생태계

네브래스카주 오마하 출신의 워런 버핏이라는 학생이 1950년 컬럼비아 경영대학원 그레이엄의 증권분석 강의실로 들어왔다. 호리호리하고 어리숙해 보이는 스무 살 버핏은 그레이엄의 수업에서 배운 것을 토대로 36년 후에 억만장자가 될 인물이었다. 억만장자가 된 지 20년 후에는 단순히 투자만으로 세계 최고의 부자가 된다.

그레이엄과 마찬가지로 버핏은 대학을 조기에 졸업했고 매우 똑똑하고 분석적인 데다 공부하는 것을 좋아했다. 버핏은 친구들이 〈플레이보이(Playboy)〉를 보는 동안에 자신은 S&P 주식 매뉴얼을 공부했다는 우스갯소리를 즐겨 한다. 하지만 공부를 좋아하는 것을 제외하면 버핏과 그레이엄은 공통점이 거의 없다. 도시 출신의 세련된 그레이엄은 뉴욕의 뮤지컬을 좋아했고 자주 여행을 다녔으며 노년의 상당 기간을 유럽에서 보냈다. 반면 버핏은 미국 중서부 초원의 중산층 가정에서 자랐다. 그는 영어 이외의 외국어는 할 줄 몰랐고 좋아하는 음식은 햄버거였다. 동부에서 잠시 있었던 시간을 제외하면 버핏은 생애 대부분을 오마하에서 보내면서 1950년대 미국의 안정적이며 단순하고 편안한 삶을 즐겼다. 지금도 그는 여전히 1958년에 3만 1,500달러를 주고 산 2층 주택에 살고 있다.

버핏도 그레이엄처럼 10대 시절에 기술적 분석에 흥미를 느꼈다. 기술적 분석은 주식이 과거에 어떻게 움직였는지를 보여주는 차트를 연구함으로써 주식의 단기적 움직임을 예측하는 방식이다. 버핏은 차트가 위아래가 뒤집히거나 좌우가 바뀌어도 똑같아 보인다는 사실을 알게 되자 기술적 분석을 그만두었다. 그러다가 대학 시절에 그레이엄의 《현명한 투자자》를 읽었고 그 강력한 힘에 얼마나 큰 충격을 받았던지 나중에 이 일을 종교적인 문장으로 표현할 정도였다.

버핏은 한 인터뷰에서 다음과 같이 말했다.

나는 마치 다마스쿠스로 가던 길에서 깨달음을 얻은 사도 바울이 된 것 같았습니다. 광신도의 말처럼 들리는 것은 싫지만 《현명한 투자자》가 정말로 나를 사로잡았습니다.

그레이엄의 투자 방식은 여러 세대에 걸쳐 투자자들을 매료시킨 것과 똑같은 이유로 버핏을 사로잡았다. 그것은 해야 할 것과 하지 말아야 할 것을 엄격하게 구분하고 지키는 투자 '시스템'이었다. 그레이엄의 방식은 마치 요리책처럼 정형화되어서 따라 하기가 쉬웠다. 기업의 재무상태표에서 자산을 가져와 청산 기준으로 할인한 다음 부채를 차감한다. 이렇게 구한 값을 주가와 비교해 주가가 청산가치보다 낮은 경우에만 주식을 매수한다.

버핏은 그레이엄의 설명 가운데 정량적으로 표현하지 않은 투자 원칙을 선호했다. '안전마진'은 무모하게 투자하지 말고 신중하게 투자하라는 원칙이었다. '미스터 마켓'은 인간의 본성에 관한 직관적인 이해를 구체화한 것으로 돈 문제에 관해서는 거의 모든 사람이 이성적이지 않다는 의미였다. 투자자는 열광의 시기와 절망의 시기를 오가는 경향이 있으므로 성공의 열쇠는 미스터 마켓이 어디에 있든 반대편을 택하도록 자신을 훈련하는 것이었다. 버핏이 나중에 이야기한 대로 핵심은 다른 사람들이 탐욕스러울 때 두려워하고 다른 사람들이 두려워할 때 욕심을 내는 것이다.

개종자의 열정으로 버핏은 오마하를 떠나 뉴욕으로 갔고 그레이엄 아래서 공부하게 되었다. 그는 경영학 석사학위를 받았지만 학위에는 신경 쓰지 않았다. 버핏은 단 한 스승 때문에 컬럼비아 경영대학원에서 수학했다. 플라톤이 스승 소크라테스를 존경하며 따랐던 것처럼 버핏도 그레이엄을 그렇게 생각했다.

오마하로 돌아와 아버지의 증권사에서 일할 때 버핏은 그레이엄의 담배꽁초 투자 방식을 따라 했다. 그레이엄이 노던파이프라인에 적용했던 방식처럼 버핏은 샌본맵(Sanborn Map Company)이 보유한 증권을 보고 그 주식을 샀다. 그런 후에 샌본맵 경영진에 증권을 주주에게 분배하라고 요구했다. 나중에 버핏은 자산가치에 비해 주가가 저렴하고 경영난을 겪고 있는 네브래스카주 농촌 지역의 풍차 제조업체인 뎀스터밀매뉴팩처링(Demster Mill Manufacturing Company)의 지배적 지분을 샀다. 버핏은 새로운 경영자를 고용해 비용을 줄이고 일부 자산을 청산했다. 버핏은 2년 후에 그 회사를 되팔아 3배 가까운 이익을 냈다.

존 버 윌리엄스의 영향

그러나 버핏은 머지않아 보수적이고 기계적인 그레이엄의 투자 방식에서 멀어졌다. 1950년대 지리적으로 미국의 중심부인 네브래스카주에서 버핏이 지켜본 미국은 번영하고 있었다. 미국은 승전국이었고 경제와 심리적으로 큰 충격이었던 대공황의 여파도 사라지고 있었다. 버핏은 젊고 창의적이며 활기찬 나라이자 경제 대국인 미국의 발전을 지켜보았다. 미국의 중산층은 해마다 증가했고 더더욱 부유해졌다. 불경기와 사기(이 두 가지는 언제나 우리 곁에 있을 것이다)도 여전했지만 주식시장과 국가 경제는 비교적 안정적인 방식으로 발전하고 있었다. 그레이엄 시대에 횡행했던 무모한 투기와 공포는 이제 한때의 재미있는 일화로 변해가고 있었다.

다시 말해 버핏도 세상이 변했다는 사실을 깨달았다. 그는 투자자로서 자신도 세상과 함께 변해야 한다는 것을 알아차렸다.

좀 더 구체적으로 말하면 이런 풍요의 시대에는 그레이엄이 말하는

'염가'의 자산가치 외에 뭔가 다른 것에 투자의 초점을 맞추어야 한다는 사실을 알게 되었다. 버핏은 기업의 이익이 시장을 이기는 초과수익률과 좀 더 밀접한 관련이 있음을 발견했다. 버핏은 또 그레이엄이 했던 것보다 비즈니스 품질과 경영진의 자질 평가에 더 많은 주의를 기울여야 한다는 사실도 깨달았다.

버핏은 존 버 윌리엄스(John Burr Williams)의 영향을 많이 받았다. 경제학자 윌리엄스는 그레이엄이 《증권분석》을 썼던 것과 마찬가지로 대공황이 한창인 시기에 《The Theory of Investment Value(투자 가치 이론)》를 집필했다. 다만 신중하고 보수적인 《증권분석》과 달리 《투자 가치 이론》은 낙관적이고 진취적이었다. 그레이엄은 정적인 관점에서 기업을 오늘 당장 팔 수 있는 자산의 집합으로 본 반면, 윌리엄스는 시간이 지나면서 이익과 배당금을 창출하는 기업의 능력에 초점을 맞추었다. 회계 용어로 표현하면 그레이엄은 특정 시점을 포착한 스냅사진 같은 '재무상태표'를 중요하게 생각했지만, 윌리엄스는 활동사진 같은 '손익계산서'에 중점을 두었다.

윌리엄스의 주된 가설은 어떤 기업(금융상품)의 가치는 현재가치로 할인된 미래 이익의 합이라는 것이다. 이런 의미에서 '할인'이란 현재의 이익을 제외한 나머지 기간의 이익을 줄이거나 잘라내는 것을 말한다. 미래는 예측할 수 없기 때문에 지금 손안에 있는 새를 제외한 모든 새는 다 날아갈 수 있다. 따라서 첫해의 1달러 이익은 1달러의 가치가 있지만 두 번째 해의 1달러는 90센트, 세 번째 해의 1달러는 81센트 등으로 현재가치가 점점 낮게 평가된다.

현금흐름할인모형(discounted cash flow, DCF) 또는 순현재가치(net present value, NPV)로 알려진 이 공식은 매우 복잡하고 전문적인 것이 될 수 있다. 다행스럽게도 DCF는 실질적인 투자 분석 틀로서 유용성이 낮기 때문에 자세히 이해할 필요는 없다. 몇 년 후의 이익을 정확하게 예측하는 것은 불가능하다. 설령 가능하다 해도 할인율의 작은 변화가 NPV에서는 큰 차이로 나타난다.

이런 문제는 버핏과 다른 투자 전문가들도 기업의 현금흐름을 추정하기가 어렵다는 것을 의미한다. 대신 전문가들은 기업의 당기 주당순이익(earnings per share, EPS) 대비 현재 주가를 대략적인 지표로 삼아 주식을 좋은 가격에 사는지를 측정한다. 기업의 당기 주당순이익과 비교해 주가가 저렴할수록 그만큼 더 매력적인 투자 기회가 되는 것이다. 어떤 기업이 주당 1달러의 순이익을 내고 있고 주식이 15달러에 팔리고 있다면 그 주식의 주가이익배수(PER)는 15배가 된다. 하지만 그 주식이 10달러에 거래되고 있다면 PER은 10배로 낮아지고 따라서 주가가 비교적 싸게 거래되는 것이다. 공식적으로 주가가 이익의 몇 배인지를 나타내는 이 지표를 월가에서는 일반적으로 'P/E 멀티플' 'P/E' 또는 그냥 '멀티플(multiple)'이라고 부른다.*

실무적인 분석 모형으로는 활용이 어려웠지만 윌리엄스의 NPV 개념은 이론적으로 매우 뛰어난 아이디어였다. 그레이엄의 안전마진과

---

* 본문에서는 이해의 편의상 PER로 통일한다. − 편집자

미스터 마켓 개념과 마찬가지로 NPV는 약간의 상식만 있으면 누구나 직관적으로 이해할 수 있다. 즉 회사의 미래 이익이 많아질수록 현재의 기업가치도 높아진다는 것이다. 그레이엄이 초점을 맞추었던 청산가치는 시간에 따른 기업의 이익 창출 능력에 관해 아무것도 알려주지 못한다. 기업의 자산가치에 대한 산술적인 계산만으로는 회사의 미래가 밝은지 아닌지 판단하는 데 도움이 되지 않는다. 미래가 밝은 기업을 찾는 일은 확실성이 아니라 가능성과 관련이 있다. 즉 좀 더 성장하고 번영할 것 같은 기업을 찾아내는 것이다. 이때 결론은 정해진 틀에 따라 내려지지 않는다. 여기에는 '판단'이 필요하고 판단은 정량적이 아니라 정성적이다.*

새로운 투자 시발점이 된 '가이코'

버핏은 투자를 시작한 초창기에 정성적인 판단 훈련을 했다. 1951년 버핏은 가격이 상당히 비싸 보였지만 그레이엄이 지분을 보유하고 있었던 자동차보험사인 가이코를 연구했다. 가이코 분석을 마친 버핏은 〈커머셜 앤드 파이낸셜 크로니클(Commercial and Financial Chronicle)〉에 '내가 가장 선호하는 주식(The Security I Like Best)'이라는 제목의 글을 기

---

* 좀 더 자세한 내용은 존 버 윌리엄스의 《투자 가치 이론》을 참고하라. 이 책 대신 버크셔 해서웨이의 1992년 연례보고서를 읽어도 된다. 여기서 버핏은 윌리엄스의 생각을 요약해 설명하고 있다.

고했다. 버핏의 분석은 매우 탁월했다. 21세의 버핏은 그레이엄의 가장 총명한 제자였지만 가이코의 자산가치나 청산가치에 관해서는 전혀 언급하지 않았다. 대신 가이코의 성장 잠재력과 복리로 불어날 이익에 분석의 초점을 맞추었다.

1951년 가이코는 현재처럼 도마뱀 캐릭터를 내세운 거대 보험회사가 아니었다. 다른 대부분의 보험회사와 달리 가이코는 공무원이라는 특정 계층을 겨냥한 작은 자동차보험사였다. (GEICO는 Government Employees Insurance Company의 약자다.) 처음부터 가이코 경영진은 공무원을 대체로 조심성이 있는 사람들이라고 생각했다. 그래서 가이코의 보험 가입자는 보통 사람보다 자동차 사고에 노출될 가능성이 훨씬 작고, 그래서 위험도가 낮은 집단이라고 추정했다. 또 가이코는 판매 방식도 전통적인 것과는 다른 방식을 취했는데, 사무실과 보조원을 갖춘 거대한 보험판매원 조직 대신 우편과 전화로만 보험을 판매했다.

이런 직접 판매 방식 때문에 가이코의 영업 범위는 제한되었지만 수익성은 높았다. 비용을 지출할 보험대리인이 없고 대부분의 보험사보다 보험금 청구율이 낮았기 때문에 가이코의 이익률은 거의 30%에 달했다. 버핏이 기고문에서 언급한 것처럼 1951년 평균적인 보험사의 이익률은 7%에도 미치지 못했다.

가이코의 영업모델은 매우 저비용 구조여서 경쟁기업보다 25~30% 정도 낮은 가격에 보험을 제공하면서도 이처럼 탁월한 이익률을 기록했다. 실제로 이 때문에 가이코는 경쟁에서 매우 유리한 위치를 차지했다. 1985년 하버드 경영대학원의 마이클 포터(Michael Porter) 교수는 이 개념을 공식적으로 '경쟁우위(competitive advantage)'라고 불렀다. 중서부 특유의 솔직담백한 입담을 지닌 버핏은 이 개념을 추상적이지 않은 용어로 설명했다. 보험 대리점을 두지 않고 위험도가 낮은 운전자를 대상으로 영업하는 가이코는 경쟁 보험사에 비해 앞으로 성공할 가능성이 큰 '무기(edge)'가 있다고 말이다.

경영학 용어로 가이코의 경쟁우위는 '저비용 공급자(low-cost provider)'로서의 경쟁우위였다. 모든 미국 운전자는 법적으로 자동차보험에 가입해야 한다. 하지만 비싼 보험에 가입하고 싶은 사람은 아무도 없다. 이런 구조가 자동차보험을 설탕이나 면 같은 원자재(commodity)처럼 만들었다. 이런 원자재 비즈니스에서 경쟁우위를 결정하는 핵심은 비용이다. 어떤 원자재든 가장 싸게 파는 회사가 시장 점유율을 확대하게 될 것이다. 버핏이 앞의 기고문에서 간략하게 설명한 것처럼 가이코의 영업모델은 자동차보험에서 가이코를 확실한 저비용 사업자로 자리 잡게 만들었다. 가이코는 매우 작은 회사였기 때문에 회사의 성장도 기정사실에 가까웠다. 가이코는 단지 15개 주에서만 영업을 하고 있었다. 미국에서 자동차보험요율이 가장 높은 뉴욕주에서 가이코의 시장 점유율은 1%에도 미치지 못했다.

1951년 버핏은 가이코가 언젠가 고객 범위를 넓히고 지속적으로 직접 판매 방식을 활용해 미국 전체 자동차보험시장의 15%를 차지하게 될 것이라고는 예측하지 못했을 수 있다. 그러나 가이코의 경쟁우위를 파악했던 버핏은 언젠가 몇 배 더 큰 회사가 될 것이라는 결론에 쉽게 도달했다.

버핏의 분석은 통계 자료를 근거로 한 그레이엄의 '단순 명확한 산술적 추론'과 거리가 멀었다. 가이코의 투자 매력은 자산에 대한 일회적인 청산가치에 있지 않았고 미래로 갈수록 점점 더 많은 이익을 창출하는 비즈니스 능력에 있었다.

이런 이유로 버핏의 마음속에는 수십 년에 걸쳐 계속될 주도권 싸움이 시작되었다. 그것은 대공황 시대에 기반을 둔 그레이엄의 보수적인 관점과, 윌리엄스의 좀 더 낙관적이고 미래지향적인 관점 사이의 싸움이었다. 1959년 버핏이 찰리 멍거를 만났을 때 낙관적인 관점에 좀 더 큰 힘이 실렸다. 멍거는 그 후 버핏의 분신이자 평생의 비즈니스 동반자가 되었다. 멍거는 그레이엄의 담배꽁초 투자 방법을 꺼렸고, 수년에 걸쳐 그레이엄의 시스템을 '착란(madness)' '함정과 미혹(a snare and a delusion)' '팩트를 무시하는 투자 방법(ignored relevant facts)'이라고 언급했다. 멍거는 가이코처럼 분명한 경쟁우위가 있고 장기적으로 뛰어난 성과를 낼 가능성이 큰 기업을 선호했다.

버핏은 가이코 같은 초창기의 성공 투자를 염두에 두고 멍거의 말에 귀를 기울이면서 자산가치가 아니라 비즈니스 품질로 인해 투자 매력이 높은 기업들에 관한 탐구와 투자를 계속했다. 1963년 버핏은 여행자수표와 신용카드 시장을 장악하고 있는 아메리칸익스프레스(American Express, 아멕스)를 매수했다. 아멕스는 제2차 세계대전 이후 미국의 번영을 보여주는 전형적인 기업이었다. 미국이 부유해지면서 중산층은 소비와 여행을 늘렸는데 아멕스는 이를 위해 신뢰할 만한 수단이었다.

그 당시 사람들이 많이 방문하는 곳 가운데 하나가 디즈니랜드(Disneyland)였다. 버핏과 멍거도 1966년에 디즈니랜드를 방문했다. 부인과 아이들이 노는 동안 두 사람은 디즈니랜드의 경제성을 분석했다. 디즈니랜드에는 놀이기구 등 수많은 유형자산이 있었지만 버핏과 멍거가 놀란 것은 놀이기구의 진짜 가치가 디즈니의 청산가치와 상관이 없다는 사실이었다. (놀이기구 '덤보 플라잉엘리펀트'는 철골 구조물이라는 것 외에 무슨 가치가 있는 걸까?) 디즈니의 자산가치는 놀이기구의 토대가 된 디즈니 영화와 TV쇼, 이런 것들과 디즈니 방문객들 사이에 형성된 정서적 유대 관계에서 나왔다.

미국인들은 디즈니 애니메이션 〈덤보(Dumbo)〉〈이상한 나라의 앨리스(Alice in Wonderland)〉, TV 드라마 〈데이비 크로켓(Davy Crockett)〉을 좋아했고 디즈니랜드를 방문하면서 이런 캐릭터에 대해 더 깊은 사랑을 느꼈다. 이처럼 고객의 마음을 사로잡은 덕분에 디즈니는 영화 티켓과 TV쇼 광고, 테마공원 입장권 및 각종 캐릭터 상품을 판매할 수 있었다. 이런 능력 덕분에 디즈니는 놀이동산의 철골 구조물과는 다른 차별화된 자산을 보유하게 되었다. 버핏과 멍거는 이를 재무상태표상에 수치화할 수는 없었지만, 그 자산이 매우 가치 있다는 사실은 알고 있었다.

1972년 버핏과 멍거는 지주회사인 버크셔 해서웨이를 이용해 최초로 지분 100%를 채워 자회사 '씨즈캔디(See's Candies)'를 매수했다. 제과회사 씨즈캔디는 미 서부에서 여러 매장을 운영하고 있었다. 디즈니와 마찬가지로 씨즈캔디의 가치는 제품에 대한 고객들의 애정에서 발생했다. 서부인들이 씨즈캔디를 얼마나 좋아하는지를 잘 알았던 버핏과 멍거는 회사를 인수한 이후 제품 가격을 올리기 시작했다. 디즈니가 매년 테마파크 입장료를 올리는 것과 마찬가지였다. 두 회사 모두 가격을 올려도 고객들은 계속 제품을 사고 서비스를 이용했다.

37세 버핏은 투자자들에게 보내는 서한에서 다음과 같이 말했다.

> 정말 흥미롭게도 나는 나 자신이 기본적으로 정량적 투자자에 속한다고 생각했지만(지금까지 이탈했다가 돌아온 사람이 하나도 없어서 이 집단에 남은 사람이 나뿐인지 모르겠지만) 지난 수년간 정말 뛰어난 투자 아이디어는 정성적 요인에서 나왔습니다. 그리고 이를 통해 '성공 확률이 높은' 통찰을 얻었습니다. 이런 통찰 덕분에 정말로 큰 투자 수익을 올렸습니다.

물론 '적중률 높은' 통찰은 기업의 경쟁우위, 즉 무기와 관련이 있다. 경쟁우위를 만드는 무기가 늘 똑같지는 않다. 가이코는 저비용에서, 아멕스와 디즈니 및 씨즈캔디는 브랜드에서 경쟁우위가 있었다. 이런 기업들의 공통점은 시간이 지날수록 더 많은 돈을 벌게 해줄 무언가가 있다는 것이다.

버핏은 기업의 이런 무기를, 기업을 둘러싼 해자(moat)로 설명했다. 버핏의 세계관에서 모든 기업은 일종의 경제적 성으로, 개방된 시장에서 공격에 취약하다는 특징이 있다. 기업은 서로를 공격하고 경쟁자를 무너트리면서 성벽 너머에 있는 이익을 강탈하려고 한다. 이때 기업이 사용하는 무기는 낮은 가격과 지속적인 품질 개선이다. 만약 기업에 경쟁자를 물리칠 해자가 없다면, 진정한 승자는 오직 소비자뿐일 때가 많다. 그것이 무엇이든 해자를 보유한 기업만이 생존을 넘어 성공에 이를 것이다.

버핏은 1999년 연설에서 '투자의 핵심'에 관해 다음과 같이 말했다. 이 연설문은 나중에 〈포천〉에 공개되었다.

> 투자의 핵심은 어떤 산업이 사회에 얼마나 많은 영향을 미치는지, 또는 얼마나 성장할지를 평가하는 것이 아니다. 그보다는 특정 기업이 경쟁우위가 있는지, 그 경쟁우위가 얼마나 오래 지속될지를 평가하는 것이다.

방송국에 통행료를 내던 시절

디즈니와 씨즈캔디에 대한 버핏의 경험에서 입증된 것처럼 브랜드는 미국인에게 특별한 영향력을 미치고 있었다. 버핏은 이런 영향력의 상당 부분이 20세기 후반 미디어 생태계에서 파생되었음에 주목했다. 매일 밤 수백만 명이 저녁뉴스를 본 다음 이어서 채널을 돌리지 않고 좋아하는 드라마와 시트콤을 시청했다. 미국인들은 이런 정보와 즐거움의 대가로 매일 밤 TV 광고에 무차별적으로 노출됐다. 버핏이 지적했듯, 미국의 가장 유명한 브랜드들은 이런 관행을 이용해 대중의 소비 습관에 막대한 영향력을 행사했다. 코카콜라와 버드와이저(Budweiser)는 고객 충성도와 시장 점유율에서 1등이었다. 두 회사가 경쟁사보다 더 많은 광고비를 쓸 수 있다는 의미였다. 이런 방식을 통해 코카콜라와 버드와이저는 소비자 인지도와 시장 점유율을 높일 수 있었다. 버핏은 기업들의 이런 모습을 해자 안에 상어와 악어를 풀어놓는 행위라 칭했다.

브랜드는 많지만 전국 메이저 방송국은 ABC, NBC, CBS 3사뿐이라는 사실에 버핏은 주목했다. 이 제도가 만들어낸 시스템을 버핏은 '유료 교량'이라 칭했는데, 모든 브랜드는 통행료를 내고 방송국 3사를 통과해야만 한다는 의미였다. 유료 교량 덕분에 미국 3대 방송사도 디즈니와 씨즈캔디가 누린 것과 같은 가격 결정력과 전 세대에 걸친 고객 충성도를 확보했다. 이런 역학은 지역 방송국과 특히 신문사에도 똑같이 작동했다. 대도시 지역에는 신문사가 한 곳인 경우가 많아서 버핏은 워싱턴포스트(Washington Post) 주식을 매수했고 버펄로이브닝뉴스(Buffalo Evening News) 지분 100%를 인수했다. 그는 또 오길비앤드매더(Ogilvy&Mather)와 인터퍼블릭(Interpublic) 주식도 매수했다. 두 회사는 브랜드-TV 생태계 조성에 일조한 세계 제일의 광고 대행사였다.

버핏은 54세가 된 1985년 캐피털시티(Capital Cities)에 대한 사상 최대의 투자를 단행했다. 캐피털시티는 뉴욕주 올버니와 로드아일랜드주 프로비던스 같은 잘 알려지지 않은 시장에서 시장 점유율이 가장 높은 지역 방송국 계열사들을 소유하고 있었다. 대형 미디어회사들은 이런 작은 방송사에는 관심이 없었지만 버핏은 객관적이고 합리적인 관점에서 볼 때 이런 지역 방송사를 경쟁 상대가 거의 없는 금광, 즉 훌륭한 투자 기회로 인식했다.

캐피털시티는 매우 훌륭한 기업인 데다, 6장에서 설명할 톰 머피 (Tom Murphy)라는 탁월한 경영자가 잘 운영하고 있었기 때문에 버핏은 캐피털시티를 높은 가격에 매수했다. 1985년 주식은 평균적으로 순이익의 10배로 매매되고 있었지만, 버핏은 캐피털시티 주식을 순이익의 16배로, 평균에 약 60%를 더 주고 매수했다.

버핏은 약 10년 전 사망한 그레이엄이라면 캐피털시티 인수를 찬성하지 않았을 것임을 잘 알고 있었다. 버핏은 〈비즈니스위크(Business Week)〉 인터뷰에서 "벤저민은 하늘에서도 이 매매를 칭찬하지 않을 겁니다"라고 말했다.

캐피털시티는 지난 25년 동안 버핏이 가장 비싸게 인수한 기업이었다. 그는 경쟁력이 있다고 확신하는 기업들을 점점 더 비싼 가격을 주고 인수하고 있었다. 엄밀하게 산술적 관점에서 보면 버핏은 정확히 반대로 행동했어야 했다. 1960~1980년대는 금리 상승의 시기로, 이런 환경에서는 일반적으로 낮은 가격으로 주식을 산다. 세계에서 가장 안전한 투자인 미국 국채 수익률이 높은 시기에 주식을 비싸게 사는 것은 합리적이지 않다. [그림 3-1]에서 알 수 있듯 버핏은 이 기간 내내 주식 수익률(earnings yield, PER의 역수) 기준으로 볼 때 주식을 오히려 비싸게 매수했다.*

＊ [그림 3-1]은 버핏이 지불한 주식 가격을 '수익률(earnings yield)'로 나타낸 것이다. 여기서 수익률은 주가를 이익으로 나눈 값이 아니라 이익을 주가로 나눈 값이다. 기업은 모든 이익을 배당금으로 지급하지 않는 경우가 많기 때문에 이 계산법은 단지 이론에 불과하지만, 그럼에도 주식과 채권의 수익률을 비교하는 데 도움이 된다.

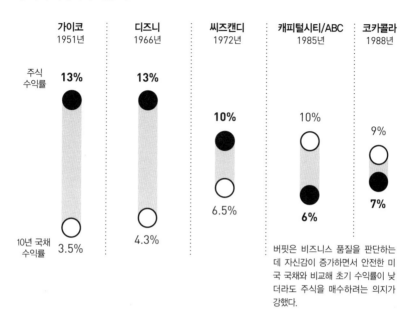

[그림 3-1] 1950~1980년대 버핏이 매수한 주요 기업

주식과 국채의 수익률 비교

가이코
1951년

디즈니
1966년

씨즈캔디
1972년

캐피털시티/ABC
1985년

코카콜라
1988년

주식
수익률

13%

13%

10%

10%

9%

6.5%

6%

7%

10년 국채
수익률
3.5%

4.3%

버핏은 비즈니스 품질을 판단하는 데 자신감이 증가하면서 안전한 미국 국채와 비교해 초기 수익률이 낮더라도 주식을 매수하려는 의지가 강했다.

가격보다 성장성

버핏은 왜 이처럼 비싼 가격에 주식을 매수한 것일까? 자신의 투자 방식이 그 어느 때보다 좋은 성과를 냈다는 확신이 들었기 때문이다. 우리는 버핏의 이런 투자 방식을 가치 2.0이라 부를 수 있다. 가치 2.0 투자 방식에서 탁월한 투자를 결정하는 요인은 가격보다 비즈니스 품질이다. 가격도 중요하지만 실제로 가장 중요한 것은 비즈니스의 경쟁 우위, 즉 해자다. 품질 나쁜 비즈니스는 아무리 가격이 싸도 장기적 관점에서 훌륭한 투자 대상이 아니다.

그레이엄의 인색함이 몸에 뱄지만 버핏은 자신의 새로운 세계관이 옳다는 사실을 여러 번 목격했다. 버핏은 멍거와 함께 씨즈캔디 인수 협상을 하던 1972년, 500만 달러의 매수 가격 차이를 놓고 흥정을 벌이다가 거래를 망칠 뻔했다. 버핏은 그런 걱정을 할 필요가 없었다. 인수 이후 50년이 지난 지금까지 씨즈캔디는 누적 세전 이익으로 20억 달러 이상을 벌어들였기 때문이다.

이것이 가치 2.0의 핵심이다. 시간이 지남에 따라 좋은 비즈니스는 이익의 성장 흐름이 증가하고 초기의 '높은' 매수 가격을 훨씬 압도한다. 시간이 지나면 비즈니스 품질이 매수가를 능가한다.

1990년대 초 버핏의 가치투자 방식은 그를 억만장자로 만들어주었다. 투자철학 측면에서 버핏은 스승 그레이엄과도, 가치 1.0 시대와도 멀어졌다. 버핏은 기질적으로는 결코 혁명가가 아니었다. 하지만 1993년에 그는 가치투자 세계에서 종교개혁을 이끈 마르틴 루터(Martin Luther)의 95개 조 반박문에 견줄 수 있는 서한을 주주들에게 보냈다. 버핏은 그 주주 서한에서 다음과 같이 썼다.

> 적절성 여부와 별개로 '가치투자'라는 용어는 널리 사용되고 있습니다. 일반적으로 가치투자는 저PBR, 저PER, 고배당률 같은 속성을 가진 주식을 매수한다는 의미를 지니고 있지요. 불행하게도 이런 속성은, 심지어 여러 속성을 가진 종목이라고 해도, 투자자가 실제 진정한 가치를 주고 어떤 주식을 매수할 것인지 아닌지를 결정하는 요인이 아닙니다. (…) **반대로 PBR과 PER이 높고 배당률이 낮은 주식을 사는**

돈은 빅테크로 흐른다

것도 '가치'투자와 모순되는 것이 아닙니다. *

버핏 '넘사벽' 기록을 달성하다

확실한 경쟁우위를 가진 비즈니스에 집중하는 투자로 버핏은 누구도 범접할 수 없는 기록을 세웠다. 버핏이 버크셔 해서웨이를 경영하기 시작한 1965년 S&P500지수에 1만 달러를 투자했다면 2021년 현재 대략 250만 달러가 되었을 것이다. 하지만 1만 달러를 버크셔 해서웨이에 투자했다면 그보다 '135배 많은' 3억 3,500만 달러가 되었을 것이다.

버핏의 기록은 말 그대로 너무 놀라워서 시장 평균 수익률과 버핏의 수익률 격차를 글이나 숫자로 설명하는 것이 거의 불가능할 정도다. [그림 3-2]는 대초원 출신의 한 남자가 어떻게 높은 산을 쌓아 시장 평균이 평평해 보이도록 만들었는지를 보여준다. **

---

* 지은이 강조.

** 버크셔 해서웨이의 투자 성과는 버핏의 또 다른 통찰에 의해 더더욱 좋아졌다. 버핏이 보험회사를 완전히 소유하고 있다면 보험금을 지급할 때까지 보험료를 주식시장에 투자할 수 있다. 그의 보험회사에선 기존 보험료가 신규 보험료로 지속적으로 대체되기 때문에 여기서 발생하는 '플로트(float: 보험사가 보험금을 지급할 때까지 일시적으로 보관하는 돈으로 책임 준비금이라고도 한다. 은행에서 빌리는 돈과 달리 이자가 발생하지 않는다. ─ 옮긴이)'는 버핏이 투자할 수 있는, 영구적으로 사용 가능한 대출 같은 역할을 한다. 버핏의 보험회사들은 그동안 보험에서 이익을 내왔기 때문에 버핏은 기본적으로 보험료를 받으면서 플로트를 레버리지로 이용해 주식 투자를 해왔다. 이 주제에 관해 더 많은 것을 알고 싶은 독자들은 버크셔 해서웨이의 연례보고서를 아무거나 읽어보라. 로저 로웬스타인(Roger Lowenstein)이 쓴 《버핏(Buffett)》에도 잘 설명되어 있다.

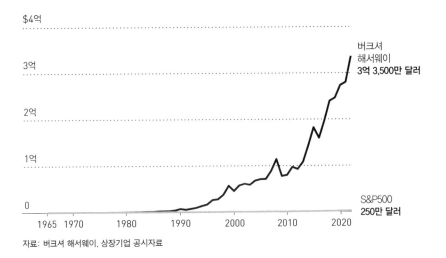

[그림 3-2] 버핏의 위대한 투자 성과: 버크셔 해서웨이 vs. S&P500

1965년 버핏의 경영권 인수 이후 1만 달러 투자 성과 비교

자료: 버크셔 해서웨이, 상장기업 공시자료

방송국 생태계가 죽어가다

하지만 시대가 바뀌면 투자자들도 시대에 따라 바뀌어야 한다. 버핏은 스승인 그레이엄에게 유용했던 투자 방식이 자신에게 더는 적합하지 않다는 사실을 이미 젊은 시절에 깨달았다. 오늘날 우리도 이와 유사한 결론에 도달할 것이라는 신호가 곳곳에서 나오고 있다.

가치 2.0은 전반적인 세계관과 구체적인 투자 방법 측면에서 한계를 드러내기 시작했다. 경제가 변하면서 버핏의 수많은 전형적인 프랜차이즈를 보호해주던 전후 시대의 해자는 약해지고 있다. 많은 이익을 내는 성숙 단계의 기업에 초점을 맞춘 버핏의 가치평가 방식도 디지털

돈은 빅테크로 흐른다

시대에 창출되는 막대한 가치를 완벽하게 반영하지 못하고 있다. 가치 2.0은 과거의 '돈이 있는 곳'을 포착하는 데 매우 적합했지만 디지털시대의 '돈이 있는 곳'은 찾아내지 못하고 있다.

우선 버핏이 발굴해 성공적인 성과를 올렸던 브랜드-미디어산업 생태계가 서서히 죽어가는 문제부터 살펴보자. 이런 현상은 케이블TV가 본궤도에 올라선 1980년대 후반 시작되었다. 소비자들은 3개 TV 채널만이 아니라 100개 이상의 채널 선택권을 가지게 되었고 결과적으로 지상파 방송국이 보유한 유료 교량을 우회할 수 있었다. '브로드캐스팅(broadcasting)'은 멍거의 표현대로 '내로캐스팅(narrowcasting)'에 자리를 내주고 있었다. '홈앤드가든(Home&Garden) TV' 같은 틈새 채널은 화분용 영양토나 전정가위에 관심 있는 소비자 대상으로 광고를 할 수 있었기 때문이다. 이후에 내로캐스팅은 온라인미디어 플랫폼이라고 불리는 '모노캐스팅(monocasting)'에 밀려났다. 구글과 페이스북 같은 온라인 미디어 플랫폼은 개별 이용자 취향에 맞는 광고에 훨씬 더 유리하다.

이 같은 타깃 광고는 디지털 광고가 더 정확하고 비용도 저렴하기 때문에 전통적 미디어의 광고 자리를 빼앗았다. 황금 시간대의 TV 시청률은 한 세대 전에 이미 정점을 찍었고 지역 방송도 연쇄적으로 타격을 받았다. 이러는 동안 한때 신문이 독점했던 유료 교량 통행료 징수권은 인터넷에 의해 무너졌다.

저녁 시간대 TV 광고를 송출하던 방식에 의존할 수 없게 된 브랜드들은 더는 소비자의 마음을 붙잡을 수 없었다. 2013~2018년 5년간 존슨앤드존슨(Johnson&Johnson)의 대표 상품인 유아용품은 시장 점유율이 10% 포인트나 줄었다. 단 1% 포인트 증가나 하락도 매우 중대하게 받아들여지는 산업에서 10% 포인트 하락은 정말 충격적인 결과가 아닐 수 없다. 다른 한편에서는 뉴잉글랜드 지역 맥주 브랜드인 내러갠섯(Narragansett) 같은 틈새 브랜드가 전국 TV 시대의 등장과 함께 쇠락했다가 다시 부상했다. 젊은 세대는 자기들이 지역 상품을 선호하기 때문에 틈새 브랜드가 부활하고 있다고 말한다. 이런 주장이 맞을 수도 있지만 미국의 젊은 세대가 3대 TV 채널을 보지 않는 것 또한 사실이다. 유튜브(YouTube)는 다른 모든 전통적인 TV 채널을 합친 것보다 더 많은 35세 이하의 시청자를 확보하고 있다.

당연하지만 버핏과 멍거도 기존 미디어가 붕괴하고 있다는 사실을 진작에 파악했다. 내로캐스터가 브로드캐스터의 해자 밑을 파고들고 있다는 사실을 인지한 그들은 1999년 캐피털시티/ABC의 지분을 매각했다. 하지만 미디어 몰락이 대중 브랜드에 미칠 이차적인 파장은 빠르게 알아채지 못했다. 그래서 코카콜라와 크래프트하인즈는 버크셔 해서웨이의 포트폴리오에서 여전히 큰 비중을 차지하게 된다. 버핏과 멍거는 금융서비스산업을 포기하는 것을 훨씬 더 꺼렸다. 버핏은 가이코를 발견한 순간부터 금융산업을 너무 좋아하게 되었다. 버핏이 보유한 상위 15개 상장 종목 가운데 3분의 1이 금융서비스업종이다. 여기에는 아멕스와 뱅크오브아메리카(Bank of America)가 포함되었고 2021년까지는 웰스파고를 보유하고 있었다.

이처럼 은행의 비중이 높은 포트폴리오는 정말 문제다. 사자가 늙은 얼룩말을 노리는 것처럼 테크기업들이 전통적인 은행들에 눈독을 들

돈은 빅테크로 흐른다

이고 있기 때문이다. 가이코처럼 은행의 경쟁우위는 저비용에서 나온다. 하지만 고객들에게 더 좋은 거래를 제안하는 가이코와 달리 은행은 더 불리한 거래를 제안했다. 고객들이 불리한 거래를 참고 견딜 것이라는 은행의 생각은 지금까지는 맞아떨어졌다. 하지만 이런 시대는 곧 끝날 수도 있다.

과거 대형 은행은 TV 방송국과 같은 방식으로 고객과 거래를 했다. 뉴스와 오락에 대한 대가로 시청자들은 방송국이 내보내는 광고를 시청했다. 은행 고객들은 한 지붕 아래의 많은 지점을 이용하고 당좌예금, 보통예금, 주택담보대출 등 다양한 금융상품을 접한다. 그 대가로 고객들은 시장금리보다 낮은 예금이자를 묵인했다. 과거에 이런 거래는 고객과 은행 모두에 도움이 되었다. 은행은 저렴한 비용으로 자금 조달과 대출이 가능하고, 고객은 편리하게 은행을 이용할 수 있었다. 그러나 고객의 관점에서 볼 때 이 거래는 항상 손해였다. 은행이 저렴하게 자금을 조달하려면 시장 평균보다 낮은 금리를 제공하는 방식으로 고객의 이익을 착취해야 한다. 경쟁우위를 오래 유지하기 위해 은행은 무지하거나 너무 게을러서 더 많은 금리를 주는 기관으로 돈을 옮기지 못하는 고객들에게 의존하고 있다.

많은 계좌를 가지고 있으면 거래 은행을 바꾸는 것이 쉽지 않다. 하지만 은행은 너무 오랫동안 고객의 신뢰를 마음껏 이용했고 이 때문에 고객들은 은행을 떠나고 있다. 은행은 시장금리보다 낮은 이자를 제공할 뿐만 아니라 고객을 상대로 수수료 장사까지 한다. 계좌개설 수수료, 계좌유지 수수료, 타행 ATM 이용수수료, 최소 은행 잔고를 유지하지 못할 때 지불하는 수수료, 마이너스 통장 수수료 등 수많은 수수료 항목이 월 이용명세서에 나온다. 평균적으로 미국인은 매달 은행 수수료로 대략 20달러를 내는데 넷플릭스(Netflix) 구독료보다 많은 액수다. 은행과 달리 넷플릭스는 적어도 구독자에게 무언가를 제공해준다.

경제학자들은 아무 대가를 지급하지 않고 한쪽이 다른 쪽의 가치를 빼앗아 가는 행위를 '지대추구(rent seeking)'라고 부른다. 지대추구는 불법은 아니지만 일반적으로 지속 가능하지 않다. 코로나 팬데믹은 업무를 위해 굳이 물리적 공간이 필요한 것은 아님을 보여주었고, 이 기간 디지털로 무장한 경쟁자들이 더 싸고 더 빠르고 더 나은 금융상품을 제공했다. 온라인에서 태어난 이른바 핀테크(fintech) 금융서비스기업들은 오프라인 은행보다 두 배나 빨리 주택담보대출을 승인해줄 수 있다. 온라인 금융서비스기업들은 전통적인 은행보다 '25배 높은' 예금 금리를 제공한다.

모두 디지털 경쟁에 뛰어들다

과거의 TV 네트워크 생태계는 죽어가고 있고 대중적 브랜드들은 빈사 상태에 빠졌으며 구시대 금융기업은 잘못된 관행 때문에 디지털 경쟁에 직면해 있다. 이런 구시대 기업들 가운데 상당수는 PER 기준으로 볼 때 주가가 저렴해 보인다. 하지만 기업이 매력적이어서가 아니라 미래가 어둡기 때문에 그렇다. 반대로 테크기업들은 현재의 PER로 볼 때 주가가 비싸 보인다. 그러나 테크기업은 주주들을 위해 엄청난 부를 창출했고 앞으로 더 많은 부를 창출할 것이다.

왜 그럴까? 대부분의 테크기업이 가치투자의 그물에 걸리지 않고 빠져나가는 현재의 투자 방식에는 어떤 문제가 있는 것일까?

이에 대한 답은 매우 복잡하다. 하지만 나는 그 해답이 버핏의 세계관에서 시작된다고 생각한다. 버핏의 투자 경력은 미국 경제가 이례적으로 안정적이고 동질적인 시대와 함께 시작되었다. 1900년 미국의 수도 워싱턴에는 100개 이상의 신문이 있었다. 1974년에는 〈워싱턴포스트〉 하나뿐이었고 버핏은 그 신문사의 주요 대주주였다. 1950년대가 끝날 때쯤 비누[아이보리(Ivory)], 젤리[젤오(Jell-O)], 맥주(버드와이저), 콜라(코카콜라) 산업에 명백한 선두 기업이 존재했다. 이런 기업들은 광고부터 유통까지 모든 분야에서 경쟁기업보다 많은 돈을 쓰는 단순한 방법으로 시장 점유율을 확대했다. 새로운 시장 진입자(시장 교란자)들은 성공할 가능성이 거의 없었다.

20세기 후반의 기업 환경 또한 거의 변화가 없었기 때문에, 버핏은 느리지만 확실하게 매출과 이익이 계속 증가할, 시장 지배적이고 성숙 단계의 프랜차이즈 기업을 찾는 것이 성공 투자임을 알게 되었다. 전자제품과 컴퓨터 같은 새로운 성장산업이 이 시대에 탄생했다. 하지만 그중 경쟁우위를 확보한 기업은 적었다. 짧은 기간 동안 매출은 증가하겠지만 경쟁이 발생하면 해자가 없는 기업의 경제적 성(economic castle)은 무너진다. 따라서 버핏은 성장성은 높지만 경제적 해자가 없는 기업과, 해자가 있고 좀 더 성숙 단계에 이른 기업 사이에서 선택을 해야만 했다.

2022년 현재 버핏이 지분을 가진 유일한 테크기업은 애플이다. 엄밀히 말하면 테크기업이지만 내가 참석한 2017년 버크셔 해서웨이 주주총회에서 버핏이 설명한 것처럼 애플은 여러 면에서 구시대 소비재기업의 특성을 함께 가지고 있는 새로운 기업이다. 아이폰은 모두가 좋아하는 일용품으로 고급 스마트폰 시장을 장악하고 있다. 스마트폰 시장은 콜라, 맥주, 비누처럼 대체로 성숙 단계의 시장이다. 아이폰은 전 세계에서 살 만한 사람은 거의 모두가 샀기 때문에 애플은 구형 제품을 교체하는 수요보다 더 많은 아이폰을 팔지는 못할 것이다. 하지만 애플은 고급 스마트폰 시장을 장악하고 있고 플랫폼기업의 지위를 활용해 더 많은 이익과 순이익을 창출할 것이다.

다른 많은 테크기업과 달리 애플은 새로운 시장을 개척한다는 측면에서 상대적으로 야심이 없다. 매출액 대비 애플의 연구개발비는 알파벳과 마이크로소프트, 그리고 페이스북의 3분의 1에 불과하다. 지난 10년 동안 애플은 현금흐름의 상당 부분을 공개시장에서 자사주를 매입하는 낡은 방식으로 자본을 배분했다.

하지만 대부분의 테크기업은 애플처럼 성숙 단계에 이르지 않았다. 경제적 해자와 엄청난 성장 잠재력을 동시에 지닌 수십 또는 수백 개 비즈니스가 오늘날 주식시장에서 거래되고 있다. 이는 버핏과 멍거에게 익숙한 현상이 아니다. 이들은 경험을 통해 해자와 성벽의 그늘에서 안전과 지속적인 성장을 보장받을 비즈니스를 찾아야 한다고 배웠다. 버핏과 멍거가 알파벳, 페이스북, 넷플릭스 같은 기업들의 전격적인 성공을 낯설어하는 것도 당연한 일이다. 두 사람은 70세가 넘을 때까지 이런 성공을 본 적이 없었기 때문이다.

버핏과 멍거가 경쟁우위를 설명하기 위해 사용하는 비유조차 그들이 세상을 보는 사고방식을 반영하고 있다. 버핏은 적들의 공격을 방어하는 방법으로 성 둘레에 파놓은 연못을 일컫는 '해자'라는 용어를 좋아한다. 멍거는 '참호로 둘러싸인(entrenched)' 기업을 찾는다고 한다. 다시 말해 멍거는 기업의 일부가 참호 속에 잘 파묻혀 급하게 이동할 필요가 없는 경쟁 환경을 선호한다는 의미다.

하지만 오늘날의 경제는 제2차 세계대전 이후의 안정적인 경제와 달리 매우 역동적이다. 지금은 테크기업들이 참호를 파고 해자 뒤에 안주하는 시대가 아니다. 다시 투자하고 성장해야 하는 시대다.

4장

[가치 3.0] BMP 템플릿과
어닝파워

흥미롭게도 테크에 투자 기회가 있고 테크기업을 제대로 파악하려면 가치투자 방식도 변해야 한다는 결론으로 나를 이끈 것은 테크나 테크기업이 아니었다. 가장 따분한 산업 분야 가운데 하나인 구경제에 속한 기업이었다.

항공기의 호환 부품을 만드는 이 회사는 1951년의 가이코처럼 거대한 시장에서 낮은 시장 점유율을 기록하고 있었다. 이 회사의 경쟁우위는 필수적인 부품을 저렴한 가격에 제공하는 저비용 제조사라는 것이었다. 심지어 회사 이름도 가이코와 비슷한 하이코(HEICO)였다. 내가 하이코를 알게 된 시기는 시장보다 저조한 수익률을 기록하고 있던 2010년대 중반이었다.

당시에 나는 클린트 레만(Clint Leman)이라는 아주 유능한 애널리스트와 함께 일하고 있었다. 나는 클린트에게 당시 활용하던 '염가 종목 찾는 법'과는 다른 기준을 적용해 단순한 컴퓨터 프로그램을 만들어달라고 부탁했다. 나는 에이본과 트리뷴, 그리고 다른 기업들에 적용했던, 비즈니스 품질보다 가격을 우선하는 방식을 더는 사용하지 않을 생각이었다. 대신 탁월한 경제적 특성을 가진 비즈니스를 먼저 찾고 주가는 나중에 고려하기로 했다. 나는 또 '경영진이 회사의 주식을 많이 소유하고 있느냐'라는 단순한 기준을 이용해 경영진의 자질을 검증해달라고 클린트에게 요청했다.

클린트는 수십 개 기업을 찾아냈다. 이 가운데 가장 흥미로운 기업이 하이코였다. 하이코는 1957년 하이네케인스트루먼트컴퍼니(Heineke Instrument Company)라는 이름으로 설립되었다. 하지만 하이코의 진정한 변화가 시작된 것은 래리 멘델슨(Larry Mendelson)의 아들이 이 회사를 우연히 발견한 1980년대 후반이었다.

래리 멘델슨은 버핏보다 10년 늦게 컬럼비아 경영대학원에서 공부한 뉴욕 시민이었다. 그는 경영대학원에서 버핏이 수강했던 증권분석 수업을 들었다. 멘델슨은 졸업 후에 플로리다로 이사해 부동산으로 많은 돈을 벌었지만, 가치투자 방식으로 주식 투자도 했다. 두 아들 에릭(Eric)과 빅터(Victor)는 1980년대 컬럼비아대학에서 공부했다. 래리는 컬럼비아대학 재학 중인 두 아들에게 시간이 날 때 저평가된 주식을 찾아달라고 부탁했다. 금리는 하락하고 있었고 주식은 비싸지 않았다. 그래서 래리는 자신과 아들들이 인수해 경영할 기업을 물색했다. 그레이엄의 전통적 투자 기법에 따라 멘델슨 가족은 기업이 어떤 비즈니스를 하고 있는지에는 특별히 신경을 쓰지 않았다. 다만 가격이 저렴하면서 경영이 부실하고 가족이 살고 싶어 하는 플로리다주에 있는 기업이어야 했다.

어느 날 빅터는 컬럼비아대학 법대 도서관에서 자료를 찾던 중 하이코라는 기업을 발견했다. 하이코는 그들이 정한 기준에 맞는 기업처럼 보였다. 하이코는 의료 실험용 장비를 전문으로 만드는 회사였지만 항공우주 분야의 기업을 포함해 여러 기업을 인수했다. 빅터가 하이코를 발견했을 당시 하이코는 30년 정도 상장기업으로 등록되어 있었지만 거의 돈을 벌지 못했다.

그레이엄이 노던파이프라인에 관해, 버핏이 샌본맵에 관해 생각했던 것처럼 멘델슨 가족도 하이코를 공개시장에서 매수한 후에 변화를 요구할 수 있는 기업으로 생각했다. 하지만 노던파이프라인이나 샌본맵과 달리 하이코의 매력은 자산의 청산가치가 아니라 항공우주 자회사의 수익 잠재력에 있었다.

멘델슨 가족이 하이코를 발견하기 수년 전에 보잉737 항공기가 영국 맨체스터에서 이륙하던 도중 엔진 화재가 발생하는 사고가 일어났다. 55명이 숨졌고 당국은 엔진의 연소기 가운데 하나가 장애를 일으켜 화재가 발생한 것으로 결론을 내렸다. 규제당국은 즉각적으로 전 세계 항공사에 일정한 주기로 연소기를 교체하라는 명령을 내렸다. 부품 제조사인 프랫&휘트니(Pratt&Whitney)는 급증한 수요를 충족시킬 수 없었고 전 세계 보잉737기의 절반 정도가 운항하지 못했다.

하이코는 연방항공청(Federal Aviation Administration, FAA)으로부터 보

잉737에 사용되는 연소기의 호환 부품 제조를 허가받은 업체였다. 그래서 빅터가 하이코를 발견했을 당시 항공기 부품사업은 활기를 띠고 있었다. 하지만 멘델슨 일가의 관심을 끈 것은 곧 감소할 수도 있는 연소기에 대한 일시적 수요 증가가 아니라, 수백 또는 수천 개에 달할지 모르는 항공기용 호환 부품을 제조할 플랫폼기업으로 하이코를 활용할 수 있다는 생각이었다.

현재 경영진은 이런 기회를 활용하기 위해 하는 일이 전혀 없었다. 하지만 멘델슨 가족이 볼 때 항공기의 호환 부품시장은 매우 컸다. 규제당국의 승인 없이도 호환 부품을 팔 수 있는 자동차산업과 달리, 모든 항공기 부품은 FAA와 유사 국제기관의 승인을 받아야 한다. 멘델슨 일가는 FAA가 제트엔진 같은 중요 부품에 대한 제조 허가를 내주었다면 그것보다 덜 중요한 부품에 대한 제조 허가를 내주지 않을 이유가 없다고 생각했다. 하이코가 다른 부품 제조에 대한 승인을 획득한다면 항공사들이 다른 호환 부품을 생산하는 기업에 관심을 보이지 않을까?

프랫&휘트니와 제너럴일렉트릭(General Electric, GE) 같은 주문자상 표부착방식의 제조업체들은 거의 모든 호환 부품 분야에서 독점이나 독점에 가까운 지위를 누렸다. 다른 많은 기업처럼 이들은 지대추구적 행동을 통해 권력을 남용하고 있었다. GE를 포함한 다른 기업들은 수익성 향상을 위한 혁신 대신 물가상승률 이상으로 가격을 인상했고 다른 선택권이 없는 항공사들은 요구하는 가격을 그대로 지급하는 수밖에 없었다.

하이코의 비즈니스 품질

항공기 부품에 대해 더 많이 알수록 멘델슨 일가는 하이코가 30~40% 더 저렴한 가격으로 호환 부품을 생산하고 판매해도 상당한 이익과 투하자본이익률(ROIC)을 얻을 수 있다는 사실을 알게 되었다. 항공기의 호환 부품에는 특허나 지식재산권도 아주 적었다. 여기에 더해 호환 부품시장은 거대했고(오늘날에는 대략 연간 500억 달러 규모다) 항공산업은 성장하고 있었다. 아멕스와 마찬가지로 항공여행 분야에 대한 투자는 전형적으로 전 세계의 경제적 발전에 투자하는 것이었다. 세계 모든 국가의 발전은 여행 수요의 증가로 이어지기 때문이다.

1989년 멘델슨 가족과 공동 투자자들은 공개시장에서 하이코 주식의 15%를 매수했다. 그레이엄과 노던파이프라인의 싸움만큼 우스꽝스러운 대리전을 치른 후에 그들은 이사회에서 4석을 확보했고 래리 멘델슨을 CEO로 임명했다. 래리 멘델슨은 즉각적으로 하이코의 의료실험 장비 부문을 매각하고 항공기 부품시장에 집중했다.

초기에는 어려움이 있었다. 하이코가 브랜드 제조업체보다 저비용 업체라는 이점이 있고 이론적으로도 FAA와 항공사들이 저렴한 대안을 선호하는 것이 분명했다. 하지만 현실에서는 버핏이 말한 이른바 '제도적 관행(institutional imperative)'이 방해 요소로 작용했다. FAA 공무원의 사고방식은 이랬다. 만약 하이코 부품의 판매를 허가한다면 항공사들이 약간의 돈을 절약할 수 있다는 장점은 있다. 그러나 만약 허가받은 부품을 사용한 항공기가 추락한다면 허가해준 공무원도 함께 나락으로 떨어질 것이 분명했다. 항공사 구매 관리자들도 같은 생각이었다. 그 결과 하이코는 거의 10년 동안 그다지 중요하지 않은 몇몇 부품에 대해서만 매년 당국의 허가를 받았다. 하지만 애플에 투자한 내 친구 알렉스처럼 멘델슨은 하이코에 대한 처음 생각이 옳다는 확신을 잃지 않았다. 안전 인지도가 가장 큰 장애물임을 깨달은 멘델슨은 최고의 품질을 갖춘 호환 부품을 생산하는 데 주력했다. 1997년 루프트한자(Lufthansa)가 하이코의 호환 부품 자회사의 지분 20%를 매수하면서 멘델슨 일가의 결정이 옳았음이 확인되었다. 이 거래의 일환으로 루프트한자는 호환 부품들을 대량으로 주문하기 시작했다.

이후 하이코의 비즈니스는 훨씬 쉬워졌다. 독일의 기술자들이 하이코의 호환 부품 품질을 인정했기 때문이다. 독일 루프트한자가 하이코의 부품 사용을 승인했다는 사실 외에 다른 항공사들이 더 알아야 할 것이 있을까?

클린트가 내게 하이코를 추천했던 2015년, 하이코는 단 한 건의 분쟁도 없이 6,800만 개의 부품을 출하했고 세계 20대 항공사 가운데 19곳이 하이코로부터 부품을 조달했다. 지난 20여 년 동안 하이코의 매출은 해마다 16%씩 성장했고 이익도 매년 18%나 증가했다. 이 정도의 매출과 이익 성장률은 일반적인 미국 기업보다 몇 배나 높은 것이다. 다른 훌륭한 기업들과 마찬가지로 하이코의 경제적 해자인 염가는 두 번째 요인에 의해 더욱 강력해졌는데, 30년간 안전하게 호환 부품을 생산하면서 항공사와 FAA로부터 얻은 신뢰가 그것이었다. 어떤 기업도 그 같은 복제품(generic) 시장에서 하이코와 유사한 위치에 오르려면

[그림 4-1] 멘델슨의 인수 이후 하이코 총수익률

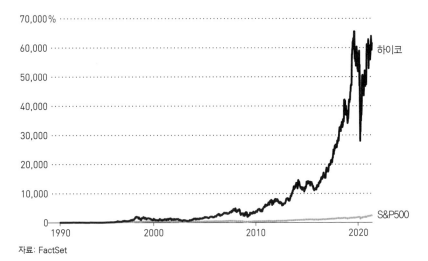

자료: FactSet

10~20년은 족히 걸릴 것이다. 경쟁우위의 관점에서 신뢰성의 문제는 하이코와 경쟁하려는 기업에 진입 장벽으로 작용한다.

하이코의 경제적 해자는 크고 깊었다. [그림 4-1]에서 알 수 있는 것처럼 하이코의 주가는 지난 30년 동안 연간 23%씩 지속적으로 상승했다. 멘델슨이 하이코를 인수한 1990년에 S&P500에 1만 달러를 투자했다면 20만 달러가 되었을 것이다. 그러나 같은 금액을 하이코에 투자했다면 25배나 더 많은 500만 달러가 되었을 것이다. 린치가 옳았다. 탁월한 기업은 성공하고 시간이 지나면서 투자자들에게 보상을 준다.

이런 눈부신 성장에도 불구하고 오늘날 하이코가 항공기 호환 부품 시장에서 차지하는 점유율은 5%에도 미치지 못한다. 항공기 부품시장에 진출한 지 한 세대가 지났지만, 하이코는 현재 비행기에 들어가는 전체 부품 200만 종 가운데 0.5% 정도인 1만 종만 생산하고 있다. 연간 700개의 새로운 부품을 도입하는 현재 속도라면 하이코가 모든 부품을 생산하는 데 3,000년이 걸릴 것이다. 보수적인 관점에서 75%의 부품이 너무 복잡해 복제품을 만들 수 없다고 해도 나머지 부품을 만들려면 여전히 700년이 걸린다.

2015년 나는 이런 계산을 하면서 버핏이 1951년에 가이코를 발견했을 당시 느꼈을 법한 느낌을 받았다. 가이코와 마찬가지로 하이코도 지속 가능한 저비용 경쟁우위가 있었다. 하이코도 가이코처럼 크고 성장하는 시장에 속했고 시장 점유율이 매우 낮았다. 하이코의 경쟁우위가 가이코와 마찬가지로 이기적인 지대추구에서 비롯된 것이 아니라는 점이 무엇보다 중요했다. 하이코와 가이코는 고객들에게 더 좋은 거래를 제공하기 위해 저비용 경쟁력을 활용했다. 두 회사의 고객들은 돈을 절약하고 주주들은 부자가 되었다.

하이코에 관한 연구를 끝낸 후에 나는 에이본과 트리뷴처럼 염가가 가장 큰 장점인 주식에 투자해서는 안 된다는 사실을 알게 되었다. 평균회귀와 담배꽁초 자산가치에 근거해 투자하던 방식도 끝냈다. 시장이 극심한 압박을 받는 시기를 제외하면 나는 더 이상 청산가치에 의존하는 방식으로 기업을 평가하지 않을 것이다.

나는 버핏-가치 2.0의 충실한 제자가 되기로 맹세했다. 하지만 알파벳, 아마존, 기타 소프트웨어 기반의 비즈니스 모델을 연구하면서 의문이 들기 시작했다. 버핏이 좋아하는 성숙 단계의 프랜차이즈 기업에 만족해야만 하는 것일까? 소프트웨어 혁명 이전에 해자와 막강한 성장 잠재력을 모두 가진 하이코나 가이코 같은 기업은 드물었다. 하지만 디지털경제의 등장과 함께 그런 기업이 상대적으로 많아졌다. 그래서 버핏과 그의 동료 가치투자자들과 달리 이제는 내가 가이코나 하이코와 동일한, 다음 세 가지 특성을 보유한 기업들을 찾을 수 있다는 생각이 들었다.

- 낮은 시장 점유율
- 크고 성장하는 시장
- 미래 경쟁에서 기업의 매출과 이익을 증가시킬 매우 확실한 경쟁우위를 갖춘 비즈니스

이렇게 특성을 적고 나니 모든 것이 분명해졌다. 버핏은 생애 대부분을 성숙하고 해자를 가진 기업과, 상대적으로 젊고 투자 위험성이 있는 기업 사이에서 어느 한쪽을 선택해야 했다. 하지만 나는 두 종류의 기업에 모두 투자할 수 있었다.

내가 연구하는 기업이 크고 성장하는 시장에서 시장 점유율이 낮고 지속적인 경쟁력을 가지고 있을까? 낮은 시장 점유율은 그 기업이 막대한 성장 잠재력을 가지고 있다는 뜻이고, 지속적인 경쟁력은 해자를 가지고 있다는 의미다. 이런 질문들이 내가 '가치 3.0'이라고 부르는 투자 방법의 토대가 된다. 이런 질문에 대한 답을 찾기 위해 컴퓨터 프로그램이 필요한 것도 아니다. 단지 일상적인 연구를 하고 온라인, 신문, 잡지, 책에서 기업에 관한 정보를 읽는다. 그리고 기업의 재무보고서를

연구하고 투자자 설명회에 참석해 듣고 월스트리트와 기업에서 일하는 지인들과 대화한다. 내가 읽거나 들은 기업들이 경쟁우위와 폭발적인 성장 잠재력을 가지고 있지 않다면 관심 대상에서 제외한다. 하지만 경쟁우위와 성장 잠재력이 있다면 나는 사냥감 냄새를 맡은 사냥개처럼 목표에 집중한다.

하이코의 경영진

해자와 막대한 성장 가능성에 더해 비즈니스 품질은 내 투자 방식에서 상당히 중요한 요소가 되었지만 그것이 유일한 기준은 아니다. 버핏과 마찬가지로 나도 비즈니스의 성과는 상당 부분 경영진에 좌우된다는 것에 주목했다. 나는 하이코를 연구할 때 이런 깨달음을 얻었다. 내 경험에 따르면 많은 기업의 경영진은 장기적인 주주가치를 최대화하는 것보다 급여와 보너스, 스톡옵션을 통해 자신의 부를 늘리는 데 관심이 더 많았다. 멘델슨 가족은 전혀 그렇지 않았다. 그들은 기업에 대한 비전이 있었고 이를 실행하는 데 시간을 투자했다. 래리 멘델슨은 30년 이상 하이코의 CEO로 일했고 조기에 은퇴할 생각이 없다. 그가 은퇴하면 그의 아들들이 자리를 이어받을 가능성이 크다. 멘델슨 가족은 하이코 주식의 10%를 소유하고 있다. 월스트리트에서 이것은 펀드 매니저들이 자신이 운용하는 투자 상품에 자기 돈을 투자한다는 것과 같은 의미다.

래리 멘델슨은 언젠가 "나는 1년에 100만 달러의 연봉을 받습니다. 하지만 하이코 주가가 1달러 오르면 내 가족이 그보다 10배를 벌어들입니다. 내가 주가와 연봉 가운데 어느 것에 더 신경을 쓸 것 같나요?"라고 내게 말했다.

래리 멘델슨의 이 말을 들으면서 나는 경영진의 자질에 관한 첫 번째 핵심 질문을 명확하게 구체화할 수 있었다. 경영진이 기업의 소유주(owner)처럼 생각하고 행동하는가? 아니면 자신의 잇속을 차리기 위해 목장 주인으로부터 조금씩 돈을 빼돌릴 생각을 하는 고용된 일꾼에 불과한가?

단지 소유주처럼 행동하는 것만으로는 충분하지 않다. 소유주처럼 행동하기에 앞서 경영진은 무엇이 장기적으로 주주가치를 창출하는 원동력인지에 관한 분명한 핵심 원칙들을 이해해야 한다. 여기에는 윌리엄스의 NPV와 ROIC 등 다양한 재무적 기준에 관한 개념이 포함되어 있다. 이런 개념은 이해하기가 어렵지 않지만 놀랍게도 이를 제대로 알고 있는 경영진은 그리 많지 않다. 기업의 고위 임원진 가운데 이런 개념을 완전하게 이해하는 사람이 최고재무책임자(chief financial officer, CFO) 한 사람뿐인 경우가 대부분이다. 그리고 그런 사람은 일반적으로 내가 일했던 번스타인에서 복도를 배회하던 사람들처럼 조용하고 분석적인 유형이다. 반대로 대부분의 CEO는 자아와 카리스마의 건전한 발현, 그리고 존 메이너드 케인스(John Maynard Keynes)가 '야성적 충동(animal spirits)'이라고 부르는 것을 통해 그 자리에 오른 사람들이다. 일단 사장실에서 거대한 조직을 경영하게 되면 엄격한 재무적 사고방식을 받아들일 확률이 낮다.

멘델슨 가족은 매우 달랐다. 그들은 경영자 이전에 하이코의 투자자였다. 기업을 경영하기 전에 분석했다. 이 때문에 하이코에 대해 객관성을 지닌다. 그들은 하이코를 좋아하고 평생의 일터로 만들었지만, 기업과 사랑에 빠지지는 않았다. 그들은 하이코가 고객들의 비용을 줄여주고 주인, 즉 주주들의 자산을 증식시켜 주는 두 가지 중요한 목적을 실현하는 수단일 뿐이라는 사실을 잘 알았다.

래리는 투자자들에게 정기적으로 다음과 같이 말한다.

> 하이코는 항공우주회사가 아닙니다. 우리는 현금흐름을 창출하는 비즈니스를 하고 있고 그런 현금흐름이 우연히 항공우주사업에서 나오는 것입니다.

이런 경영진이 있는 기업을 발굴하기란 쉽지 않다. 하지만 하이코의 사례는 그런 기업을 찾아내는 일이 중요하다는 것을 잘 보여주고 있다.

이런 문제에 관해 곰곰이 생각한 후에 나는 비즈니스 품질과 관련된 3개 질문에 더해 경영진의 자질을 평가할 질문 2개를 추가로 찾아냈다.

- 경영진이 소유주(owner)처럼 생각하고 행동하는가?
- 비즈니스 가치를 높이는 핵심 요인을 아는가?

이런 기준(비즈니스 품질에 관한 3개의 질문과 경영진에 관한 2개의 질문)을 가지고 나는 가치 3.0의 매력적인 투자 기회를 찾는 데 도움이 될 템플 릿을 만들기 시작했다. 우선 종이 위에 질문을 적어놓고 주가를 움직이 는 세 가지 중요한 요인, 즉 '비즈니스' 품질, '경영진'의 자질, 시장이 지 불을 요구하는 '가격'에 내가 계속 집중할 방법을 살펴보았다.

나는 이것을 'BMP 템플릿'이라고 부른다. BMP란 비즈니스(business), 경영진(management), 가격(price)의 줄임말이다. BMP에 대해선 이후에 자세히 설명할 것이다. 내 경험에 따르면 우리가 이 세 가지 변수를 올 바르게 이해한다면 확실하게 시장을 이기는 투자를 하게 될 것이다. 하 지만 변수를 잘못 이해하면 낭패를 보게 될 것이다.

BMP에서 가격 비중

세심한 독자라면 BMP 템플릿에서 몇 가지 특이한 점을 알아챘을 것 이다. 첫째, 각각의 질문은 '그렇다' 또는 '아니다'로 대답해야 한다는 것 이다. 소프트웨어처럼 BMP는 이분법적인 시스템이다. 둘째, BMP 템 플릿은 'B', 즉 비즈니스 품질에 더 많은 가중치를 두고 있다. 비즈니스 품질은 어느 시대나 장기적인 투자 성과를 결정하는 가장 중요한 요인 이었지만 오늘날에는 특히 더 중요하다. 무어의 법칙으로 촉발된 소프 트웨어 혁명은 디지털시대에 번영할 비즈니스와 사라질 비즈니스 사 이에 확실한 경계를 설정했다. 우리가 투자자로서 성공하고 싶다면 디 지털시대에 번영할 비즈니스에 집중하고 사라질 비즈니스에 대한 투자를 피해야 한다. 비즈니스 품질은 경영진의 자질보다 훨씬 더 중요하다. 버핏의 말처럼 "똑똑하다는 칭찬을 듣는 경영진이 기본적인 재무상태가 형편없는 비즈니스를 아무리 열심히 경영해도 그 비즈니스에 대한 평판은 좋아지지 않는다."

나는 BMP의 나머지 항목인 가격에 관해 아직 언급하지 않았다. 가격에 관해서는 가장 마지막에 논할 생각이다. 가격은 BMP 템플릿에서 가장 중요하지만 동시에 가장 중요하지 않다.

가격을 중요한 요인으로 받아들이면 서투른 사냥개를 따라 사냥하는 것과 같은 결과를 허용한다는 점에서, 가격은 가치 3.0에서 가장 중요도가 낮은 요인이다. 가치 1.0에서는 가격이 사냥을 주도하는 사냥개였다. 버핏은 가치 2.0에서 가격을 가장 중요한 요인으로 생각하지 않았고 가치 3.0에서도 마찬가지다. 가격을 최우선으로 생각하는 사고방식 때문에 우리는 좋은 비즈니스가 아니라 저렴한 비즈니스를 찾게된다. 바꿔 말하면 주식 가격을 가장 중요하게 생각하는 것은 장기적인 부 축적의 적절한 방법이 아니다. 좋은 비즈니스는 시간이 지나면서 성장한다. 이런 비즈니스를 소유하는 것이 더 좋지 않을까?

가격은 BMP 템플릿의 한 항목에 불과하지만 최종적으로 거부권이걸린 문제라는 점에서 가치 3.0에서 가장 중요한 변수이기도 하다. 가격이 투자 결정에 영향을 미치도록 했다는 점에서 그레이엄은 과오를범했다. 하지만 이런 과오는 가격과 가치의 차이를 잘 비교해보아야 한다는 그의 고집에 비하면 사소한 것이다. "내가 지급하는 가격에 대한 대가로 무엇을 얻게 되는가?"라는 물음은 가치투자에서 여전히 가장

[그림 4-2] BMP 템플릿

1 비즈니스 품질

비즈니스의 시장 점유율이 낮은가?

크고 성장하는 시장에 속하는가?

지속 가능한 경쟁우위가 있는가?

2 경영진의 자질

경영진이 소유주처럼 생각하고 행동하는가?

비즈니스 가치를 높이는 핵심 요인을 아는가?

3 가격 '거부권 행사 질문'

주식 수익률이 합리적인가(즉 5% 이상)?

그렇다	아니다
"트럭 화물칸에 퍼 담아라"라는 월스트리트의 은어처럼 대량으로 매수하고 BMP가 바람직한 상태를 유지한다면 장기간 훌륭한 투자 수익을 누릴 수 있다.	시장이 그 기업에 대해 더 나은 가격을 제시할 때까지 기다리라.

	그렇다	아니다
시장 점유율이 낮다 = 성장 가능성이 크다.		
시장 점유율이 낮다 + 시장이 거대하고 성장 잠재력이 높다 = 수십 년 동안 기회가 있다.		
기업이 '해자'를 지녔다면 틀림없이 작은 기업에서 대기업으로 성장할 것이다. 그리되면 '해자' 덕분에 그 기업은 경쟁자로부터 방해받을 위험 없이 엄청난 이익을 얻게 될 것이다.		
경영진이 기업의 돈을 사용하는 방식을 보면 그들이 주주를 위해 일하는 것에 관심이 많은지 아니면 자신들의 부를 쌓는 일에 관심이 있는지 등등 여러 가지를 알 수 있다. 마찬가지로 기업 인수, 자사주 매입, 스톡옵션과 관련해 주식을 다루는 방식도 경영진의 자질을 말해준다.		
기업 임원진은 핵심 사업을 먼저 이해해야 한다. 버핏과 제프 베이조스(Jeff Bezos) 같은 경영자도 무엇이 경제적 가치를 창출하는 원동력인지를 알고 있다. 이런 경영진은 주주의 이익을 위해 최선을 다하는 경향이 있다.		
총점	**?점**	

BM 총점 평가표	
5점 만점에 4 또는 5점	장기적으로 훌륭한 투자 가치가 있다. 가격 평가 과정으로 넘어가라.
5점 만점에 3점	기다리면서 지켜보라. '아니다'가 '그렇다'로 바뀔 수 있다.
5점 만점에 0~2점	장기투자에 적합하지 않다. 선택에서 제외하라.

중요한 축으로 남았다. 어떤 시점에서는 가장 훌륭한 비즈니스조차 가격이 과대평가된다.

그래서 나는 비즈니스와 경영진에 대한 평가를 끝낸 후에 시장이 지불을 요구하는 가격을 본다. 5%의 주식 수익률을 얻을 수 없다면 나는 투자하지 않을 것이다. 주식 수익률 5%, 즉 PER 20배는 2021년 같은 저금리 환경에서 훌륭한 기업의 가격으로는 터무니없는 것이 아니라 합리적이고 매력적이다. PER 20배 또는 그보다 더 저렴한 가격에 기업을 살 수 없다면 시장이 내게 기회를 주기를 기다리면서 지켜볼 것이다.

BMP 템플릿에서 가격 항목은 비즈니스 품질과 경영진의 자질과의 관련성에서 에이브러햄 링컨(Abraham Lincoln) 대통령이 내각에서 했던 역할과 같다. 즉 모든 사람이 찬성에 투표했더라도 링컨이 거부권을 행사하면 최종적으로 부결되는 것이다.

신 가치평가 지표, 어닝파워

가치 2.0과 가치 3.0의 첫 번째 차이점은 앞서 살펴본 바와 같이 관점의 차이다. 디지털시대는 버핏의 가치 2.0에 내포된 것보다 훨씬 더 낙관적이고 폭넓은 세계관을 제시한다. 오늘날 우리는 경쟁우위뿐만 아니라 기하급수적인 성장 잠재력을 가진 비즈니스에 투자할 수 있다. 두 번째 중요한 차이점은 가격이라는 특정 변수와, 받을 가치에 대해 매겨질 가격을 측정하는 데 사용하는 특정 방법론에 관한 것이다.

돈은 빅테크로 흐른다

20세기 후반처럼 비즈니스 환경이 상대적으로 안정되고 변화가 없을 때 이익이라는 지표를 활용하는 것은 "지불하는 것에 비해 얼마나 얻는가?"라는 질문에 답하는 적절한 방법이다. 버드와이저, 코카콜라, 웰스파고 등 성숙기 기업들은 비즈니스를 확장하기 위해 많은 돈을 쓸 필요가 없다. 이미 참호에 자리 잡은 이런 기업들은 경제적 해자 뒤에 편안하게 앉아 경쟁우위의 열매를 수확할 수 있다. 따라서 그런 기업들이 현재 벌어들이는 이익은 미래의 이익 창출 능력을 가늠하는 합리적인 대체 기준이 된다.

물론 코카콜라와 웰스파고 같은 기업은 제품 개발, 판매와 마케팅, 유통에 지속적으로 돈을 쓴다. 그러나 이런 지출은 테크기업에서 볼 수 있는 지출 수준에는 크게 못 미친다. 판매마케팅과 연구개발에 코카콜라는 연매출의 30% 미만을 투입하지만 인튜이트는 연매출의 45%를 쓴다. 대략 15% 포인트의 차이는 평균적인 미국 기업들의 순이익률보다 크다. 코카콜라보다 야심이 적고 세계 시장 진출 지역이 적은 기업들의 경우 이런 차이는 훨씬 더 극명해진다. 미국의 유명한 수프 제조업체인 캠벨은 매출의 12%만을 판매마케팅과 연구개발에 지출한다. 이는 인튜이트의 4분의 1 수준이다.

이런 통계가 암시하는 것처럼 인튜이트 같은 테크기업들은 미래의 기회를 이용하기 위해 매우 공격적으로 돈을 쓴다. 이런 지출은 단기적으로나 장기적으로 기업의 이익 창출 능력을 왜곡한다. 생각이 깊은 투자자들은 시간을 내서 이런 왜곡 현상이 무엇을 의미하는지 생각해봐야 한다.

소프트웨어회사는 원재료가 물질이 아닌 숫자 0과 1이기 때문에 기본적으로 평균적인 미국 기업보다 3~4배 정도 수익성이 좋다. 소프트웨어회사는 직접적인 생산원가만 계산하는 수익성 지표인 매출 총이익률(gross margins)이 90%라고 보고하는 경우도 많다. 인건비가 비싼 엔지니어와 다른 관련 요인들을 모두 고려해도 오라클(Oracle) 같은 성숙기의 소프트웨어회사는 50%에 육박하는 영업이익률을 창출하고 있다. 오라클은 규모의 경제를 갖추고 있고 미래에 대한 투자를 많이 하지 않는다. 가치 2.0 시대의 가장 강력한 비즈니스 모델 가운데 하나인 코카콜라는 오라클과 비교해 대략 절반 수준의 영업이익률을 기록하고 있다.

하지만 대부분의 소프트웨어회사는 영업이익률이 50%에 미치지 못한다. 따라서 비즈니스 모델로서의 우수성이 잘 드러나지 않는다.

이유는 무엇일까? 여기에는 두 가지 다른 설명이 가능하다. 첫째는 회계 규정 방식 때문에 테크기업 대부분이 재무제표를 통해 보고하는 이익이 왜곡된다는 것이다. 인튜이트의 사례에 비춰볼 때 연구개발비와 판매마케팅비는 일반적으로 테크기업의 가장 큰 비용 항목이다. 디지털시대에 연구개발비와 판매마케팅비는 산업화시대에 공장과 재고자산과 다름없이 기업의 성장에 동력을 제공하는 엔진 역할을 한다. 하지만 현재의 회계 관례에 따르면 미국 기업은 거의 모든 연구개발비와 판매마케팅비를 즉각적으로 비용으로 인식해야 한다. 반면 부동산과 공장, 장비 같은 자산들은 여러 해에 걸쳐 비용으로 인식할 수 있다. 그 결과 현재의 회계 규정으로는 테크기업들의 이익이 구경제에 속한 기업들과 재무제표만 비교했을 때 왜곡적으로 적게 나타난다.

이것은 다소 전문적인 주제여서 기업의 이익 문제를 다룰 7장에서 회계 왜곡에 관해 설명할 때 자세하게 논하려고 한다. 요점은 테크기업들이 더 많은 당기 이익을 보고하고 싶다면 그렇게 할 수 있다는 것이다. 하지만 단순히 더 많은 이익을 보고하는 것이 기업의 이해와 가장 잘 맞아떨어지는 것은 아니다. 시장의 지극히 일부만 차지하는 테크기업의 경우 창업 초창기는 이익을 거두어들이는 단계가 아니라 성장하는 단계다. 테크기업은 미래에 더 큰 가치를 얻기 위해 현시점에서 매우 현명하게 돈을 사용한다. 이런 지출 때문에 주가이익배수(PER)에서 '순이익(E)'은 작아지고 배수는 높아 보인다. 하지만 이것은 현실을 제대로 반영하지 못하는 기만적인 단편적 수치일 뿐이다.

PER은 미래를 위해 막대한 투자를 하는 테크기업과 그럴 필요가 거의 없는 전통적 기업을 비교할 때 특히 오해의 소지가 있다. 아마존과 알파벳의 순이익을 웰스파고의 순이익과 비교하는 것은 봄의 사과 과수원을 가을의 사과 과수원과 비교하는 것과 같다. 가을의 사과는 수확할 때가 가까워졌지만 봄철 사과는 이제 막 성장하기 시작했다. 순이익은 성숙기 기업의 부 창출 능력을 측정하는 좋은 지표다. 하지만 지적으로 정직하고 분석적으로 정확하게 본다면, 순이익이 젊은 테크기업의 어닝파워(earnings power)[*]를 제대로 보여주는 지표가 아니라는 사실

---

[*] 통상 earning power를 '수익력'이라고 번역하지만 이 책에서는 '어닝파워'로 번역한다. 저자는 '이익을 창출하는 테크기업의 잠재적이고 기본적인 역량을 계량화하려는 시도'를 어닝파워라고 고유하게 정의하기 때문이다. ─ 옮긴이

을 인정해야 한다.

테크기업의 진정한 어닝파워를 보여주는 좋은 지표를 찾는 일은 상당히 어렵다. 여기에 정답은 없다. 하지만 아마존과 알파벳, 다른 모든 테크기업이 지금까지 창출한 가치와 앞으로 만들어낼 가치를 이해한다면 우리는 그런 지표를 찾으려고 노력해야 한다.

캠벨과 인튜이트의 어닝파워 비교 분석

이런 시도를 시작하기 위해 캠벨과 인튜이트의 사례로 돌아가 보자. 두 기업의 비교는 상당히 적절하다. 이들은 각자의 카테고리에서 시장을 선도하고 있고 연매출 규모가 거의 같다. 따라서 규모가 큰 회사는 매출액이 많으므로 상대적인 지출 비율을 낮출 수 있다는 규모의 경제로는 이들의 지출 차이를 설명할 수 없다.

2020년 초에 재무제표를 살펴봤을 때 인튜이트의 주식은 PER 50배 수준에서 거래되었다. 캠벨의 주식은 PER 20배에 불과했다. 만약 내가 두 주식에 투자했다면 캠벨의 주식 수익률은 5%지만 인튜이트는 단지 2%라는 의미였다. 눈으로 보는 수치로는 인튜이트 주가가 훨씬 더 비싸 보인다. 하지만 정말 그런 것일까?

캠벨은 전형적인 성숙 단계의 기업이다. 캠벨수프는 전후 시대를 상징하는 아이콘 같은 제품이었지만 치킨누들(Chicken Noodle)과 캠벨의 다른 수프 제품들은 거의 한 세대에 걸쳐 미국인들의 의식 속에서 점점 멀어지고 있었다. 핵심 제품의 매출 하락에 대응하기 위해 캠벨은 스낵으로 제품을 다양화했다. 캠벨은 쿠키 브랜드 페퍼리지팜(Pepperidge Farm)과 골드피시(Goldfish)를 보유하고 있고 수년 전에는 스나이더(Snyder)의 하노버(Hanover) 프레첼과 랜스(Lance) 크래커를 인수했다. 이런 인수에도 불구하고 캠벨의 매출 성장률은 지난 10년 동안 연 1%에도 미치지 못했다.

캠벨은 수많은 어려움에 직면하고 있다. 합쳐서 캠벨 매출의 30% 정도를 차지하는 고객사 월마트와 크로거(Kroger)는 가격 인하와 할인 행사를 통해 해마다 캠벨을 압박하고 있다. 지방과 나트륨 함량이 높은 캠벨 제품들은 일반적으로 최신 유행에 뒤떨어진 것으로 여겨진다. 캠벨은 더는 TV 네트워크 생태계에 의존해 "음! 음! 굿!(M'm! M'm! Good!)"이라는 광고 문구로 소비자를 설득할 수 없다.

이런 상황을 보면 캠벨이 매출의 11%를 영업과 마케팅에 지출하고 1%만 연구개발에 지출하는 이유를 알 수 있다. 캠벨의 시장은 이미 성숙한 상태이기 때문에 시장을 확대하기 위해 돈을 사용하는 것은 어리석은 일이다. 캠벨의 입장에서는 비용을 줄이는 것이 현명하다.

인튜이트는 정반대다. 지난 10년간 인튜이트의 매출은 연간 9%씩 성장했다. 가장 빠르게 성장하는 제품인 퀵북스온라인(QuickBooks Online, QBO)은 매출이 연 30~35% 정도 성장하고 있다. 이런 상황을 고려해 인튜이트는 매출의 20%를 연구개발에 지출하고 거의 30%를 마케팅에 지출한다. 인튜이트가 연구개발과 판매마케팅에 지출을 확대하는 것은 캠벨이 지출을 줄이는 것만큼 현명한 행동이다. 인튜이트는 목표 고객 가운데 단 1%만 QBO 제품을 사용하고 있는 것으로 추정한다. 당연히 인튜이트는 제품을 개선하고 더 많은 고객을 확보하기 위해 더 많은 돈을 써야 한다.

요컨대 캠벨은 경제적 해자가 있지만 성장성은 없다. 반면 인튜이트는 두 가지 모두를 가지고 있다. 이 때문에 캠벨은 가치 2.0의 기업이고 인튜이트는 가치 3.0의 기업인 것이다. 인튜이트가 얼마나 많은 돈을 영업과 마케팅, 연구개발에 사용해야 하는지를 결정하기란 어려운 일이지만, 즐거운 고민이다.

대부분의 테크기업처럼 인튜이트는 현재의 이익이 아니라 미래의 이익을 극대화하기 위한 결정을 내려야 한다. 인튜이트도 이 점을 안다. 인튜이트의 경영진은 연구개발비와 마케팅비가 회계 규정에 따라 우리가 믿게 되는 비용이 아니라는 것을 알고 이것을 투자로 생각한다. 비록 연구개발비와 마케팅비가 이익을 감소시키지만, 인튜이트는 그렇게 하는 것이 장기적으로는 최선의 결과다. 내부적으로 인튜이트는 관리자들에게 지출한 마케팅비에 대해 최소 50%의 이익을 거두도록 요구한다. 합리적 사고방식을 가진 기업가는 미래에 50센트를 이익으로 벌기 위해 현재에 1달러를 쓴다. 하지만 재무제표는 우리에게 단지 1달러의 비용만 보여준다. 미래의 50센트 이익은 재무제표에서는 볼 수 없고 단지 머릿속에만 존재할 뿐이다.

이는 다음과 같은 중요한 의문을 불러일으킨다. 인튜이트 같은 기업이 미래의 50센트 이익을 창출하기 위해 현재 1달러의 이익을 포기했다는 이유로 불이익을 받아야 하는 것일까? 아니면 이런 똑똑한 지출을 인정하고 그런 선택지가 없는 캠벨 같은 회사들과 비교할 수 있도록 인튜이트의 이익을 조정해야 하는 것일까?

내 생각에 이 질문에 대한 명확한 답은 후자다. 캠벨과 인튜이트를 정말로 공정하고 정확하게 비교하고 싶다면 두 회사 가운데 하나의 손익계산서를 수정해야 한다. 캠벨의 지출을 늘려 인튜이트에 맞추거나, 인튜이트의 지출을 줄여 캠벨과 비슷하게 만드는 것이다.

후자의 방식을 적용해 인튜이트를 수확 단계의 기업으로 만들면 인튜이트의 이익은 폭발적으로 증가한다. 인튜이트를 캠벨처럼 경영한다면 원재료비가 거의 들지 않는 인튜이트의 비즈니스 모델은 그대로지만 마케팅과 연구개발에 들어가는 막대한 지출은 사라질 것이다. 당연히 인튜이트 매출과 이익 성장도 상당 부분 사라질 것이다.

모든 마케팅비와 제품 개발비가 없다면 인튜이트는 캠벨과 같은 회사, 즉 현재의 이익 창출 능력을 극대화하는 성숙 단계의 기업이 되는 것이다. 우리의 분석 목적은 인튜이트를 캠벨과 같은 성숙한 기업으로 만드는 데 있다. [표 4-1]은 이런 계산의 결과를 보여준다. 인튜이트의 지출을 캠벨 수준으로 조정하면 인튜이트의 PER은 43배에서 20배로 하락하고 주식 수익률은 5%로 캠벨과 같아진다. 실제로도 인튜이트의 순이익률은 지금보다 훨씬 더 높고 PER은 훨씬 더 낮을 것이다. 앞으로 몇 년 안에 인튜이트 순이익은 지금보다 50% 정도 더 증가할 가능성이 크다. 이 문제에 관해서는 8장에서 더욱 자세하게 설명할 것이다.

인튜이트 같은 기업들은 겉보기에 매력적이지 않은 PER로 거래되지만, 이는 왜곡된 모습이다. 인튜이트의 재무제표에 보고된 이익이 아

[표 4-1] 인튜이트 vs. 캠벨

인튜이트와 캠벨의 매출은 거의 비슷하다. 우리는 이 두 기업의 매출을 100%로 정하고 모든 비용을 매출 대비 비율로 표시하는 구성비 분석 방식의(common-size) 재무제표 기준으로 두 회사를 비교했다. 이 비교 분석을 통해 우리는 다음과 같은 것들을 알 수 있었다.

인튜이트는 애초에 캠벨보다 더 나은 비즈니스 구조를 가졌다.

같은 기준으로 비교한 결과 인튜 이트의 PER이 캠벨과 같아졌다.

2020 회계연도	캠벨	인튜이트	
매출	100%	100%	
매출원가	65%	18%	
매출 총이익	**35%**	**82%**	**82%**
매출원가에 캠벨은 닭고기와 토마토가 포함되고, 인튜이트는 0과 1이 포함된다. 따라서 인튜이트는 마케팅과 연구개발을 위해 매출 총이익에서 50% 포인트 더 많은 돈을 지출할 수 있다.			
			조정 후 인튜이트
마케팅비	11%	27%	11%
연구개발비	1%	18%	1%
마케팅·연구개발비 합계	**12%**	**45%**	**12%**
매출 총이익이 많으므로 인튜이트는 마케팅과 연구개발에 캠벨의 4배 가까이 지출하고 있다.			인튜이트를 캠벨과 마찬가지로 미래에 투자하지 않는 성숙한 기업처럼 경영하는 것으로 조정.
판매관리비 · 기타	10%	9%	9%
영업이익	**13%**	**28%**	**(61%)**
하지만 인튜이트는 매출원가가 없기 때문에 전반적인 영업이익률은 2배 이상 높다.			그래서 인튜이트의 영업이익률이 4배 높다.
주당순이익(EPS)	$2.50	$6.92	$14.92
주가	$50	$300	$300
주가이익배수(PER)	**20배**	**43배**	**20배**
			인튜이트의 PER은 캠벨과 같다.

자료: SEC 연례보고서

니라 조정 이익이 내가 '어닝파워'라고 부르는 지표를 훨씬 더 현실적으로 보여준다. 따라서 내가 PER 20배를 초과하는 주식을 거부한다고 말할 때, 신경제 기업에서 재무제표에 보고된 이익이 아니라 어닝파워 기준이다.

어닝파워는 이익 전망도 아니고 이익 추정치도 아니다. 어닝파워는 '이익을 창출하는 테크기업의 잠재적이고 기본적인 능력을 계량화하려는 시도'다. 재무제표에 보고된 이익이 아니라 어닝파워를 활용하는 방식을 통해 나는 다음과 같은 목표를 달성하고 싶다.

- 단기적으로 테크기업을 성숙한 기업들과 직접 비교할 수 있도록 만든다.
- 회계적 왜곡을 걷어내고 이른바 테크기업에 대한 미래 투자 결정에서 '불이익을 제거'한다.
- 장기적으로 테크기업의 궁극적인 부 창출 잠재력을 측정하기 위해 전반적으로 정확한 대체 기준을 제공한다.

나는 이 책의 핵심인 2부에서 어닝파워에 관해 자세하게 설명할 것이다. 2부는 21세기 초에 기업의 경쟁우위를 찾아내는 데 도움이 될 비즈니스 품질을 설명하는 장을 포함한다. 기업가치를 높이는 또 다른 두 원동력인 경영진의 자질과 시장 가격 또한 설명할 것이다. 어닝파워는 가치 3.0의 중요한 부분이다. 따라서 어닝파워는 별도의 장에서 다룰 것이다.

2부의 마지막 부분에서는 내가 실제로 BMP 템플릿을 활용해 두 개의 테크기업을 평가했던 사례를 소개할 것이다. 디지털시대에 탁월한 투자를 만드는 것이 무엇인지에 관한 이론적 논의는 흥미롭다. 가치평가의 새로운 패러다임에 관한 논의는 지적 자극제가 될 수 있다. 하지만 디지털시대나 다른 어떤 시대에도 이론만으로는 돈을 벌지 못하고 그 이론을 실천해야 부자가 된다.

돈은 빅테크로 흐른다

테크주, 비테크주
투자의 실전

5장

그때와 지금의 경쟁우위

장기적으로 좋은 투자 성과를 얻는 중요한 원동력은 뛰어난 비즈니스 품질이다. 그래서 주식시장에서 성공하고 싶다면 기업의 경쟁우위를 만드는 요인이 무엇인지 찾아내는 전문가가 되어야 한다. 탁월한 비즈니스를 찾아내는 일은 비즈니스의 경쟁우위를 찾아내는 일에 달렸다고 해도 지나치지 않으며, 바로 그것이 이 장의 주제다.

자본주의는 치열한 경쟁 체제다. 가능한 한 많은 돈(이익 최대화라는 동기 유발 요인)을 벌려는 모든 시장 참여자가 서로 경쟁하도록 만든다. 이런 목표를 달성하기 위해 기업은 소비자를 만족시키려고 노력한다. 기업은 가격을 낮추고 신제품을 출시하고 새로운 상표를 만드는 등 다양한 방식으로 혁신을 꾀한다. 이 모든 것이 경쟁기업보다 앞서가기 위한 노력이다. 이런 치열한 경쟁을 가까이에서 지켜본 적 없는 사람들에게 자본주의는 가장 성공해야 할 사람이 돈을 벌지 못하고 그렇지 않은 사람들이 부자가 되는 조작된 시스템처럼 보일 수 있다. 그러나 자본주의는 영화에 빗대자면, 〈이지 스트리트(Easy Street)〉보다 〈헝거게임(Hunger Games)〉에 훨씬 더 가깝다.* 대부분의 기업은 팔꿈치를 자유롭게 사용해 반칙을 저지르고 다른 팀의 선수를 넘어트리는 공격적인 농구팀과 비슷하다. 만약 심판이 없다면 상대 팀에 심각한 타격을 입히는 반칙도 서슴지 않을 것이다. 정부는 우리 사회에서 여러 중요한 역할을 하지만, 기업과 관련해서는 심판 역할이 가장 중요하다. 기업을 규제할 심판이 없다면 기업인은 이익을 추구하기 위해 서로를 무너뜨리고 지구를 파괴할 것이다.

경쟁이 너무도 치열한 탓에 지속 가능한 경쟁우위를 가진 비즈니스는 거의 찾아볼 수 없다. 대부분의 비즈니스는 평균 수준이며, 경쟁 상대와 차별화되는 특별한 강점이 없는 비즈니스는 결코 성장도 성공도 할 수 없다. 평균적인 비즈니스는 시장의 성장에 따라 함께 성장하고, 평균 이하의 비즈니스는 점점 쇠락하다가 결국에는 망한다. 경쟁우위가 있는 비즈니스만이 시간이 지나면서 주주들을 위해 더 많은 이익을 창출할 수 있다.

지금까지 누구도 경쟁우위를 갖춘 전 세계 모든 기업을 파악하지 못

---

* 자본주의 시장은 공정한 심판에 의해 안전한 거래가 이루어지는 곳(〈이지 스트리트〉)이어야 하지만, 현실은 반칙을 저지르면서까지 상대를 넘어뜨려야 생존할 수 있는 곳(〈헝거게임〉)이라는 뜻. – 옮긴이

했다. 기업의 무기가 날카로워지기도 하고 무뎌지기도 하면서 경쟁우위를 갖춘 전 세계 기업 목록이 항상 바뀌고 있기 때문이다. 하지만 추측하건대 그런 기업은 전체 기업 가운데 10% 미만일 것이다. 이런 희소성이 기업을 가치 있게 만들므로 그런 기업은 열심히 찾아볼 가치가 있다.

4장에서 BMP 템플릿에 관해 소개하면서 내가 다음과 같은 세 가지 기준에 따라 탁월한 비즈니스를 찾아내는 훈련을 했다는 사실을 기억해보라.

- 낮은 시장 점유율
- 크고 성장하는 시장
- 미래 경쟁에서 기업의 매출과 이익을 증가시킬 매우 확실한 경쟁우위를 갖춘 비즈니스

처음 두 가지 특성은 아마추어 투자자와 전문 투자자 모두 쉽게 판단할 수 있다. 기업은 투자자 대상 홍보(investor relations, IR) 사이트를 통해 그들이 생각하는 전체 시장의 규모와 시장 점유율이 어느 정도인지 알려준다. 인튜이트 사이트에 가보았더니, 2022년 현재 중소기업 회계 프로그램인 퀵북스(QuickBooks) 구독자가 500만 명이었다. 인튜이트는 퀵북스가 접근할 수 있는 세계 시장 크기가 8억 명이라고 말한다. 500만 명을 8억 명으로 나누면 시장 점유율은 1%도 안 된다. 낮은 시장 점유율이라는 첫 번째 기준으로 보면 관심이 가는 기업이다.

이런 수치는 기업이 공개하지 않아도 쉽게 찾아볼 수 있다. 아마존의 경우 전체 북미 소매 시장에서 아마존이 차지하는 비중을 계산할 분자는 있지만 분모는 없다. 아마존은 2020년 연례보고서에서 북미 매출을 2,360억 달러라고 보고했다. 구글에서 '2020년 미국 소매 매출(U.S. retail sales 2020)'을 검색하면 4조 1,000억 달러라는 미국소매협회(National Retail Federation)의 보고를 찾을 수 있을 것이다. 캐나다의 유사 사이트는 북미의 전체 소매 매출을 4조 7,000억 달러, 그중 캐나다의 소매 매출은 6,000억 달러로 밝히고 있다. 아마존의 2,360억 달러 매출을 4조 7,000억 달러로 나누면 시장 점유율은 5%가 된다.

이런 계산은 매우 단순 명료하다. 그러나 비즈니스 품질에 관한 문제는 훨씬 까다롭다. 비즈니스가 지속 가능한 경쟁우위를 가지고 있는가? 비즈니스의 해자는 무엇이고 그 해자를 이용해 경쟁자들의 공격에 맞서 버텨낼 수 있는가? 버핏이 그레이엄의 투자 방식에서 벗어났을 때 배운 것처럼 이런 질문에 대한 답변은 판단이 필요하고, 인터넷 검색으로는 그런 판단을 내릴 수 없다.

좋은 소식은, 투자 세계에서 판단이란 종종 우리의 생각을 정리하는 분석 틀을 갖춘 상식에 불과하다는 것이다. 분석가로서 우리는 다양한 종류의 경쟁우위를 식별할 수 있다. 그리고 우리가 연구하는 비즈니스가 이런 분류 체계와 일치하는지 일치하지 않는지를 결정할 수 있다. 우리는 조류학자들이 새를 분류하는 방식과 마찬가지로 유형에 따라 비즈니스를 분류할 수 있다.

다행스럽게도 경쟁우위의 유형은 새의 종류보다 훨씬 적다. 어떤 유형은 상업의 역사만큼이나 오래되었다. 또 어떤 유형은 새롭지는 않지만 지금 같은 기술적 변화의 시기에만 나타난다.

빠른 성장과 인기에 속은 사례

우리는 경쟁우위를 구성하는 요인이 '아닌' 것에 관해 먼저 살펴보기로 한다. 버핏이 〈포천〉에서 말한 것처럼 빠른 성장이 무기는 아니다. 두 가지를 동일시하는 것이 모멘텀투자자와 성장주 투자자 모두가 저지르는 공통적인 실수다. 그리고 이런 실수가 모멘텀투자와 성장주 투자 전략을 시장 수익률보다 뒤떨어지게 만드는 중요한 이유 가운데 하나다.

기업의 단기 성장률에 과도하게 집중하는 것은 실제로 큰 재앙이 될 수 있다. 예전에 한 고객이 내게 '보니지(Vonage)'라는 기업의 주식을 매수해줄 것을 간절히 바랐다. 보니지는 인터넷 회선으로 전화를 사용하는 사업을 개척한 후에 2006년 상장했다. 내가 인터넷전화 시장을 연구해본 결과, 다른 기업들이 보니지를 모방하지 못하도록 보호하는 장치가 전혀 없었다. 즉 이 회사는 그들의 경제적 성을 보호할 해자가 없었다. 기술이 경쟁기업보다 앞서지 않았고 가격이 더 싼 것도 아니었으며 보니지의 고객들은 인터넷전화 회사의 브랜드에 관해 전혀 신경을 쓰지 않았다.

나는 그 고객에게 보니지에 투자하지 않는 것이 좋겠다고 조언했는

돈은 빅테크로 흐른다

데 결과적으로 잘한 일이었다. 한동안 비즈니스가 지나칠 정도로 잘되는 것 같았지만 경쟁자들이 시장에 진출하자 보니지의 매출과 이익은 크게 줄어들었고 주가도 하락했다. 보니지가 주당 17달러에 상장한 지 3년 후 그 가치의 95%가 사라졌다. 15년 후인 2021년 말, 보니지는 상장 당시 가격보다 25% 높은 가격에 다른 통신사에 팔렸다. 연간 주가 상승률을 1.5%씩으로 계산해준 것으로 시장 평균보다 못한 수익률이었다.

'고프로(GoPro)'는 인기 있는 상품과 지속 가능한 기업을 혼동한 훨씬 더 나쁜 최근의 사례다. 소형 액션카메라를 만드는 고프로는 2014년 30억 달러에 상장했다. 투자자들은 누구나 어떤 상황에서도 셀프 촬영을 할 수 있다는 생각에 매료되었고 고프로의 평가가치는 배로 상승했다.

[그림 5-1] 상장 이후 고프로 주식의 성과

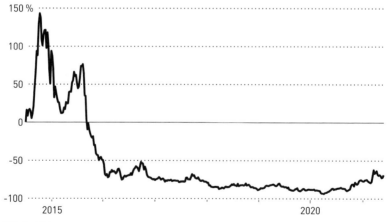

자료: FactSet

고프로와 고프로 투자자들에게는 불행한 일이지만 경쟁기업들도 같은 생각을 가지고 시장에 뛰어들었다. 경쟁은 치열해졌고 [그림 5-1]이 보여주는 것처럼 고프로의 시장가치는 최고점 대비 85%나 하락한 후에 다시 회복하지 못했다. 경쟁기업과 차별화할 것이 많지 않은 고프로의 주가가 다시 회복할 가능성은 거의 없다.

고프로는 "성장하는 산업과 수익성 높은 산업을 결코 혼동하면 안 된다"라는 버핏의 격언을 입증해주는 사례다. 하드웨어 테크기업 투자를 생각하고 있다면 하드웨어는 소프트웨어보다 훨씬 더 쉽게 모방할 수 있다는 경고에 특히 귀를 기울여야 한다. 하지만 버핏의 이 원칙은 현실적으로 테크기업과 비테크기업 모두에 적용된다. 항공산업을 예로 들어보자. 항공사는 하이코, 디즈니, 아멕스가 누리는 범세계적인 항공여행 증가라는 우호적인 환경에 똑같이 노출되었다. 하지만 지난 100년간 항공사는 이익으로 벌어들인 돈보다 더 많은 돈을 잃었다. 이유가 무엇일까? 델타항공, 유나이티드항공, 그 외 어떤 항공사도 다른 항공사에 대해 실질적인 경쟁우위가 없었기 때문이다. 어떤 항공사도 브랜드의 힘이 강력하지 않고 경쟁자보다 지속적으로 더 낮은 비용으로 운영하지 못한다. 전체적으로 하나의 평범한 집단이 된 항공사들은 다른 모든 보통의 기업처럼 고객에게 봉사하기 위해 경쟁한 셈이었다. 때때로 항공산업이 흑자로 돌아서고 월스트리트에서 "이번에는 다르다"라는 이야기가 떠돈다. 그러나 그때마다 항공사들은 다시 가격 경쟁을 시작하고 이익은 다시 감소한다. 그리고 늘 그렇듯이 최종 승자는 소비자다.

해자 1.0. 저비용 생산자

델타·아메리칸·유나이티드항공은 누구나 아는 이름이지만 적어도 한 번은 부도가 난 적이 있다. 한편 항공업계의 잘 알려지지 않은 틈새 기업 하이코는 지난 세대 동안 주가가 500배나 상승했다. 어떻게 이런 일이 가능할까? 이를 가능케 한 것은 가장 오래된 해자 가운데 하나인 저비용의 경쟁우위였다.

옥수수, 설탕, 철 같은 상품시장에서는 저비용 생산자가 되는 것이 기업이 바랄 수 있는 유일한 경쟁우위다. 사람들은 옥수수나 철을 살 때 브랜드에는 그리 신경 쓰지 않는다. 품질이 어느 정도 충족되면 그 다음은 가격을 중요하게 생각한다. 그러므로 경쟁사보다 상품을 더 저렴하게 생산하면 어떤 기업이든 훨씬 더 큰 시장 점유율을 확보하게 될 것이다. 이는 중력의 법칙이나 열역학처럼 변치 않는 법칙이다.

여기서 말하는 상품이란 단지 물리적인 상품만이 아니라 가격으로 차별화할 수 있는, 소비자들이 사는 모든 것을 포함한다. 소비자들은 쇼핑이 좋아서 월마트에 가는 것이 아니다. 그들이 월마트에 가는 이유 는 월마트가 맥주부터 브로콜리까지 모든 제품을 경쟁사보다 저렴하 게 구매한 후 아낀 돈을 소비자에게 돌려주기 때문이다. 많은 제조기 업은 경쟁기업보다 더 빠르게 확장하고 더 큰 공장을 짓는 방식을 통해 저비용 생산자의 지위를 확보했다. 이런 기업들은 경쟁기업보다 더 많 은 상품을 팔았기 때문에 생산단가를 낮출 수 있었다. 그리고 이를 통 해 저비용의 경쟁우위를 갖게 되었다. US스틸, 포드, 제너럴모터스 같은 훌륭한 기업들은 이런 방식으로 탄생했다.

디지털시대는 경쟁 구도를 다양하게 바꾸어놓았다. 하지만 21세기 초에 저비용 생산자가 되는 것은 그 어느 때보다 중요하다. 1980년대 월마트가 확장하기 시작했을 때 경쟁업체보다 저렴한 가격으로 상품을 파는지 확인하려면 소비자가 직접 매장을 방문해야 했다. 이커머스가 시작되면서 고객들은 거실을 떠나지 않고도 가격을 비교하고 쇼핑하는 것이 가능해졌다. 인스타카트(Instacart) 덕분에 집에서 식료품을 사고 크로거, 웨그먼스(Wegmans), 퍼블릭스(Publix) 등 여러 슈퍼마켓 가격을 비교할 수 있다. 구글과 오비츠(Orbitz)는 어느 기업이 항공과 호텔 서비스에서 가장 좋은 조건을 제시하는지를 거의 실시간으로 알려준다. 인터넷이 전 세계에 극단적인 가격 투명성을 도입했다면 스마트폰은 이를 더 편리하게 만들었다. 베스트바이(Best Buy) 매장에 있으면서도 스마트폰을 통해 어디가 베스트바이보다 가격이 더 싼지 확인할 수 있다.

대부분의 테크기업은, 적어도 소프트웨어가 주력인 기업은 저비용 생산자가 되는 것으로 경쟁우위를 확보하지 않는다. 구글과 오비츠가 뉴욕에서 멕시코의 칸쿤(Cancún)으로 가는 가장 싼 항공요금을 제공하는 것은 아니다. 그것은 항공사가 하는 일이다. 테크기업의 해자는 퍼스트무버(first-mover)의 우위와 이 책 후반부에서 살펴볼 네트워크 효과(network effects) 같은 현상에서 나온다.

해자 2.0. 브랜드

자동화와 대량생산 덕분에 산업화시대는 생산성과 생활 수준, 여가의 급격한 향상을 불러왔다. 그러나 그로 인해 일상에서 사용하던 많은 것에 대한 친밀감과 익숙함을 빼앗겼다. 농사일로 먹고살던 시절 유럽인과 미국인은 직접 옷과 치즈를 만들고 심지어 술도 자급자족했다. 육류도 슈퍼마켓에서 사지 않고 농장에서 동물을 기른 다음 직접 도살하는 방식으로 조달했다.

수백만 명이 농촌을 떠나 공장으로 일하러 가면서 육류와 치즈, 술을 가게에서 사기 시작했다. 무엇을 먹고 입을지에 대한 직접적인 지식이 없는 사람들은 품질이 좋은 것으로 유명한 제조사에 의존하기 시작했다. 브랜드에 대한 의존이 시작된 것이다.

상표를 달고 대량 판매된 첫 상품 가운데 하나가 옷을 세탁하고 개인 청결을 유지하는 데 필요한 비누였다. 19세기 초 프록터앤드갬블(Proctor&Gamble)과 콜게이트(Colgate)는 비누회사로 시작했다. 지금은 잊혔지만, 이들보다 앞선 세대의 기업인 피어스(Pears)는 어떻게 유명 브랜드를 보유한 기업이 수 세대에 걸쳐 이익을 증대시킬 해자를 구축하는지를 보여준다.

영국 콘월에서 농부의 아들로 태어난 앤드루 피어스(Andrew Pears)는 1780년대 후반 이발을 배우기 위해 런던으로 이주했다. 머지않아 제라드가에 이발소를 차렸고 부업으로 부유한 런던의 소호가 사람들에게 화장품을 판매했다. 피어스는 고객들이 비소나 납이 포함된 비누 때문에 손상된 피부를 가리기 위해 자신이 만든 화장품을 사용한다는 사실을 알게 되었다. 비누시장에 대한 가능성을 발견한 피어스는 로즈마리와 타임 향기가 나는 반투명의 비누를 만들었다. 이 비누는 영국의 정원처럼 기분 좋은 향기를 풍겼다.

피어스비누는 출시한 지 얼마 안 돼 부자라면 반드시 사용해야 하는 비누가 되었다. 하지만 진짜 돌파구는 토마스 배럿(Thomas Barratt)이 사장이 되고 대중에게 비누를 파는 방법을 알아낸 1800년대 후반에 나타났다. 1914년 배럿이 사망했을 때 피어스는 영국과 미국의 중산층에서 누구나 아는 브랜드가 되었다. 그 결과 배럿은 현대 광고의 아버지로 널리 인정받았고, 브랜드에 대한 신뢰의 힘을 이해하고 이를 체계적으로 활용한 최초의 인물 중 한 명이 되었다.

"안녕하세요. 피어스비누를 사용해보셨나요?"는 20세기 초까지 영국인에게 가장 친숙한 피어스의 광고 문구였다. 피어스의 새로운 모델을 찾기 위해 배럿은 예쁜어린이 선발대회를 이용했다. 이 대회는 그 자체로도 유명했다. 1880년대 배럿은 런던 사교계의 유명 인사이자 여배우인 릴리 랭트리(Lillie Langtry)를 비누 모델로 고용했다. 영국의 주간 만화잡지 〈펀치(Punch)〉의 만화가가 만화에서 한 부랑자의 입을 빌려 "나는 2년 전 당신의 비누를 사용한 이후 다른 비누를 사용한 적이 없어요"라고 랭트리의 광고를 풍자하자 배럿은 그 만화를 이후 피어스비누의 광고에 사용했다.

이런 체계적인 창의성 덕분에 피어스비누는 더 많은 고객의 충성심과 애정을 얻었다. 피어스는 단지 글리세린과 허브향 나는 송진으로 만든 비누였을 뿐이다. 하지만 배럿은 비누를 하나의 상품으로만 판매하는 것은 어리석은 일임을 잘 알았다. 그는 피어스 브랜드에 대한 고객의 충성도 강화를 통해 더 많은 돈을 벌 수 있다는 것을 깨닫고 저가상품 제조업체가 되기를 거부했다.

이렇게 형성된 브랜드와 고객 사이의 유대감 덕분에 피어스는 제조비용의 몇 배에 해당하는 가격을 요구할 수 있었다. 고객과 브랜드 사이에 보이지 않는 연결 관계에 가치를 매기려고 노력했던 회계사들은 훗날 이것을 '영업권(goodwill)'이라고 불렀다. 선진국들이 더 부유해지면서 다른 창의적인 상인들은 영업권에 관한 아이디어를 비누 같은 생필품에서 탄산음료 같은 기호품으로 확대 적용했다. 남북전쟁 당시 부상을 입고 나중에 군병원에서 모르핀에 중독되었던 존 스티스 펨버튼(John Stith Pemberton)은 코카콜라를 소화불량, 발기부전, 마약중독 등 다양한 질병의 치료제로 홍보하기 시작했다. 코카콜라의 주요 성분은 설탕과 물이지만 회사는 콜라가 '상쾌함을 주는 순간'이며 '진짜 상쾌한 맛'으로 믿도록 소비자를 길들여왔다. 지난 수십 년 동안 월마트의 샘스콜라(Sam's Cola) 등 여러 콜라 브랜드가 코카콜라보다 싼 가격에 판매되었지만 사람들의 선택을 바꾸지는 못했다. 사람들은 빨간색 캔과 곡선미가 있는 유리병에 이미 마음을 빼앗겨 버렸다.

이 사실을 잘 알았던 버핏은 1988년 코카콜라 주식을 매수했고 이후 30년 이상 줄곧 보유하고 있다. 버핏은 1998년 플로리다대학에서 학생들에게 다음과 같이 이야기했다.

코카콜라는 전 세계에서 행복한 사람들을 연상시킵니다. 여러분은 내가 전 세계에서 RC콜라*를 광고하면 50억 명이 RC콜라에 관해 호의적인 이미지를 가질 수 있다고 이야기할 것입니다. 하지만 이것은 불가능에 가까운 일임을 여러분은 알고 있습니다. 시험 삼아 이것저것 시도해볼 수 있고 하고 싶은 것을 할 수도 있습니다. 주말에 가격을 할인할 수도 있죠. 하지만 코카콜라를 이길 수는 없을 것입니다. 이것이 해자입니다.

오늘날 세계에는 돈 많은 사람이 넘쳐나서 필수품이 아닌 제품을 판매하는 회사도 강력한 브랜드를 가지게 되었다. 에르메스(Hermes)의 지갑이나 스카프가 2만 5,000달러 가치가 있을까? 에르메스 마케팅 부서가 브랜드의 마법을 잘 사용하고 있다면 그렇다. 과거 에르메스 CEO였던 악셀 뒤마(Axel Dumas)는 〈포브스〉에서 "우리 비즈니스는 욕망을 창조하는 일에 관한 것입니다"라고 말했다.

욕망은 매우 강력한 감정이다. 오래가고 가치 있는 비즈니스는 인간의 욕망을 기반으로 구축되었다. 에르메스는 1837년 설립되었고 시장가치가 1,400억 달러에 달한다. 코카콜라는 1886년 출범했고 시장가치가 2,600억 달러에 달한다. 에르메스와 같은 해에 설립된 티파니(Tiffany)는 보석을 로빈스에그블루(robin's egg blue)** 박스에 담아 엄청

---

* RC cola: 1905년부터 생산된 미국 콜라 브랜드. – 옮긴이
** 티파니의 상징인 연한 청록색. 일명 '티파니 블루(Tiffany blue)'라고 한다. – 옮긴이

난 가격으로 판매한다. 에르메스의 경쟁기업인 루이비통모에헤네시(Louis Vuitton Moet Henessy, LVMH)는 2021년 티파니를 160억 달러에 인수했다. 보니지와 고프로를 합친 것보다 3배 이상 비싼 가격이다.

하지만 대부분의 유명 브랜드가 티파니, 에르메스, 코카콜라처럼 오래 지속되지 못한다는 사실을 인지하는 것도 중요하다. 브랜드는 그 브랜드와 사랑에 빠지는 사람들만큼이나 변덕스럽기 때문에, 브랜드 해자는 가장 취약한 해자 중 하나다. 피어스 사례는 브랜드가 어떻게 만들어지는지를 보여주었지만 동시에 어떻게 무너지는지도 알려준다. 배럿 사망 후에 레버브러더스(Lever Brothers)가 회사를 인수했다. 대기업의 손에 들어간 피어스는 영국과 미국 시장에서 점차 인기를 잃었고 소비자들의 지갑을 열지도 못했다. 오늘날 피어스비누의 중요한 시장은 인도다. 인도에서 피어스는 5번째로 잘 팔리는 비누다.

피어스, 레브코(Revco), 보덴(Borden), 크림시티브루잉(Cream City Brewing), 버진콜라(Virgin Cola), 쥬시꾸뛰르(Juicy Couture)처럼 이미 사라졌거나 빈사 상태에 빠진 브랜드가 지금까지 살아남은 브랜드보다 훨씬 더 많다. 따라서 브랜드가 중요한 경쟁우위인 비즈니스에 투자하기에 앞서 그 브랜드가 지속적으로 살아남을 능력이 있는지 확신할 수 있어야 한다. 저비용 상품을 생산하는 비즈니스는 가격을 계속 낮추면서 해자를 확장해나갈 수 있지만 브랜드에만 의존하는 비즈니스는 그럴 수단이 없다. 이런 비즈니스는 블랑쉬 뒤부아(Blanche DuBois)*처럼 낯선 사람들의 친절함에 의존할 뿐이다.

20세기 후반의 상당 기간, 또 대량 판매 시장의 브랜드를 지탱했던 텔레비전 생태계가 죽어가고 있는 오늘날에는 브랜드의 지속 가능성에 대한 확신이 특히 더 중요하다. 존슨앤드존슨은 2012년에 여배우 제시카 알바(Jessica Alba)가 설립한 어니스트컴퍼니(Honest Company)에 시장 점유율을 빼앗기고 있다. 새로운 기업들은 틱톡(TikTok)과 유튜브 같은 채널을 이용해 놀라울 정도로 빠르고 쉽게 규모를 키우면서 기존 브랜드에 도전장을 내밀고 있다. 유튜브 채널 '넬크 보이즈(Nelk Boys)'는 북미 지역을 여행하면서 익살스러운 행동이나 장난을 촬영해 보여주는 20대 젊은이 그룹으로 2021년 현재 구독자가 거의 700만 명에 달한다. 넬크 보이즈는 의류만으로 매년 1억 달러 매출을 올리고 있고 남성용 미용 제품 포함, 피트니스센터와 콘돔까지 브랜드를 확장할 생각을 한다.

하지만 오늘날 가장 큰 브랜드는 빅테크다. 〈애드위크(AdWeek)〉에 따르면 세계에서 가장 신뢰받는 5대 브랜드는 구글, 페이팔(PayPal), 마이크로소프트, 유튜브, 아마존으로 나타났다. 테크기업의 브랜드 파워는 소비자 취향이나 유행에 의존하는 브랜드보다 훨씬 더 강력하다. 구글이 파는 제품은 지위의 상징이나 탄산음료가 아니라 소비자들이 일상생활에서 익숙한, 신뢰할 수 있는 검색엔진이다.

---

* 테네시 윌리엄스(Tennessee Williams)의 《욕망이라는 이름의 전차(A Streetcar Named Desire)》에 등장하는 여주인공. – 옮긴이

테크기업의 브랜드는 욕망을 창출하는 것과 관련이 없으므로 오래 살아남을 가능성이 크다. 소프트웨어회사는 고객에게 지속적으로 가치를 전달할 수 있다면, 평판이나 이미지가 아니라 실제 경험에 의존해 소비자를 붙잡아 둘 수 있다. 아마존의 CEO 베이조스는 1998년 주주 서한에서 다음과 같이 썼다.

> 우리는 기본적으로 소비자들이 지각 있고 현명하다고 생각합니다. 브랜드 이미지가 현실을 따르는 것이지, 현실이 브랜드 이미지를 따르는 것이 아닙니다.

플랫폼과 전환비용

검색이나 이커머스나 소셜미디어, 또는 신생 산업에서 신뢰할 수 있고 좋은 평가를 받는 응용 프로그램을 지닌 회사는 수많은 소비자를 끌어들이는 경향이 있다. 이런 표준화가 경쟁우위의 근원이 된다. 실리콘밸리의 전문용어로 이런 제품과 서비스는 '플랫폼'이 되고 그 기업은 핵심 비즈니스로 돈을 벌 뿐만 아니라 더 많은 수익성 있는 제품이나 서비스를 출시할 수 있다.

애플은 전형적인 플랫폼기업이다. 아이폰은 상대적으로 저마진 (low-margin)인 하드웨어 기기로 시작했다. 아이폰을 생산하려면 비용이 많이 들어가지만, 애플이 아이폰에서 판매하는 앱들은 애플에 개발원가를 전혀 부담시키지 않는다. 앱 개발비용은 개발자들이 부담한다. 10억 명 이상의 아이폰 사용자에게 앱을 판매하는 권리를 얻는 대가로 개발자들은 매출의 30%를 애플에 지급한다.

따라서 플랫폼기업으로 변신했거나 변신할 잠재력이 있는 비즈니스에 주목해야 한다. 군사적인 비유로 설명하면 플랫폼은 비즈니스가 새로운 공격을 펼칠 수 있는 거대하고 강력한 작전 반경을 갖춘 항공모함과 같다. 애플과 같은 몇몇 기업은 확실한 플랫폼기업이지만 다른 기업들은 그렇지 않다. 로쿠(Roku)는 원래 집에서 인터넷 스트리밍을 통해 넷플릭스 같은 채널을 볼 때 사용되는 단순한 기기를 판매하는 회사였다. 하지만 지배적인 시장 점유율을 이용해 스트리밍 채널들이 로쿠와 이익을 공유하도록 했다. 나는 로쿠의 잠재력을 알아보지 못했다. 만일 내가 플랫폼기업을 식별할 수 있는 필터를 장착하고 시장을 지켜봤다면 로쿠의 가치를 알아냈을지도 모른다.

은행이 소비자에게 다양한 금융상품을 판매하고 싶어 하는 것과 같은 이유로, 많은 테크기업은 플랫폼기업이 되고 싶어 한다. 기업이 소비자의 생활에 더 깊이 침투할수록 그 기업에서 벗어나기란 그만큼 더 어렵다. 경영학 용어로 말하면 전환비용(switching cost)이 높은 것이다. 이런 전환비용이 플랫폼기업의 추가적인 경쟁우위로 작용한다.

많은 사람이 마이크로소프트의 워드와 엑셀을 사용하는 데 익숙하고 이를 이용해 너무 많은 문서를 작성하기 때문에 다른 제품으로 바꾸려면 여러 달에 걸친 힘든 노력이 필요하다. 제품과 소비자 사이에 이처럼 끈끈한 관계가 있다면 주목할 필요가 있다. 전환비용은 브랜드처럼 소비자를 제품에 묶어두는 효과가 있다. 그리고 그 영향력은 저비용 생산자의 해자와 마찬가지로 브랜드보다 훨씬 더 강력하다. 소비자는 일단 제품에 익숙해지면 바꾸는 것을 싫어한다.

소비자가 제품에 익숙해지면 해자 위에 도개교가 올라가는데, 오늘날 디지털 분야에서 많은 도개교가 올라가고 있다고 해도 과언이 아니다.

스마트폰 분야의 애플, 검색 분야의 구글, 중소기업 회계 소프트웨어 분야의 인튜이트 등 디지털 분야의 기술은 초기의 닷컴 시기를 지나 영국의 경제학자 카를로타 페레스(Carlota Perez)가 이야기하는 '베딩인(bedding-in)' 단계*에 도달했다. 좋아하고 신뢰하는 앱에 너무 익숙해진 소비자들은 그 편안한 관계를 끊기가 매우 어려워진다. 실질적인 전환비용이 높지 않아도 이는 마찬가지다. 검색엔진을 구글에서 빙(Bing)으로 바꾸는 일은 어렵지 않지만 심리적 전환비용은 상당히 크다. 구글이 익숙하고 검색도 잘되는데 사람들이 굳이 검색엔진을 바꾸어야 할 이유가 있을까?

퍼스트무버, 패스트무버

'퍼스트무버 우위(first-mover advantage)'는 원래 체스 용어다. 백을 잡

---

* 주요 선도 테크기업이 시장 지배력을 강화해 새로운 경쟁기업의 시장 진출이 더욱 어려워진 단계. – 옮긴이

은 선수가 언제나 게임을 시작하고 주도권을 가진다는 뜻이다. 혹은 백의 움직임에 대응하기 때문에 전체 게임에서 유리한 쪽은 일반적으로 백을 쥔 사람이다. 비즈니스도 마찬가지다. 새로운 시장에서 영토 소유권을 먼저 주장하는 사람이 누구든 가장 좋은 땅을 가져가고 두 번째로 좋은 땅은 경쟁에 맡겨진다.

기술의 발전과 변화가 느린 시대에는 퍼스트무버가 된다는 것만으로도 지속 가능한 무기를 확보하는 데 충분하곤 했다. 대공황 시기에 3M사의 리처드 드루(Richard Drew)라는 엔지니어가 스카치테이프(Scotch Tape)를 발명했다. 엄청난 대중 시장 잠재력에도 불구하고 대공황 이후에 혁신은 거의 이뤄지지 않았고 어떤 회사도 3M의 제품을 개선하거나 모방하려고 하지 않았다. 3M은 무려 30년 이상 제품을 개선하지 않았지만 3M의 스카치테이프가 여전히 시장을 주도했다.

신제품을 만들고 한 세대 이상 개선하지 않아도 여전히 시장을 주도할 비즈니스를 상상이나 할 수 있을까? 오늘날 경제 체제에서 지속적으로 혁신하지 않는 기업은 30년은 고사하고 30개월도 정상을 지킬 수 없다. 변화 속도가 엄청나게 빠른 디지털시대에는 특히 더 그렇다. 기술적인 대전환의 시대는 안정된 시대보다 속도와 혁신이 훨씬 더 중요하다. 마크 저커버그(Mark Zuckerberg)의 좌우명이 "실패를 두려워하지 말고 빠르게 움직여라(Move fast and break things)"인 것도 급격한 변화 속도 때문이다. 일론 머스크(Elon Musk)는 제품을 먼저 출시하고 나중에 개선하는 비즈니스 모델을 전기자동차회사인 테슬라(Tesla)와 우주기업 스페이스엑스(SpaceX)에 적용했다. 머스크와 그의 동료 사업가들은 참호와 해자보다 '랜드러시(land rush)'* 비유를 더 좋아한다. 2018년 머스크는 다음과 같이 말했다.

> 나는 해자가 구식이라고 생각한다. (…) 침공하는 적에 대한 유일한 방어책이 해자라면 당신은 오래 버티지 못할 것이다. 중요한 것은 혁신의 속도다.

지금은 파산한 시어스는 100년 동안 번영의 역사를 자랑했다. 시어스는 지난 100년에 걸쳐 두 차례나 퍼스트무버가 되었다. 1800년대 말 리처드 시어스(Richard Sears)와 알바 로벅(Alvah Roebuck)은 미국 농촌의 잡화점이 품질이 좋지 않은 상품을 비싸게 팔면서 독점적 지위를 남용하는 지대추구적 기업이라는 것을 알게 되었다. 우편서비스가 발전하면서 시어스와 로벅은 농촌 거주자들에게 적당한 가격의 다양한 상품을 소개하는 카탈로그를 발송했다. 시어스는 주문서가 올바른 부서에 전송되도록 고안된 연쇄 진공관을 포함해 최신 기술을 장착한, 거대한 시카고 창고에 물류를 중앙집중화했다. 제1차 세계대전 이후 경제의 중심이 농촌에서 도시로 이동하기 시작했을 때 시어스는 미국 여러 지역에 백화점 유통망을 건설했고 50년 이상 번창했다.

---

* 1889~1895년 미국이 서부를 개발하기 위해 오클라호마의 인디언 소유 땅을 매입한 후, 하루 동안 말을 타고 달리며 깃발을 먼저 꽂은 사람에게 해당 토지를 싼값에 판매한 일화를 가리킴. – 옮긴이

시어스는 통신판매 카탈로그나 백화점을 발명하지 않았다. 엄밀히 말하면 시어스는 '퍼스트무버'가 아니었다. 그러나 백화점과 통신판매 분야에서 가장 빠르고 가장 공격적이었기에, 퍼스트무버보다 패스트무버(fast-mover) 우위를 확보했다고 표현하는 것이 더 적합할지 모른다. 하이코는 항공기용 호환 부품을 처음으로 만든 퍼스트무버 기업이 아니고 기회를 가장 빨리 붙잡은 최초의 기업, 즉 패스트무버였다.

빠르게 기회를 잡는 비즈니스를 찾아내는 것도 좋지만 투자를 지속하기 위해서는 퍼스트무버 우위나 패스트무버 우위에 의지하지 않도록 조심해야 한다. 퍼스트무버가 됨으로써 경쟁우위를 확보할 수는 있지만 영구적으로 그럴 수는 없다. 하이코, 가이코, 아마존, 그리고 그 외 퍼스트무버 또는 패스트무버 우위를 차지한 비즈니스는 그 우위를 강화하기 위해 저비용 전략, 신뢰받는 브랜드, 광범위한 유통망 같은 두 번째 우위를 더했다. 머스크는 경제적 해자를 별것 아닌 듯 말했지만, 초창기 전기차 분야에서 테슬라의 주도적 지위를 이용해 고객의 충성도뿐만 아니라 저비용 생산자의 지위를 확립했다. 테슬라는 다른 어떤 경쟁기업보다 더 많은 전기차를 생산하기 때문에 생산단가가 업계 평균보다 25% 저렴하다.

승자독식의 네트워크 효과

경쟁우위를 만드는 마지막 결정적 요인이 있다. 모든 요인 가운데 가장 강력한 요인인데 다름 아닌 네트워크 효과다. 네트워크 효과는 21세기 초반 경제의 역동적이고 활기찬 상태를 가장 잘 보여준다.

페이팔 소유의 벤모(Venmo)는 네트워크 효과를 누리는 가장 대표적인 본보기다. 지금으로부터 10년 전쯤 벤모는 스마트폰의 은행계좌에 접속해 거의 즉시 송금하는 기술을 빠르게 개발했다. 벤모는 충성스러운 초기 추종자들을 만들었고 이 추종자들을 통해 다른 사람들이 합류하는 중력이 발휘되기 시작했다. 더 많은 사람이 합류할수록 점점 더 많은 사람이 합류하는 효과가 발생했다. 나는 친구들이 음식점에서 비용을 분담하거나 뉴욕 양키스의 표를 살 때 "벤모 미(Venmo me)"라고 말하는 것을 듣고서야 스마트폰에 벤모 앱을 깔았다.

기술자들은 플라이휠 효과(flywheel effect)*라는 용어를 선호하지만 네트워크 효과에 대한 옛날 표현은 선순환(virtuous circle)이다. 플라이휠은 석기시대로 거슬러 올라가는 원형 도구다. 초기에는 물레방아의 동력으로 이용되었고 훗날 산업시대에 이르러 증기엔진을 위해 개조되었다. 플라이휠은 무거워서 움직이기가 어렵지만 한번 움직이기 시작하면 멈추기도 힘들다. 유명한 경영학자 짐 콜린스(Jim Collins)는 다음과 같이 썼다.

---

* 플라이휠이란 외부에서 공급되는 연료 없이 관성에 의해 스스로 움직이는 바퀴를 일컫는 말. 플라이휠 효과는 원래 공학에서 사용되었지만 경제에서 성장을 만들어내는 선순환의 수레바퀴라는 의미로 사용됨. - 옮긴이

플라이휠이 한 번 회전할 때마다 일이 더 빨리 끝나고 투입된 노력이 몇 배로 증폭된다. 수천 배, 수만 배, 수십만 배 빨라진다. 거대하고 무거운 바퀴는 거의 멈출 수 없는 추진력에 의해 앞으로 돌진한다.

2014년 페이스북에 인수되면서 새해 전날 나를 당황스럽게 했던 왓츠앱은 이런 종류의 플라이휠 또는 네트워크 효과를 가지고 있다. 에어비앤비(Airbnb)도 마찬가지다. 뉴욕시에서 임차료를 내는 것이 버거웠던 에어비앤비 창업자들은 자신의 아파트를 관광객들에게 제공하기 시작했다. 멘델슨의 하이코처럼 초창기 에어비앤비의 사업은 어려웠다. 하지만 에어비앤비는 서서히 자기 아파트를 세놓고자 하는 아파트 주인들을 찾아냈다. 더 많은 아파트가 임대에 참여할수록 이용자도 그만큼 증가했다. 이것이 다른 사람들에게 온라인으로 집을 임대하도록 자극했고 더 많은 이용자가 생겨났다. 그리고 얼마 지나지 않아 에어비앤비의 플라이휠은 빠르게 돌아가기 시작했다. 에어비앤비는 이를 두고 "손님이 주인을 불러 모으고 주인이 손님을 불러온다"라고 표현했다.

플라이휠 효과, 네트워크 효과, 선순환… 어떻게 부르든 간에 바로 이런 역동성이 테크시장에서 '승자가 모든 것을 차지하거나' '승자가 대부분을 가져가는' 주된 요인이다. 콜라나 맥주와 달리 검색과 소셜미디어 같은 디지털 분야에서는 시장을 지배하는 한 회사를 선호하는 경향이 있다. 이와 같은 시장 지배력은 네트워크 효과 때문에 발생한다. 우리가 페이스북을 사용하는 이유는 다른 사람들이 많이 사용하기 때문이다. 누가 두 번째로 많이 사용하는 소셜네트워크를 필요로 할까? 사람들은 구글이 익숙하고 구글을 잘 사용하고 있다. 굳이 바꿀 이유가 있을까?

디지털 네트워크의 엄청난 가치

일반적으로 네트워크를 소유한 기업의 가치는 사용자의 증가에 따라 폭발적으로 증가한다. 우리는 뛰어난 비즈니스를 찾아내는 사냥꾼으로서 네트워크 효과의 기초가 되는 산술식을 이해할 필요가 없다. 그런데도 네트워크 효과는 우리에게 많은 교훈을 알려준다.

네트워크 효과는 멧커프의 법칙(Metcalfe's law)에 따른다. 멧커프의 법칙이란 네트워크의 가치가 연결(이용자) 수의 제곱에 비례한다는 것이다. 팩스 한 대는 1^2 즉 1단위의 가치가 있지만 팩스 두 대로 구성된 네트워크는 2^2 즉 4의 가치가 있다. 4대의 팩스로 구성된 네트워크는 4^2 즉 16의 가치가 있다는 것이다. 에어비앤비처럼 집을 빌려주는 사이트, 페이스북 같은 소셜네트워크서비스 외에도 사람들을 연결하는 모든 서비스가 이와 마찬가지다. 플라이휠의 회전과 마찬가지로 사용자가 추가될 때마다 네트워크 효과의 힘은 기하급수적으로 증가한다.

'네트워크'라는 말은 1530년대부터 사용되었다. 작가들이 영국 자수에서 발견되는 인터로킹(interlocking) 패턴을 묘사하면서 '네트워크'라고 표현했다. 현대적 의미의 네트워크는 1830년대 산업화가 진행되고 있던 영국을 연결하기 시작한 강과 운하 체계를 설명하기 위해 처음 사용되었다. 알렉산더 그레이엄 벨(Alexander Graham Bell)은 1885년

AT&T를 설립하고, 전화 네트워크라고 알려지게 될 비즈니스를 구축하고 운영했다. 훗날 라디오와 텔레비전이 등장하면서 전국적으로 연결된 방송국을 네트워크라고 부르게 되었다.

이 네트워크들은 당시에는 거대해 보였지만 현재의 디지털 네트워크는 과거의 모든 네트워크를 왜소하게 만들어버린다. 이전의 모든 네트워크는 아무리 커도 한 국가에 국한되었다. 하지만 페이스북, 왓츠앱, 에어비앤비는 전 세계 모든 인구에 열려 있다. 따라서 이들의 가치는 이전에 구축된 그 어떤 네트워크보다 훨씬 더 크다. 1984년 여러 자회사로 갈라지기 전에 AT&T의 네트워크는 2억 3,500만 명의 미국인이 사용했다. 하지만 페이스북 네트워크는 월간 활성 사용자가 30억 명에 육박해 AT&T보다 15배 이상 크다. 멧커프의 법칙에 따라 계산한 이용자의 가치는 페이스북이 AT&T보다 150배 높다.

주의할 점이 있다. 디지털 네트워크의 기하급수적인 가치 증가는 단지 이론적인 개념일 뿐이다. 윌리엄스의 DCF와 마찬가지로 우리는 테크기업의 가치를 측정하는 데 멧커프의 법칙을 활용할 수 없다. 하지만 멧커프의 법칙은 디지털시대에 탄생한 새로운 기업들의 엄청난 가치를 극명하게 보여준다.

멧커프의 법칙조차 디지털 네트워크의 힘을 완벽하게 보여주지는 못한다. 멧커프의 산술식은 페이스북, 구글, 기타 유사한 기업들이 거대 네트워크를 구축하는 데 거의 돈을 쓰지 않았다는 사실을 고려하지 않기 때문이다. 테크 플랫폼은 도달 범위가 전 세계라는 점에서 역사적으로 매우 독특하지만 특별한 점이 한 가지 더 있다. 즉 다른 누군가가 돈을 써서 구축한 기반 시설에서 네트워크 플랫폼을 운영하고 있다는 사실이다.

산업화시대 영국의 수로 네트워크와 달리 소프트웨어기업은 운하를 파기 위해 수십억 달러를 쓸 필요가 없었다. 하드웨어기업들이 훨씬 더 강력한 중계기를 만들고 장거리 인터넷 접속이 가능하도록 서로 경쟁하면서 소프트웨어기업을 대신해 투자했기 때문이다. 전화 네트워크와 달리 테크 네트워크는 전선이나 케이블을 산과 강의 협곡을 따라 연결할 필요가 없다. 이런 선들은 이미 깔려 있고, 만약 깔려 있지 않으면 AT&T와 버라이즌(Verizon) 같은 통신회사가 많은 돈을 투자해 유선 네트워크를 보완할 무선 네트워크를 구축해준다.

시스코(Cisco), 알카텔(Alcatel), 루슨트(Lucent) 같은 하드웨어기업은 이런 네트워크에 필요한 장비를 만드는 방식으로 인류 발전에 지대한 공헌을 해왔다. 하지만 중계기나 전선 같은 상품을 제조하는 하드웨어기업의 주주들은 그에 따른 보상을 받지 못했다. 우리가 인터넷이라고 부르는 네트워크의 가치는 대부분 온라인으로 쉽게 검색하고 쇼핑하고 대화하고, 다른 중요한 일들을 할 수 있도록 만든 소프트웨어기업에 축적되었다.

플랫폼기업들은 전 세계 모든 지역에서 사용자를 확보했지만 거대한 네트워크를 구축하기 위해 거의 돈을 쓰지 않았다. 버핏과 멍거가 디지털시대의 경제를 경이롭게 생각하는 것도 놀라운 일이 아니다. 그리고 테크기업들이 이렇게 크고 빠르게 성장한 데도 다 이유가 있다.

6장

주주를 위한 베스트 경영진

나는 고객들의 포트폴리오에 알파벳과 아마존 둘 다 담았지만, 알파벳의 비즈니스 구조가 더 좋다. 운전자본이 거의 필요하지 않은 소프트웨어 기반 비즈니스인 알파벳은 가치 3.0 기업의 완벽한 사례다. 이와 대조적으로 아마존은 두 가지 주요 사업 모두 구경제의 특징이 있다. 첫째, 아마존은 이커머스를 위한 물리적 네트워크 건설에 수십억 달러를 썼다. 둘째, 클라우드 컴퓨팅 서비스 자회사인 아마존 웹서비스(Amazon Web Services)에도 수십억 달러를 지출했다. 다른 모든 것이 똑같다면 알파벳이 더 나은 성과를 기록해야 마땅하지만 [그림 6-1]을 보면 결과는 반대다.

아마존이 더 나은 성과를 낸 이유는 무엇일까? 경영진이다.

두 회사 모두 야심이 크고 겁 없이 막대한 돈을 쓰지만, 아마존의 지

[그림 6-1] 2004년 8월 상장 이후 구글 주식의 성과

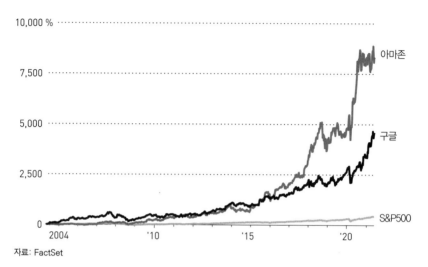

자료: FactSet

출은 목표지향적이고 재무적으로 매우 정교하다. 알파벳은 수십 개의 모험적 프로젝트(moon shot project)에 돈을 쓰면서 연간 수십억 달러의 손실을 보고 있다. 그러나 아마존 창업자 베이조스는 자신의 우주벤처 기업 '블루오리진(Blue Origin)'을 아마존 외부에 두고는 회삿돈이 아닌 개인 돈을 쓴다. 아마존은 훌륭한 투자자들과 비슷하게 엄격하고 정보에 기반을 둔 방식으로 문제에 접근한다. 베이조스는 2005년 주주 서한에서 다음과 같이 썼다.

아마존닷컴의 중요한 결정은 상당수가 데이터를 근거로 한 것입니다. 옳은 답 아니면 틀린 답, 더 나은 답 아니면 더 나쁜 답이 있고 우리는 수리적 계산을 통해 답을 알아냅니다. 이것이 우리가 지향하는 의사 결정 방식입니다.

알파벳의 주주 서한에서는 이런 명확함과 정확성을 거의 찾아볼 수 없다.* 반면 베이조스는 해마다 주주들에게 이렇게 약속한다. "우리는 프로그램과 투자의 효율성을 분석적으로 측정해 만족할 만한 이익을 내지 못하는 것은 폐기하고, 가장 성과가 좋은 것에는 투자를 강화할 것입니다." 아마존의 성과는 베이조스의 이런 발언과 직접적으로 연관돼 있다.

경영진이 베이조스처럼 장기적 관점에서 엄격함과 원칙을 갖추었는지 어떻게 확인할 수 있을까? 주주의 이익을 위해 최선을 다할 경영진인지를 나타내는 지표는 무엇일까? 이것은 대답하기 쉬운 문제가 아니다. 다만 멘델슨과 하이코를 연구한 끝에 경영진의 자질을 평가하는 두 가지 중요한 질문을 만들게 되었다.

1. 경영진이 소유주처럼 생각하고 행동하는가?
2. 비즈니스 가치를 높이는 핵심 요인을 아는가?

비즈니스 품질이나 가격과 달리 경영진의 자질에 관해서는 디지털

---

* 알파벳 창업자들이 경영 지배권을 비창업자에게 이양함으로써 사업의 무분별한 다각화 문제는 변화되기 시작했다. 9장에서 설명하는 것처럼 이런 경영진의 변화가 투자자로서 알파벳을 낙관적으로 생각하는 중요한 이유 가운데 하나다.

시대에 맞춰 분석 방식을 바꿀 필요가 없다. 세대가 바뀌고 그동안 많은 것이 변했지만 경영진에 대해 바라는 자질은 바뀌지 않았다. 앞서 언급한 두 가지 질문은 중국 청나라 시대의 쌀 중개상이나 고대 수메르 시대의 밀농장 감독관을 평가하는 데도 똑같이 적용될 것이다. 비즈니스 품질에 관한 피터 린치의 격언을 바꾸어 표현하면 탁월한 경영진은 평범한 경영진보다 훨씬 더 나은 성과를 낼 것이다. 결과적으로 그런 경영진을 믿고 투자한 투자자도 보상받게 될 것이다. 우리는 단지 경영진에게서 어떤 특성과 자질을 찾아야 하는지만 알면 된다.

오너처럼 생각하고 행동하는가?

훌륭한 경영진은 자기 소유의 회사가 아니더라도 마치 그런 것처럼 경영한다. 월스트리트의 방식에 익숙하지 않다면 경영진 대부분이 이런 방식으로 행동하지 않는다는 사실에 놀랄 수 있다. 칼 아이칸(Carl Icahn)의 화려하고 정확한 비유를 빌리면 대부분의 경영진은 소유주(owner)가 거주하지 않아서 거의 관심을 두지 않는 광활한 영국 사유지의 관리인처럼 행동한다. 자기 마음대로 할 수 있는 경영진은 기본적으로 소유주보다는 자신의 부를 위해 기업을 운영한다.

자기 개인의 이익을 추구하는 경영진의 행동은 많은 미국 기업의 관행에 근거해 설명할 수 있다. 대기업에서 성공하기 위해 경영자는 수십 년간 자기 능력을 입증해야 한다. 미국 기업에서는 일반적으로 50세가 넘어야 CEO가 되며, 〈포천〉 500대 기업의 CEO 평균 재임 기간은 대략 10년이다. 그 10년 임기 동안 대부분의 경영진은 장기적 관점의 회사 성장 전략에는 관심을 두지 않는다. 그보다는 회사를 현 상태로 유지하고 문제가 생기지 않도록 하며, 가능한 한 개인의 부를 축적하고자 한다.

이런 사람들은 우리가 원하는 경영진이 아니다. 우리는 자신의 이익보다 장기적인 관점에서 조직의 이익을 우선하는 경영자를 원한다. 이런 경영진의 구체적인 특징에 관해서는 뒤에서 이야기할 것이다.

비즈니스 가치를 높이는 핵심 요인을 아는가?

기업의 고위 임원은 자기 회사에 애착이 있어야 하지만 그것만으로는 훌륭한 경영진이 되기에 충분하지 않다. 탁월한 경영진과 유능한 경영진을 구별하는 중요한 기준은 장기적인 부 창출과 관련해 몇몇 핵심 지표를 정확히 이해하고 있는가다. 경영진은 앞 장에서 살펴본 다양한 유형의 경쟁우위를 잘 알아야 하지만, 이를 위해서는 정기적으로 공개되는 재무 관련 지표도 볼 줄 알아야 한다. 이런 재무 관련 지표는 회사의 질적 경쟁우위가 양적 경쟁우위로 얼마나 잘 전환되었는지, 시장의 성과로 얼마나 잘 나타났는지 평가하는 데 도움이 될 것이다.

결과를 한눈에 볼 수 있는 이런 지표를 활용하지 못하면 아무리 열정적인 경영진이라도 장기적으로 탁월한 성과를 내지 못할 것이다. 기업의 가치를 결정하는 이런 기본 방정식을 이해하지 못한 경영진은, 철도 기관차를 운전하고 싶어 하고 철도 기관사처럼 생각하고 행동할 준비가 되어 있지만 정작 기관차가 어떻게 작동하는지를 이해하지 못하는 사람과 비슷할 것이다.

독자들은 상장기업의 경영진 가운데 기업의 재무에 관해 제대로 알지 못하는 사람이 얼마나 많은지 안다면 또다시 놀랄 것이다. 대형 펀드 운용사 데이비스에서 일할 때 나는 우리 사무실을 방문한 CEO들에게 질문을 던지며 재무에 대한 감각을 시험하고는 했다. 그 질문에는 모든 경영자가 이해해야 할 핵심 지표인 ROIC에 관한 것도 있었다.

"당신은 매출과 이익의 성장, 그리고 ROIC 중 무엇이 더 중요합니까?"라고 물어보곤 했다. 이 장 후반부에서 설명하겠지만 정답은 ROIC다. 투자할 자본이 충분하다면 누구나 매출과 이익을 증대시킬 수 있다. 중요한 것은 투하자본에 대한 이익률이다.

대략 80%가 틀린 답변을 했다. 어떤 CEO는 상당히 오랜 시간 우물쭈물했다. 질문을 이해하지 못한 것이 분명했다. 그가 당황해하는 것 같아서 나는 주제를 바꾸었다. 또 어떤 CEO는 단정적으로 답했지만 정답이 아니었다. 그는 전혀 주저하지 않고 "매출과 이익입니다"라고 답했다. 그다음 날 그는 휴스턴의 본사에서 내게 전화를 걸어 생각이 바뀌었다며 ROIC가 더 중요하다고 말했다.

나는 그가 정답을 알게 된 것은 좋았지만, CFO가 알려주었을 가능성이 크기 때문에 한편으로는 씁쓸했다. CFO는 그런 원칙을 배웠으나 실무에 적용할 힘은 없는 경우가 많다.

데이비스에서 일하는 동안 우리 사무실을 가장 열심히 찾아오는 CEO들은 대개 성과가 나쁜 회사에 속했다. 그들은 대체로 '말발'이 뛰어나서 주가를 끌어올리는 가장 좋은 방법이 투자자들을 설득해 회사 주식을 사게 하는 일이라고 생각하는 것이 분명했다. 하지만 이런 전략은 결코 성공하지 못한다. 주식시장에서 주가의 성과는 시간이 흐름에 따라 비즈니스의 성과에 좌우되고, 비즈니스의 성과는 기업가치를 만들어내는 지표에 대한 집중력에 달렸다. 투자자를 설득하기 위해 그들의 사무실을 방문하는 일은 이런 지표 가운데 하나가 아니다.

이런 이유로 기업의 본질에 집중하는 경영진은 우리 사무실을 거의 방문하지 않았다. 회사를 경영하느라 너무 바쁘기 때문이다. 디아지오(Diageo)를 그저 그런 대기업에서 맥주와 위스키시장의 강자로 변화시킨 무뚝뚝한 영국 기업가 폴 월시(Paul Walsh)는 딱 한 번 방문했다. 100년이 넘는 허쉬(Hershey)의 역사에서 최초로 외부에서 영입된 CEO 릭 레니(Rick Lenny)는 정기적으로 방문했지만 그때마다 수행원 없이 홀로 왔다. 나는 이런 지표를 경영진의 우수성을 평가하는 비공식적인 리트머스 시험지로 이용하기 시작했다. CEO가 대동하는 수행원의 수가 그 회사의 주가 실적에 반비례하는 경우가 많았다. 휴렛팩커드(Hewlett-Packard) CEO인 칼리 피오리나(Carly Fiorina)는 언제나 대규모 팀과 함께 나타났다. 그뿐만 아니라 우리는 그녀가 방문할 것을 이미 몇 주 전부터 알고 있었다. 그녀는 방문할 때마다 경호를 위해 폭발물 탐지견을 미리 보냈기 때문이다. 피오리나의 재임 기간에 휴렛팩커드 주가 성과가 시장 평균에 크게 뒤처졌을 때도 전혀 놀랍지 않았다.

모범 사례 분석, 톰 머피

경영진 평가를 시작하는 가장 좋은 방법은 흔히 당신이 잘 아는 이들 중에서 평가하는 것이다. 당신 회사의 경영진일 수도 있고 당신이 속한 산업 분야의 경영진일 수도 있다. 당신이 잘 알고 있는 임원에게 관심을 기울이는 것은 불법적인 내부자 정보가 아니다. 이는 "당신이 잘 알고 있는 것에 투자하라"라는 피터 린치의 전략에서도 중요한 부분으로, 다만 당신이 잘 아는 '것'이 아니라 당신이 잘 아는 '사람'일 뿐이다. 일상생활의 경험에서 얻은 정보와 통찰은 증권 전문 변호사들이 말하는 투자의 '모자이크 이론(mosaic theory)'에 속한다. 이런 법률적인 원칙에 따라 투자자들은 여기저기서 단편적인 정보를 수집하고 투자 결론을 내리기 위해 이를 활용한다. 각각의 정보나 자료의 조각은 그 자체로 사소하지만 이 조각들을 한데 모으면 모자이크 타일들을 조합할 때처럼 하나의 그림이 완성된다.

경영진에 관한 단서가 될 타일 조각을 찾으려고 특정 산업에 종사해야 하는 것은 아니다. 1970년대 기업 행사 일을 했던 한 바텐더는 한 회사의 임원 모임에서 특정 경영진의 행동을 관찰한 후 그 회사 주식을 매수했다. 이것은 '상식을 통한 투자 명예의 전당'에 헌정되어야 마땅한 매우 단순한 추론이었다. 바텐더가 볼 때 그 기업 문화는 편안하고 가식이 없었으며 파티 때면 으레 눈에 띄는 아첨꾼도 없었다. 참석자들은 두려워하는 기색이 없었고 자신감이 넘쳐 보였다. 바텐더는 그것은 주목할 가치가 있는 점이라고 판단했다. 훗날 그는 이렇게 설명했다.

"나는 지금까지 많은 기업 행사에서 일했는데, 캐피털시티는 누가 사장인지 알 수 없는 유일한 회사였습니다."[*]

우리는 3장에서 캐피털시티에 관해 살펴보았다. 캐피털시티는 1958년 버핏이 상당히 큰 돈을 투자했던 지역 방송국이다. 버핏은 두 가지 이유로 캐피털시티의 주식을 대량 매수했다. 첫째는 비즈니스 품질과 관련이 있다. 20세기 후반, 방송은 광고주가 소비자에게 다가가기 위해 건너야 하는 유료 교량으로서 매우 훌륭한 비즈니스였다. 두 번째 이유는 경영진의 자질과 관련이 있다. 30년 동안 캐피털시티는 톰 머피가 경영했고 버핏은 머피를 철저하게 신뢰했기 때문에 버크셔 해서웨이가 보유한 캐피털시티의 지분에 대한 투표권을 머피에게 일임했다.

버핏은 "내가 경영진에 관해 알고 있는 것은 대부분 머피로부터 배운 것입니다"라고 말했다. 아마 우리도 무엇인가를 배울 수 있을 것이다.

검소하지만 구두쇠는 아닌가?

버핏이 이렇게 머피를 믿고 존경한 이유는 무엇일까? 우선 버핏은 정직성, 겸손함, 지성 등 머피의 자질을 높이 평가했는데, 이는 대부분

---

[*] 이를 비롯한 다른 많은 이야기가 윌리엄 손다이크(William N. Thorndike)가 쓴 《현금의 재발견(The Outsiders)》에 나온다. 이 책은 CEO의 자질을 평가하는 참고서로 내가 읽어본 중 최고의 책이다.

이 높이 평가하는 자질이다. 버핏은 바텐더가 주목한 것처럼 겸손하고 중앙집권적이지 않으며 '권한을 내려놓는' 기업 문화 역시 높이 평가했다. 그러나 버핏이 가장 좋아하는 장점은 머피가 회사 지분을 1% 이상 보유한 적이 없었지만 늘 기업의 소유주처럼 '행동하는' 점이다. 구시대적 의미에서 관리 책임자 정신을 타고난 머피는 기업의 진정한 주인인 주주의 이익을 가장 중요하게 생각했다.

그런 정신은 우리가 가장 중시해야 할 경영진의 자질이어야 한다. 고맙게도 이런 자질은 매우 특이해 쉽게 눈에 띈다. 주주들에 대한 머피의 헌신은 노이로제에 가까울 정도의 검소함에서 잘 드러났다.

머피가 뉴욕주 올버니시에 있는 WTEN방송국을 운영할 때였는데, 사장이 그에게 낡은 방송국 건물의 외벽을 도색하라고 지시했다. 머피는 길을 마주한 두 외벽만 칠하고 고속도로 쪽을 향한 두 면은 그대로 두었다. 머피는 캐피털시티의 CEO에 이어 그보다 훨씬 규모가 큰 캐피털시티/ABC의 CEO가 된 이후에도 절약 정신에는 변함이 없었다. 캐피털시티에 인수되기 전 뉴욕의 ABC사 임원들은 밤마다 전용 기사가 운전하는 리무진을 타고 퇴근했다. 머피가 ABC를 인수하자 그들은 머피가 하듯이 택시를 타고 다녔고, LA 출장을 갈 때도 머피와 똑같이 항공기 일반석에 탑승했다.

이 일화에서 머피는 검소하지만 구두쇠는 아니라는 점에서 배울 점이 있다. 중요한 예산 항목에 관해서는 방송계에서 머피보다 더 많은 돈을 쓴 사람이 없었다. 이런 성향은 탁월한 경영진을 나타내는 또 다른 중요한 지표다. '훌륭한 경영진은 효율을 극대화하도록 지출 목표를 세

운다.'

머피의 사례에서 알 수 있는 것처럼 효율적인 지출이란 외부 벽은 칠하지 않은 채 두고 내부 뉴스룸에 아낌없이 돈을 쓰는 것을 뜻했다. 머피는 TV 방송국의 수익성을 어떻게 하면 더 높일 수 있는지 생각했다. 적어도 단기적 관점에서 비용을 절감하는 것이 도움이 되겠지만 장기적으로 보면 지역 TV 방송의 이익은 광고 유치와 관련이 있다. 예산을 줄이면 캐피털시티의 광고 수주 능력이 저하될 것이고, 좀 더 공격적인 예산 집행이 나은 방법이었다. 머피는 저녁뉴스를 장악하는 방송국이 저녁 시간 전체를 장악한다는 것을 알았다. 저녁 6시 방송을 켜면 잠자리에 들기 전까지 그 채널을 계속 시청하는 경향이 있기 때문이다. 가장 많은 시청자를 확보한 방송국이 지역의 자동차딜러와 슈퍼마켓으로부터 가장 많은 광고비 지출을 끌어낼 것으로 머피는 생각했다.

지역뉴스시장의 지배적 사업자가 되려면 가장 우수한 뉴스 인재들을 확보하고 가장 멋진 뉴스 스튜디오를 만드는 데 돈을 써야 했다. 일단 인력과 장비가 가동되면 비용 구조는 고정되는 반면 경쟁자를 제치고 따낸 광고 수익은 100% 이익으로 잡힌다. 머피는 이 사실을 너무도 잘 알았다.

머피의 전략은 실행에 옮겨졌고 그의 접근 방식이 옳았음이 입증되었다. 캐피털시티가 뉴스룸에 쓴 지출은 업계에서 가장 많았지만 이익률도 가장 높았다. 지역 방송국의 평균 영업이익률이 25%인 가운데 머피의 방송국은 그 두 배를 벌었다.

주주가치의 동력을 이해하는가?

캐피털시티의 이익률이 보여주는 것처럼 머피는 시장 수익률을 앞서는 성과를 내는 기업을 어떻게 만들어야 하는지를 알았다. 머피는 캐피털시티를 방송업계의 거대 기업으로 성장시켰을 뿐만 아니라, 재임하는 동안 회사 주가를 시장 평균 복리 수익률의 2배 이상 올리는 성과를 달성했다.

하지만 역설적으로 성공적인 재무 성과를 달성하는 방법은 기업 재무 구조에 관한 세부 사항에 집중하는 것과는 별로 상관이 없다. 유능한 경영진과 탁월한 경영진을 구분하는 것은 가치 창출에 대한 추상적이면서도 수리적인 이해의 영역이다. 훌륭한 경영진은 방송사업이든 소형장비사업이든 분야를 가리지 않는다. 그들은 자기 비즈니스에 대한 애정보다 주주를 부유하게 만들기 위한 광범위한 헌신을 더 중요하게 생각한다. 회사에 대한 개인적 애착이 없는 경영진은 의사결정에서 좀 더 냉철한 시각을 가지게 된다. 이런 측면에서 훌륭한 경영자는 투자에서 원칙을 지키는 가치투자자와 비슷하다. 하이코의 래리 멘델슨 같은 훌륭한 경영자의 주요 업무는 현금흐름을 창출하는 일이다.

최고의 경영진은 손익계산서에서의 비용 지출과 장기적 자본 투자를 모두 담아내는 지표, 즉 ROIC에 집중한다. 다양한 방식으로 측정 가능한 ROIC 계산법을 모두 알 필요는 없다. 하지만 장기투자 대상 기업 중 승자를 고르는 데 진지하게 고민하고 있다면 ROIC가 무엇이고 왜 중요한지를 이해해야 한다.

세후순영업이익 ÷ 투하자본 = 투하자본이익률(ROIC)

분자인 '세후순영업이익'은 이자를 무시하고 기업이 얼마나 많은 이익을 얻었는지를 나타낸다. 이것이 ROIC 공식에서 규정하는 '이익'이다. 분모인 '투하자본'은 분자에서 규정한 이익을 얻기 위해 기업이 투자했던 돈의 양을 나타낸다.

우리가 아이들에게 주말에 레모네이드 가판대를 차릴 수 있게 25달러를 주었다고 가정해보자. 25달러는 아이들의 자본이다. 아이들은 이 돈을 가지고 레몬, 설탕, 종이컵 등을 사서 장사를 시작한다. 부모는 대개 아이들이 그렇게 한 것에 만족한다. 하지만 재무적으로 관심이 있는 부모라면 장사를 끝낸 일요일 밤에 여러 가지 질문을 할 것이다. "우리는 너희 레모네이드사업에 25달러를 투자했어. 우리 투자금에 대해 이익은 얼마니? 얼마를 벌어서 얼마를 남겼니? 1달러? 2달러 50센트? 5달러?"

1달러 이익의 ROIC는 4%(1달러 ÷ 25달러)인데 이는 형편없다. 2달러 50센트 이익의 ROIC는 10%로 평균 정도다. 5달러 이익의 ROIC는 20%로 탁월한 성과다. 하이코의 ROIC가 이런 수준이다.

자녀에게 이런 질문을 한다면 유별난 부모라는 소리를 들을 수 있다. 그러나 최고의 경영자만이 알 수 있는 비밀을 가르쳐준 것이다. 상당한 기간에 최소한의 자산으로 더 많은 이익을 창출하는 것이야말로 장기간에 걸쳐 성공적인 비즈니스를 이끌어가는 핵심적인 정량적 척도다. 머피가 이야기한 것처럼 "목표는 가장 긴 기차를 소유하는 것*이 아니라, 가장 적은 연료로 목적지에 가장 먼저 도착하는 것**이다."

다만 이익이 많으면 경쟁자가 생긴다는 사실을 알아야 한다. 아이들이 토요일에 5달러의 이익을 벌었다면 이렇게 질문할 수 있다. "이웃집 아이들이 그것을 알고 일요일에 길 건너편에 가판대를 만들었니?" "이웃집 아이들이 너희보다 싸게 팔았니? 그렇다면 너희는 가격 인하에 어떻게 대응했니?" "너희 브랜드가 워낙 좋아서 아무 고객도 그쪽으로 안 갔니? 아니면 광고판에 투자하기 위해 더 많은 자본이 필요했니?"

레모네이드 가판대든, 풍력발전소든, 데이팅앱이든 상관없이 이익을 최대화하기 위해 어떻게 회사 자금을 쓸지를 결정하는 기술을 '자본배분(capital allocation)'이라고 부른다. 이런 어렵고 재미없는 용어 때문에 낙심해서는 안 된다. 핵심은 자본배분 방법을 잘 아는 경영진을 찾아내는 것이다. 일상적 업무를 처리할 줄 아는 경영진은 많지만, 자본을 적절히 배분할 줄 아는 경영진은 드물다.

기업 인수에는 막대한 자본이 투입되기 때문에 자본배분에서 중요한 점은 인수합병에 참여할지 여부와 시기, 방법을 아는 것이다. 머피는 그 방법을 잘 알았다. 머피가 캐피털시티/ABC를 경영할 때 방송산업은 소수의 방송국을 중심으로 통합하는 시기였다. 머피는 언제 통합에 참여하고 언제 통합에 나서면 안 되는지 잘 알았다. 훌륭한 투자자

---

* 많은 자산을 소유하는 것을 뜻함. – 옮긴이
** 적은 자원을 활용해 성공하는 것을 뜻함. – 옮긴이

처럼 그도 종종 미스터 마켓이 저렴한 가격으로 살 기회를 주기를 기다렸다. 이런 기회는 광고시장이 축소되고 방송사 이익도 일시적으로 감소하는 경기 침체기에 나타났다. 머피는 미디어회사 입찰에 수십 번 응했지만 최고가를 써낸 적이 없어 단 한 번도 성공하지 못했다.

경영자가 자기 소유의 회사 주식을 낭비하는지 아끼는지도, 우리가 사용해야 할 리트머스 시험지다. 합병 대가를 주식으로 지급하는 것은 종종 ROIC와 개별 주주의 소유 지분 비율에 악영향을 끼친다. 발행 주식 총수가 100주인 회사의 주식 5주를 소유하고 있다면 회사의 5%를 소유하게 되지만, 회사가 100주를 추가로 발행하면 소유 지분 비율은 2.5%로 줄어든다. 머피는 회사 주식을 사용해 다른 회사를 인수한 적이 없고 차입금으로 거래를 진행했으며, 거래가 완료된 뒤에는 캐피털시티의 현금흐름을 이용해 차입금을 상환했다.

머피는 매력적인 인수 대상을 발견하지 못할 때는 자신이 가장 잘 아는 회사, 즉 자기가 소유한 회사인 캐피털시티의 주식을 매수하곤 했다. 자사주 매입은 주식 발행과는 반대여서, 유통 주식의 수를 줄이고 주주들의 소유 지분 비율을 높인다. 이것은 기업의 ROIC를 높이는 데도 매우 탁월한데, 기업이 잉여현금을 자사주 매입에 사용하면 기준이 되는 자기자본이 줄어들기 때문이다. 30년 동안 머피는 공개시장에서 캐피털시티 주식을 50% 가까이 사들였다. 이런 방식은 미스터 마켓이 주식을 할인 가격으로 판매할 때 다른 미디어회사를 사는 것과 비슷했다.

머피는 또 자신이나 동료 직원들에게 스톡옵션을 거의 부여하지 않았다. 그는 모든 스톡옵션 부여가 기존 주주들의 소유 지분 비율을 희석한다는 사실을 알고 있었다. 경영진이 자신들은 말할 것도 없고 직원들에게 어떻게 스톡옵션을 부여하는가를 살펴보는 것도 경영진을 검증하는 훌륭한 방법이다. 이를 통해 '불의한 청지기'와 '선한 청지기'를 구별할 수 있다. 버핏은 해마다 스톡옵션이나 양도제한 조건부 주식(restricted stock unit)*으로 발행 주식의 1% 이상을 부여하거나 발행하는 기업은 과다한 보상을 하는 것이라고 말했다. 버핏의 논리는 분명하다. 기업이 1년에 10%씩 성장하고 직원들이 해마다 2%의 주식을 받는다면 실제로는 매년 성장의 20%를 선물로 챙기는 셈이다. 캐피털시티에서 일하는 동안 머피가 직원들에게 보상으로 지급한 주식이 연평균 1%대였다는 사실은 놀라운 일이 아니다.

나는 개인적으로 버핏의 1% 원칙이 바람직하다고 생각하지만 테크기업을 이 기준에 제한하기란 매우 어렵다는 것을 알게 되었다. 해마다 주식의 3~5%를 직원들에게 지급하는 테크기업도 많다. 이는 버핏과 머피가 당황하거나 비난할 정도의 지나친 보상이다.

이런 혜택들은 낭비고 과잉이지만 많은 테크기업이 어떻게 회사를 출정시켰는지에 관한 관점에서 보아야 한다. 대부분의 테크기업은 거의 현금 부족 상태에서 시작하기 때문에 그들이 제공할 수 있는 유일한, 현금화 가능한 보상은 스톡옵션이다. 테크기업이 미국의 평균적인 기업보다 훨씬 더 빠르게 성장한다는 사실은 스톡옵션 부여에 대해 정

---

* 특정 목표를 달성하면 기업이 임직원에게 보상으로 주는 주식으로, 일정 기간은 매도할 수 없음.
  – 옮긴이

상 참작할 또 다른 요인이다.

하지만 우리는 테크산업 분야에서 무분별한 스톡옵션 부여에 주의를 기울여야 한다. 일론 머스크는 천재적인 엔지니어다. 그러나 나는 그의 회사에 단 한 푼도 투자하지 않을 것이다. 머스크와 그의 이사회는 주주들을 존중하지 않는 모습을 보여주었다. 2018년 테슬라 이사회는 머스크에게 2,000만 주의 스톡옵션 부여안을 승인하면서 '머스크가 장기적으로 테슬라를 계속 이끌어가도록 장려하기 위한' 조치라고 설명했다. 그 당시 23억 달러 가치의 스톡옵션은 기존 주당 가치를 12% 희석시켰고 스톡옵션의 부여 이유도 어처구니가 없었다. 머스크는 이미 회사 전체 주식의 20%가 넘는 4,000만 주를 보유하고 있었다. 머스크가 테슬라를 잘 경영하도록 만들기 위해 유인책이 더 필요했을까?

법원은 고맙게도 '신탁 의무 위반'과 변호사들의 전략적이고 세심한 표현처럼 '부정 축재'라는 혐의로 주주들이 테슬라에 대한 소송 제기를 허용해왔다.

구경제와 신경제를 잘 조합할 줄 아는가?

머피의 일화는 교훈적이고 영감을 주지만 과거의 이야기다. TV 방송국은 과거의 경제·문화적 영향력을 되찾지 못할 것이다. 방송은 디지털시대에 의해 대체되는 많은 영역 가운데 하나다.

다행스럽게도 머피의 지혜는 가치 3.0 기업을 경영하는 소수의 경영자에게 여전히 남았다. 이런 경영자들은 머피와 비슷한 자질을 갖추고 있어서 정직하고 수탁자의 책무를 알고 있으며 부를 창출하는 데 뛰어나다. 이번에는 디지털경제시대에 맞는 특성을 이해하는 데 도움이 되도록 아마존의 창업자 제프 베이조스를 예로 들어 설명하려고 한다.

베이조스와 다른 테크기업가들의 가장 큰 차이점은 20대 초반의 경력에 있다. 거의 모든 테크기업의 창업자는 컴퓨터학과를 졸업해 곧바로 회사를 차렸기 때문에 재무에 대한 이해가 부족했다. 반대로 베이조스는 전문 경력을 헤지펀드에서 쌓기 시작했다. 월스트리트에서 일하는 동안 베이조스는 ROIC 같은 중요한 정량적 지표의 중요성을 알게 되었다. 그는 또 미스터 마켓 같은 정성적이고 경험 기반의 중요한 지표들도 익혔다. 버핏 추종자인 베이조스는 재무 원리를 잘 이해했고 이에 따라 아마존을 설립했지만, 전자공학 전공자로서 디지털 영역에 관해서도 잘 알았다. 전통적인 재무 원리에 현대적인 이커머스 지식을 접목함으로써 베이조스는 세계 최고의 갑부가 되었다.

아마존을 경영하는 첫날부터 베이조스는 소유주처럼 생각하고 행동할 준비가 되어 있었고 그 방법 또한 확실히 알았다. 서른 살에 불과한 베이조스가 신경제와 구경제의 원리를 조합하는 방법을 잘 알았다는 사실은 첫 번째 주주 서한에서 잘 드러난다. 1951년 버핏이 〈커머셜 앤드 파이낸셜 크로니클〉에 기고한 가이코 분석 글처럼 베이조스의 주주 서한은 재무에 대한 무지와 월스트리트의 단기적 사고방식에서 독립하겠다고 천명한 놀라운 독립선언문이었다. 베이조스는 이 서한을 매우 중요하게 생각해 이후 아마존의 모든 연례보고서에 반복해 수록했다. 여기서 베이조스는 단 1,500개의 단어로 거의 모든 측면에서 경영진에게 필요한 자질을 검증하고자 한다.

다음에 소개하는 주주 서한의 핵심 내용을 읽고 그 개념을 자신의 것으로 만든다면 당신도 베이조스와 비슷한 사고방식과 경영 철학을 가진 테크기업의 경영진을 식별할 능력을 갖추게 될 것이다.

- 소유주(owner)처럼 생각하고 행동하라.

"아마존의 성공은 헌신적이고 열정적인 직원들을 고용하고 유지하는 우리 경영진의 능력에 큰 영향을 받는다. 전 직원이 기업의 소유주처럼 생각하고 실제로 소유주가 되어야 한다."

- 분명한 목표를 가지고 현명하게 지출하라.

"우리는 현명한 지출과 낭비 없는 기업 문화를 유지하기 위해 헌신할 것이다. 순손실이 발생하는 비즈니스에서 비용에 민감한 문화를 지속적으로 강화하는 것이 중요함을 이해한다."

- ROIC 같은 재무적 지표와 경쟁우위 같은 질적 척도의 상호 작용을 이해하라.

"우리는 성장, 장기적 수익성, 자본관리를 균형 있게 추구할 것이다. 현 단계에서는 아마존 비즈니스 모델의 잠재력을 실현하기 위해 규모가 중요하다는 것을 알기 때문에 성장을 가장 중요하게 생각한다."

돈은 빅테크로 흐른다

• 퍼스트무버의 경쟁우위와 규모의 경제를 실현하라. 그리고 이를 통해 더 높은 ROIC 달성을 위해 노력하라.

"시장 지배력이 강할수록 우리의 경제 모델도 그만큼 강력해진다. 시장 지배력은 더 많은 매출, 더 높은 수익성과 직접 연결된다. (…) 결과적으로 투하자본에 대한 더 높은 이익률로 이어진다."

• 장기적 관점에서 투자하라.

"우리는 단기 수익성이나 월스트리트의 단기 반응이 아니라 장기적인 시장 지배력의 관점에서 지속적인 투자 결정을 내릴 것이다."

• 주식시장에서 장기적 성공이라는 잣대로 자신을 판단하라.

"우리 성공의 근본 척도는 우리가 장기간 창출하는 주주가치가 될 것이라고 믿는다. 이 가치는 현재 시장에서 우리의 지배적 위치를 확대하고 강화하는 능력의 직접적인 결과가 될 것이다."

후속 서한에서도 베이조스의 남다른 원칙과 수준 높은 지식이 잘 어우러져 빛을 발했다. 그는 2014년 서한에서 다음과 같이 말했다.

꿈같은 사업은 적어도 4가지 특징이 있습니다. 고객들이 좋아하고, 매우 큰 규모로 성장할 수 있고, ROIC가 높고, 시간이 지나도 변함없을, 수십 년간 지속될 잠재력이 있습니다. 이 특징들 가운데 하나를 발견하면 관심만 보이지 말고 전력을 다해 추진해야 합니다.

이것이야말로 진정한 가치 3.0이다. 그는 2020년 서한에서 "고객을 위해 가치를 창출하지 못하는 비즈니스는 겉으로 성공한 듯 보여도 오래가지 못합니다. 그런 비즈니스는 조만간 사라질 것입니다"라고 말했다.

CEO의 급여와 주가의 상관관계

몇몇 사람은 베이조스가 직원들을 너무 힘들게 한다고 불평한다. 그 말이 사실일지도 모른다. 다른 한편으로 베이조스는 자신에게 요구하지 않는 사항을 다른 이에게 요구하지 않는다. 그는 주주가치를 창출하려는 의욕이 넘치고 어떻게 해야 하는지 잘 알고 있다. 머피처럼 베이조스는 자신에게 넉넉한 보상을 하지 않는다. 머스크와 달리 베이조스는 스톡옵션을 부여받은 적이 없다. 베이조스는 아마존 지분 10%를 소유하고 있고 이는 2022년 현재가치로 대략 1,700억 달러에 상당한다. 그는 이 정도로도 충분히 성과를 보상받았다고 생각한다. 직원들이 받을 스톡옵션의 주식 수를 유통 주식 가운데 관리가 가능한 1~2% 수준으로 유지하는 것도 매우 인상적이다.

아마존이 최근 SEC에 제출한 최종위임장설명서(Form DEF-14A)에 따르면 베이조스는 연간 보수로 170만 달러를 받았는데, 여기에는 160만 달러에 달하는 경호 비용이 포함되었다. 2020년 베이조스의 실제 현금 급여는 8만 1,480달러로, 25년 전 첫 현금 급여보다 고작 3%

많은 액수였다. 반면 같은 기간 아마존의 주가는 21만 9,900% 상승했다. 베이조스의 급여는 연 0.1%씩 복리로 증가했지만, 그가 보유한 아마존 주식은 연 38%씩 복리로 상승했다.

7장

가치 3.0의 가치평가 도구

2021년 베이조스는 스스로 아마존의 회장 자리에 올랐다. 그는 CEO였을 때도 재무적으로 능통한 임원들과 마찬가지로 몇몇 단순한 지표를 참고해 자신이 얼마나 많은 주주가치를 창출하고 있는지를 알아보곤 했다. 베이조스가 가장 중요하게 생각한 지표는 투하자본이익률(ROIC)과 이익률이었다. 그러나 베이조스가 단지 재무제표의 보고된 숫자에만 의존했다면 이미 오래전에 아마존은 문을 닫아야 했을 것이다. 아마존 역사에서 3분의 1 기간은 ROIC와 이익률이 마이너스였다.

많은 테크기업 경영자처럼 베이조스도 아마존의 비즈니스가 실제로 어떤 상태인지 살펴보기 위해 재무제표를 조정해야 했다. 아마존 같은 테크기업이 창출하는 가치를 제대로 포착하려면 우리도 같은 일을 해야 한다.

아마존은 흑자 전환 후 어려움 없이 양호한 ROIC를 냈는데, 다른 이들의 돈으로 거대한 유통 네트워크를 구축했기 때문이다. 기업이 공급업체에 구매대금을 지급하기 전에 고객들로부터 돈을 받는 일종의 '네거티브 운전자본(negative working capital)' 덕분에 가능한 일이었다. 아마존 고객은 상품 대금을 즉각적으로 결제하지만, 아마존은 시장 지배력을 이용해 출판사와 가전제품 제조사 등 모든 공급업체에 구매대금을 늦게 지급한다. 그 결과 아마존은 유출되는 현금보다 유입되는 현금이 더 많은 플라이휠(네거티브 운전자본)을 가진다. 네거티브 운전자본을 보유할 정도로 운이 좋은 기업들은 이를 활용해 다양한 영업활동에 자금으로 투입한다.

하지만 이익을 낼 때조차 아마존 주식은 PER 기준으로 항상 비쌌다.

[표 7-1] 언제나 비싼 아마존 주식

아마존 PER vs. 시장 PER

N/A= 이익 없음

	1997	1998	1999	2000	2001	2002	2003	2004
아마존	N/A	N/A	N/A	N/A	N/A	N/A	**214배**	**89배**
S&P500	22배	26배	30배	27배	23배	24배	20배	19배

	2005	2006	2007	2008	2009	2010	2011	2012
	36배	**61배**	**152배**	**65배**	**60배**	**52배**	**81배**	**167배**
	17배	16배	17배	19배	18배	14배	15배	14배

	2013	2014	2015	2016	2017	2018	2019	2020
	734배	**529배**	N/A	**569배**	**197배**	**373배**	**94배**	**120배**
	16배	18배	18배	20배	21배	20배	19배	24배

	평균
아마존	**211배**
S&P500	22배

자료: FactSet

[표 7-1]을 보면 이런 사실을 알 수 있다. 이 표는 1997년부터 2020년까지 매년 6월 30일의 아마존 주가를 그해의 주당순이익(EPS)으로 나눈 주가이익배수(PER)를 보여준다. 아마존 주식은 시장 평균보다 평균적으로 거의 10배 비쌌지만, 기업공개 이후 주가가 2,300배 넘게 올랐다. 시장의 총수익률은 8배밖에 오르지 않았다.

아마존과 S&P500의 이 같은 큰 차이는 다음 두 가지 궁금증을 불러일으킨다.

- 시장 평균보다 10배 이상 비싼 주식이 어떻게 시장보다 거의 300배 좋은 성과를 기록했을까?
- 나는 가치투자자로서 주가가 계속해서 몹시 비싸 보이는 주식 보유를 어떻게 정당화할 수 있을까?

이런 질문에 대한 답변은 가치투자가 테크기업의 가치를 제대로 포착하지 못한 이유를 밝히는 데 상당히 큰 도움이 된다. 또 전통적인 방식의 가치투자를 개선해 가치투자 전략이 디지털 세계에서도 효과를 발휘할 수 있도록 이끌 것이다.

가격은 가치 3.0의 분석 방법에서도 여전히 필수적인 요소다. 나는 성장주 투자자들처럼 가격을 무시하고 비즈니스의 미래 성장 가능성에 초점을 맞추어야 한다고 주장하는 것이 아니다. 테크기업의 주가가 계속 상승할 것이기 때문에 추세 추종 전략의 일환으로 테크기업을 사야 한다는 것도 아니다. 가치투자자의 관점에서 보면 가격은 언제나 비싸서 최고의 기업조차 그만한 가치가 없을 것이다. 방이 많고 센트럴파크(Central Park) 조망도 좋은 5번가의 펜트하우스를 좋아할 수 있다. 하지만 50억 달러를 요구하면 사지 않는 것이 현명하다.

그러나 가치투자자로서 디지털시대가 어떻게 부를 창출하는지를 확실하게 설명하는 수리적 표현이 없다는 사실을 인정하는 것도 중요하다. 가치 척도로는 비싸 보이지만 시장 평균보다 높은 수익률을 기록한 기업이 아마존만은 아니다. 크고 작은 테크기업 수백 개가 이익이 아주 적거나 아예 없지만 시장보다 높은 이익률을 기록했다. 가치투자자는 이런 사실을 인지하고 가치투자가 테크기업을 분석하는 데 필요한 도구를 갖추지 못했다는 사실을 받아들일 필요가 있다. 이런 현실을 먼저 인정한 후에 분석의 틀을 재고해서 어떤 것이 여전히 효과가 있고, 어떤 것이 쓸모가 없는지, 그리고 어떤 것을 수정해야 하는지를 결정할 수 있다.

재고해야 할 가치평가 도구

PBR과 기타 자산 기반의 가치 측정법

버핏은 기업의 자산이 아니라 이익으로 가치평가의 초점을 옮기면서 스승인 그레이엄의 분석법에서 멀어졌고 가치투자를 1.0에서 2.0으로 업그레이드했다. 그 이후로 경제가 경질자산과 유형자산에 대한 의존도를 낮추어가면서 그레이엄의 자산 기반 접근 방식은 점점 더 유용성이 떨어지기 시작했다.

하지만 얼마나 많은 가치투자자가 아직도 과거의 자산 기반 원칙을 고수하고 있는지 안다면 놀랄 것이다. 최근 나는 세계 최대의 자동차시트 제작사 애디언트(Adient)를 매수하라고 권고하는 보고서를 읽었다. 공장과 재고자산의 가치에 비해 주가가 싸다는 것이 매수를 추천한 이유였다. 이 보고서의 작성자는 애디언트가 속한 산업이 성숙하고 범용 시장화되었으며 경쟁이 치열하다는 사실을 투자자가 무시하기를 바라고 있었다. 순이익률은 낮은 한 자릿수였고 지난 수년 동안 ROIC도 평균 이하였다. 많은 자산을 투입하지 않는 오늘날의 경제 환경에서 낡고 수익성이 떨어지는 비즈니스에 투자를 고려하는 것은 자기 학대처럼 보인다.

그레이엄의 자산 기반 접근법을 재고하면 부수적인 효과도 얻을 수 있다. 가치투자에 대한 그레이엄의 영구적인 공헌과 일시적인 공헌을 구분하게 되는 것이다. 즉 그레이엄의 진정한 유산은 구체적인 투자의 규율을 제시한 것이 아니라 '투자의 규율이라는 개념' 자체를 처음 소개한 것이다.

규율과 엄격함은 언제나 변함없이 중요하지만 그 세부 사항은 유연하고 변할 수 있다. 세상이 바뀌면 세부 사항도 변해야 하는 것이다. 한때는 자본 집약적인 공장이 세계 경제 가치의 대부분을 견인하는 원동력이었지만 더는 그렇지 않다. 오늘날의 경제는 소프트웨어가 주도한다. 소프트웨어는 이익 흐름을 대규모로 창출하는 데 필요한 자산이 거

돈은 빅테크로 흐른다

의 없으므로, 물리적 자산은 거의 무의미해졌다.*

그러나 자산 기반의 접근 방식을 영영 폐기해야 한다는 주장 또한 틀렸다. 시장이 극심한 스트레스를 받는 시기에 기업은 종종 자산가치에 비해 매력적인 가격에 팔린다. 닷컴버블이 붕괴한 시기에 나는 보유 현금과 실리콘밸리의 부동산을 합친 청산가치만 주고 애플을 매수했다. 2009년 시장이 극심한 공포에 빠지자 나는 견고한 중견 시계 브랜드인 모바도(Movado)를 유동자산에서 총부채를 뺀 가치보다 낮은 가격에 매수했다. 금융위기 덕분에 나는 오늘날 생태계에서 그레이엄이 말하는 가장 희귀종인 '넷넷' 기업을 찾아냈다.

따라서 정상적인 환경에서는 자제해야 하지만 미스터 마켓이 깊은 늪에 빠졌을 때는 고이 간직해두었던 자산가치 평가법을 이용할 수 있다.

평균회귀

경제 환경이 크게 변하지 않았을 때 "이번에는 다르다"는 투자자에게 매우 위험한 말이다. 이런 시기에 각 산업 분야는 투자자들의 관심을 받기도 하고 관심에서 멀어지기도 하지만 결국에는 정상으로 돌아간다. 그래서 시장을 이기는 방법은 다양한 분야에서 순환매매를 하는 것이다.

---

* 이 주제를 다룬 많은 책 가운데 조너선 해스컬(Jonathan Haskel)과 스티언 웨스틀레이크(Stian Westlake)의 《자본 없는 자본주의(Capitalism without Capital)》를 추천한다.

하지만 21세기 초 어느 시점에서 디지털시대가 돌이킬 수 없는 대세로 자리 잡으면서 "이번에는 다르다"라는 말은 위험한 것이 아니라 정확한 표현이 되었다. 기술이 과거에 신뢰할 수 있었던 많은 산업을 파괴하고 대부분의 구경제를 공격하는 것처럼 느껴졌다. 티로프라이스(T. Rowe Price)의 포트폴리오매니저 데이비드 지루(David Giroux)가 계산한 바에 따르면, S&P500에 속한 비테크기업의 시가총액 가운데 최소한 3분의 1이 기술의 변화에 의해 사라질 위험에 처했다. 나는 이 수치가 2분의 1에 가까울 수도 있을 것으로 생각한다.

이렇게 급변하는 세계에서 모든 상황이 정상(normal)으로 돌아갈 것이라는 예상에 따라 투자하는 것이 어떻게 합리적인 전략이 될 수 있을까? 오프라인 소매점과 TV 방송 같은 전통적인 산업이 어떻게 '정상'으로 돌아갈까? 반대로 경쟁우위를 갖추었고 시장 점유율은 한 자릿수에 불과해 성장 잠재력이 큰 테크기업의 '정상'은 무엇을 의미하는 것일까? 많은 테크기업이 역사적 평균을 중심으로 진동하는 것이 아니라 중력권 이탈 속도에 도달하고 있다는 표현이 더 정확한 분석이 아닐까?

유지하되 수정해야 할 도구

버핏의 가치 2.0과 마찬가지로 가치 3.0도 현금흐름을 가치평가의 나침반으로 삼고 있다. 80여 년 전에 쓴 존 버 윌리엄스의 《투자 가치이론》에서 비즈니스의 가치는 적절한 금리로 할인한, 미래에 발생할 잉여현금흐름의 현재가치의 합이라는 주장은 여전히 유효하다. 하지만 현실적 측면에서 수년 후의 현금흐름을 예측하는 것은 불가능하고 결국은 무용한 일이 된다. 미래는 예측 불가능한 데다 특정 기간을 넘어서는 미래는 미지의 것이다. 그래서 당기순이익에 근거, 가격 대비 가치 방정식을 표현하는 데 PER이 가장 인기 있는 단순한 지표가 된 것이다. 즉 내가 현재 눈으로 볼 수 있는 순이익이 'Y달러'인 기업을 'X달러'를 주고 사는 것이다. 눈에 보이는 이익 이외의 다른 모든 것은 불확실하다.

하지만 분명한 것은 당기순이익에 기초한 PER은 테크기업이 창출한 가치를 제대로 담아내지 못한다는 것이다. 제대로 담아냈다면 가치 2.0의 투자자들은 지난 20년 동안 아마존, 알파벳 같은 기업에 투자해 엄청난 성공을 거두었을 것이다. 하지만 가치투자를 지향하는 대부분의 펀드매니저는 테크주들이 비싸다고 콧방귀를 뀌다가 시장보다 저조한 투자 성과를 기록했다. 투자 방식을 시대의 변화에 맞춰 변용하지 않았기 때문에 가치투자자들은 거의 한 세대에 걸쳐 창출된 부를 놓친 것이다.

2010년대 중반, 나는 시장보다 못한 성과를 낸 후에 PER이라는 기준을 면밀하게 분석했다. PER에 기초한 접근법이 왜 쓸모가 없었고, 다시 훌륭한 투자 방법이 되려면 어떻게 수정해야 하는지를 알아내려고 노력했다. 그리고 마침내 두 가지 중요한 측면에서 PER의 기준을 수정했다.

첫째, 올해나 다음 해의 이익만 보는 것이 아니라, 향후 몇 년의 이익을 내다보는 것이다. 이런 분석 방식은 '미래'에 대한 막연한 희망에 근거한 것도, 10년 후 또는 5년 후를 예측하라는 말도 아니다. 그렇게 먼 미래에 어떤 일이 벌어질지 아무도 알 수 없다. 다른 한편, 어떤 테크기업은 강력한 해자를 갖추었고 성장 궤도의 초기에 있어서 2~3년 후에 비즈니스가 어떻게 진척될지 예측하는 것이 합리적인 경우도 있다. 앞으로 36개월 동안 알파벳의 성장성은 얼마나 될까? 에어비앤비, 도큐사인(DocuSign), 어도비, 그 외 수십 개 테크기업이 시장 점유율을 계속해서 높여나갈 가능성은 얼마나 될까? 합리적 판단을 하는 이라면 대체로 이런 기업들이 앞으로 2~3년 동안 계속 성장할 가능성이 크다는 점에 동의할 것으로 생각한다.

둘째, 4장에서 캠벨과 인튜이트를 비교하면서 소개한 어닝파워 개념을 포함해 좀 더 근본적이고 극적인 방법이다. 캠벨의 비즈니스는 성숙 단계에 있어 수확하는 시기지만 인튜이트는 그렇지 않다. 더딘 성장에 직면한 캠벨은 현재의 모든 자원을 최대로 짜내 가능한 한 많은 돈을 벌어들이고 있다. 반대로 인튜이트는 미래의 이익을 위해 수십억 달러를 영업과 홍보 그리고 연구개발에 투입하고 있다. 인튜이트의 투자는 사업적 측면에서 타당성이 있지만 재무제표상의 이익은 악화되었다.

이런 공격적인 지출은 테크기업들 사이에서는 일반적이다. 페이스북, 알파벳, 아마존, 애플, 마이크로소프트 5개 회사는 2020년 총 1,250억 달러의 연구개발비를 지출했는데, 뉴욕주와 캘리포니아주를 제외한 미국의 다른 어떤 주정부 예산보다 많은 액수다. 결과적으로 많은 테크기업의 이익은 인튜이트와 비슷한 양상을 보인다. 즉 이익을 의도적으로 축소한 것이다. 예를 들면 재무제표에 나타난 월마트의 이익은 아마존 이커머스 이익의 3배에 달한다. 오프라인 소매점의 수익성이 테크기업보다 3배나 높다는 것을 누가 믿겠는가? 수천 개 매장의 수백만 직원에게 급여를 주는 월마트가 온라인으로 거래하는 아마존보다 3배 많은 이익을 낸다는 것이 말이 되는가? 재무제표에 보고된 아마존의 이익에 초점을 맞추게 되면 당신은 월마트가 아마존보다 뛰어난 기업이라는 주장에 암묵적으로 동의하는 것이다.

디지털시대가 전개되면서 테크기업의 손익계산서는 잉여현금흐름을 창출하는 기업의 장기적 능력을 측정하는 믿을 만한 지표가 아니라는 사실이 점점 더 분명해지고 있다. PER은 여전히 비즈니스의 가치를 측정하는 간명하고 훌륭한 지표다. 그래서 우리는 기업의 어닝파워를 파악하기 위해 테크기업의 손익계산서를 수정할 필요가 있다. 어닝파워는 인튜이트, 아마존 같은 기업이 시장 확대를 위해 수십억 달러를 투자하지 않을 경우에 얻을 수 있는 수익 잠재력(potential)을 알려준다.

많은 사람이 이런 지출을 무모하고 경솔한 것이라며 비웃었지만, 지난 20년의 경험은 마케팅과 연구개발에 대한 테크기업 경영진의 투자가 옳았음을 입증해주었다. 테크기업의 막대한 지출은 어리석지도 않고 정신이 나간 것도 아닌, 합리적인 지출이다. 테크기업의 경영진은 데이터를 기초로 결정을 내리는 사람들이다. 그들은 이런 모든 지출이 궁극적으로 훌륭한 ROIC를 가져올 것으로 믿기 때문에 돈을 쓴다. 하지만 투자자들은 시대에 뒤떨어진 회계 관행 때문에 이런 이익을 보지 못한다. 일반회계원칙(GAAP)이라고 알려진 회계 기준은 역사적인 맥락에서 살펴봐야 한다.

일반회계원칙의 조정과 해법

1929년의 대폭락과 대공황 이후에 미 정부는 SEC를 설립하고 회계 기준을 만드는 권한을 부여했다. SEC는 이런 권한을 회계사 단체에 위임했고 가장 최근의 GAAP를 포함해 여러 차례 회계 기준을 제정·개정했다.

GAAP는 지속적으로 수정되고 있지만 산업화시대에 뿌리를 두고 있어서 21세기 초 디지털경제시대의 현실을 제대로 반영하지 못하고 있다. 기성세대 투자자들과 유사하게 GAAP는 신경제 기업보다 구경제 기업에 더 잘 어울린다. 이에 따라 GAAP는 공장 같은 구경제의 투자에 대해서는 가치를 인정해주지만 연구개발 같은 신경제 시대의 비용은 불리하게 처리한다.

구체적으로 GAAP는 연구개발비와 마케팅비의 거의 100%를 해당 회계연도의 비용으로 즉각 인식하도록 요구하고 있다. 반면 유형자산* 같은 경질자산은 여러 해에 걸쳐 감가상각하는 것을 허용한다. 감가상각을 한다는 것은 일정하게 분할해 점진적으로 그 가치를 줄여나간다는 의미다. 따라서 기업이 자산을 감가상각할 때 비용을 점진적으로 인식하게 된다. 공장 같은 구경제의 자산은 장기적인 투자로 여겨지기 때문에 그에 대한 지출은 손익계산서에서 20~30년에 걸쳐 비용을 인식

---

* 유형자산은 부동산(property), 공장(plant), 장비(equipment)를 포함하며 PP&E라고도 한다.
  – 옮긴이

할 수 있다. 하지만 테크기업은 공장을 건설할 필요가 없고, 제품 개발과 마케팅에 가장 큰 투자를 한다. GAAP에 따르면 이런 비용의 대부분은 즉각 인식되어야 한다.

회계 방식에서 이런 차이는 구경제 기업과 테크기업의 손익계산서에서 극적으로 나타난다. 25년의 내용연수를 가진 공장에 1억 달러를 투자한 제조기업은 해마다 400만 달러의 비용을 나눠 인식하면 된다. 이와 달리 테크기업이 소비자 조사를 위한 연구개발에 지출한 1억 달러는 해당 회계연도에 즉시 비용으로 인식해야 한다. 두 기업 모두 1억 달러 매출을 기록하고 다른 비용이 없다면 제조업체의 영업이익은 9,600만 달러, 테크기업의 영업이익은 [표 7-2]처럼 0이 될 것이다.

이는 상식에 맞지 않는 결과다. 하지만 GAAP에 따르면 정확한 회계처리 방식이다. 현재의 회계처리 기준은 구경제 기업의 손익계산서를 매우 매력적으로 보이도록 만들고 신경제 기업의 손익계산서는 지나치게 불리하게 보이도록 한다.

재무제표의 왜곡이 너무 심하다 보니 다양한 분야에서 회계 기준이 경제 현실을 좀 더 잘 반영하도록 하자는 여러 해법이 나오고 있다. 한 세대 전에 베넷 스튜어트(Bennett Stewart)라는 컨설턴트는 경제적 부가

[표 7-2] 회계의 차이 = 결과의 차이

	제조기업	테크기업
매출	1억 달러	1억 달러
비용	400만 달러	1억 달러
영업이익	9,600만 달러	0

가치(economic value added, EVA)의 원칙을 도입해, 재무제표상에서 연구개발비는 5년, 판촉비는 3년에 걸쳐 비용 인식하도록 했다. EVA 도구는 투자자 스스로 자율적으로 손익계산서를 조정하는 것이다. 하지만 일부 회계사들은 디지털시대의 손익을 제대로 측정하려면 GAAP 자체를 전면적으로 개편해야 한다고 주장한다. 바루크 레브와 펭 구(Feng Gu) 교수는 《회계는 필요 없다(The End of Accounting)》라는 매우 도발적인 제목의 책을 썼다.

나는 연구개발 지출의 적절한 내용연수를 3년, 5년, 혹은 10년이라고 주장하려는 것이 아니다. 이 문제는 매우 까다로워서 GAAP 감독자에게 맡기겠다. 다만 오늘날의 경제 체제에서 막대한 연구개발 지출의 내용연수가 1년이라는 것은 잘못임을 안다. 과거 연구개발 지출은 성공의 불확실성이라는 위험 요소로 인해 투기적인 것으로 여겨졌기 때문에 즉시 비용 인식해야 했다. 하지만 세상이 변했다.

오늘날 테크기업의 지출은 순수한 연구보다는 개발에 훨씬 더 가깝다. 개발은 투기적인 것과 거리가 멀다. 사전적 정의로 개발이란 이미 검증된 아이디어를 실행에 옮기는 것을 뜻한다. 알파벳이 검색엔진의 성능을 개선하기 위해 지출하는 모든 돈이 단지 365일 동안만 수익을 창출할까? 마이크로소프트가 오피스 제품을 개선하기 위해 돈을 사용하면 그 혜택이 단지 1년 동안만 지속될까? 그렇다고 말하는 것은 정말 터무니없는 주장이다. 하지만 이것이 현재 연구나 개발에 들어가는 지출을 처리하는 회계 방식이다.

그 결과 테크기업은 현실을 제대로 반영하지 못하는 GAAP를 무시하고, 내부용으로 재무제표를 고쳐 재구성해 사용하고 있다. 많은 기업이 '고객생애가치(한 고객이 일생 동안 가져다줄 이익. Lifetime Value, LTV)'와 '고객획득비용(Customer Acquisition Cost, CAC)'이라는 지표를 사용한다. 조금 복잡하게 들릴지 모르지만 핵심은 마케팅 지출을 마케팅 투자로 전환하기 위한 해법이라고 이해하면 쉽다. 인튜이트 같은 기업은 마케팅 지출을 손익계산서상의 비용으로 인식하지 않고 재무상태표상의 자본적 지출로 전환해, 기업이 마케팅 지출의 효율성을 측정할 수 있도록 한다. 인튜이트는 한 명의 신규 고객을 획득하기 위해 사용된 CAC 1달러에 대해 3달러의 LTV를 얻고자 한다. 인튜이트가 이 목표를 달성해 20%의 순이익을 얻는다면 투하자본 1달러에 대해 60센트, 즉 60%의 ROIC를 달성하게 될 것이다.

이는 탁월한 이익률이다. 하지만 이런 이익률은 인튜이트의 손익계산서에는 나타나지 않는다. 인튜이트의 손익계산서에서 모든 마케팅비 지출은 자본화 후 감가상각하는 것이 아니라 당기에 비용화된다.

LTV/CAC는 새롭게 만들어진 기준처럼 들린다. 전통적인 가치투자자들은 "고객생애가치가 얼마가 될지 어떻게 알 수 있다는 것인가?"라고 투덜거릴 수도 있다. 하지만 이런 추정을 하고 재무제표를 재구성하는 것은 마술처럼 신비스러운 생각이 아니라 '이성적이고 논리적인' 행동이다. 그레이엄부터 버핏과 베이조스에 이르는 분석가들은 경제적 현실이 재무제표 재구성을 요구한다면 그렇게 했다.

최고의 사례 가운데 하나가 1951년 버핏이 가장 좋아했던 주식인 가이코다. 버핏은 공개시장에서 상당 기간에 걸쳐 가이코 주식을 매수했다. 1995년 버크셔 해서웨이는 가이코 지분의 51%를 소유했다. 그해 버핏은 가이코의 나머지 지분을 매수해, 가이코를 버크셔 해서웨이가 전체 지분을 소유한 자회사로 편입했다.

가이코는 공개기업으로서 마지막 해에 2억 5,000만 달러의 순이익을 얻었고 광고와 마케팅에 3,300만 달러를 지출했다. 광고와 마케팅 지출은 모두 GAAP에 따라 비용화되었다. 4년 후에 버크셔의 자회사로서 가이코는 마케팅 지출을 2억 5,000만 달러로 늘렸다고 보고했다. 이것은 불과 몇 년 전에 가이코의 전체 이익과 맞먹는 규모였다. 이는 당시 가이코가 이익을 전혀 내지 못했다는 의미일까? 아니면 '버핏은 가이코의 마케팅 지출이 미래에 더 많은 이익을 창출할 것임을 알기에 현재의 (회계상) 이익이 감소하는 것을 감수했다'는 의미일까?

당연히 후자다. 버핏은 디지털시대 이전에 경쟁우위와 기하급수적 성장 기회를 가진 소수의 기업 가운데 하나로 가이코를 찾아냈다. 따라서 그는 지금 테크기업들이 하는 것과 같은 방식으로, 즉 회계 관행보다 경제적 현실을 우선시하며 미래를 위해 집중적으로 투자했다. 버핏은 오늘의 마케팅 지출을 통해 수년간 수익성 있는 고객을 보탤 수 있다면, 보고되는 재무 정보 따위는 중요하지 않다고 생각했다. 버핏은 1999년 연례 주주 서한에서 다음과 같이 말했다.

가이코의 내재가치는 매우 만족스러울 정도로 성장할 것이 확실하지만, 이익 성과는 약화할 것이 거의 확실합니다. (…) 왜냐하면 마케팅 지출을 크게 늘릴 것이기 때문입니다.

버핏의 이 말은 현재의 회계 규정을 비판하는 동시에 경제성이 있기 때문에 투자한다는 의미다. 버핏은 마케팅 지출의 증가로 순이익은 감소하겠지만 미래에 가이코의 가치는 더 높아질 것이라고 믿었다. 한 세대 전에 버핏이 내린 이 결정은 어도비에서 줌(Zoom)에 이르는 오늘날의 테크기업 경영자들이 내리는 결정과 다른 것일까?

8장

어닝파워 PER 산출 사례: 아마존

    나는 지금까지 대여섯 차례 정도 아마존 주식을 사고팔았다. 살 때는 비즈니스 품질과 경영진의 자질이 좋다는 이유였고, 팔 때는 가격이 너무 비싸다는 이유였다. 지금 생각하면 비즈니스와 경영진에 대한 내 직관이 옳았다. 하지만 가격이 비싸다는 판단은 틀렸다. 비즈니스 품질과 어닝파워에 대한 개념을 모두 이해한 다음에야 아마존을 장기 보유하는 데 편안함을 느꼈다.

    2020년 초 코로나19 위기로 아마존 주가는 거의 25% 폭락했지만, 여전히 비싸 보였다. 아마존 주가는 1주에 2,000달러가 넘었다. GAAP를 따를 때 2019년 아마존은 EPS가 23달러였으므로, 순이익의 거의 90배 가격으로 주식이 팔리고 있었다. 이는 아마존 주가가 주식시장에서 거래되는 일반적인 기업들보다 PER 기준으로 5배 정도 비싸다는 의미였다.

새로운 어닝파워 분석 도구를 갖춘 나는 아마존의 재무제표에 나온 숫자들을 조정해 아마존의 기본적인 수익 잠재력이 어느 정도인지 알아보기로 했다. 아마존은 일반적인 회사보다 미래를 위해 훨씬 더 많은 자금을 투자한다. 따라서 현재의 회계 규정으로는 장기투자로 여겨야 하는 현금 지출이 아마존에 벌을 내리고 있었다. 분석 결과 아마존의 어닝파워는 재무제표에 표시된 EPS 23달러보다 훨씬 더 높았다. 문제는 '얼마나 더 높은가?'였다. 가치투자자로서 나는 어림짐작보다는 계량화를 해야 했다.

계량적 분석은 두 단계로 구성된다. 두 단계 모두 복잡한 수학이 필요 없고, 이해할 수 없는 정보에 의존하지도 않았다. 실제로 분석을 시작하는 데 필요한 모든 자료는 아마존이 SEC에 제출한 2019년 연례보고서의 67쪽, 68쪽에 있었다.

첫째, 향후 3년 동안 아마존의 매출을 추정했다. 둘째, 재무제표에 보고된 이익을 아마존의 어닝파워에 대한 합리적인 추정치로 재구성했다. 이 과정에서 나는 회계 규정을 완전히 재정비하거나 베넷 스튜어트의 EVA 분석 틀을 활용하지 않았다. 단지 내 상식을 사용하려고 노력했을 뿐이다. 만약 아마존이 수확기에 접어든 성숙한 기업이라면 재무제표를 통해 어떤 종류의 수익성을 보고하려 할까를 곰곰이 생각해보았다. 내 추정과 경제적 현실 사이에서 다면적 분석을 하는 데 비슷한 상황에 처한 상장기업을 참고하는 것이 종종 도움이 되었다.

분석 과정은 복잡하지 않았지만 아마존은 비즈니스 품질과 경영진의 자질뿐만 아니라 가격 기준까지 모든 검증을 통과했다. 아마존 주가는 순이익의 거의 90배로 비싸 보였지만, 어닝파워 기준으로는 대략 15배로 거래되고 있다고 결론을 내렸다. 이 배수는 BMP 템플릿에서 내가 설정한 P(가격) 제한선을 훨씬 밑도는 수치였다. 다시 말해 아마존 주가는 미국의 평균적인 주식보다 더 저렴했다.

1단계. 아마존의 향후 3년 매출 추정

아마존의 2019년 매출로 향후 3년간의 매출을 예측할 때 내 안의 또 다른 자아인 전통적 가치 분석가가 이렇게 속삭였다. "당신이 볼 수 없는 것을 어떻게 예측할 수 있는가?"

모든 가치투자자는 손안의 새 한 마리가 숲속의 새 두 마리 이상의 가치가 있다는 믿음 아래 훈련을 받는다. 하지만 아마존의 두 가지 주력 사업을 분석해본 결과 앞으로 수년 동안 계속 성장할 것이라는 예측이 지나친 낙관으로는 보이지 않았다. 분석적으로는 정확해 보였다.

사실은 매출이 전혀 성장하지 않을 것이라는 추정이 합리적이지 '않아' 보였다. 아마존이 성숙기의 기업이거나 경쟁력 기반이 불안정하다면 이런 가정은 근거가 없었을 것이다. 하지만 온라인 쇼핑은 분명 더 쉽고 더 저렴한 쇼핑 방식이고 아마존은 이커머스 분야에서 확실한 시장 선도자였다. 상당한 성장을 달성했지만 이커머스가 전체 소매 판매에서 차지하는 비중은 매우 작았다. 아마존이 어떻게 성장하지 않을 수 있을까? 아마존의 또 다른 사업 부문인 클라우드 컴퓨팅도 비슷한 역학 관계를 보였다.

보수적으로 접근하기 위해 나는 아마존의 가장 빠르게 성장하는 사업 부문인 클라우드 컴퓨팅의 지난 5년의 연간 성장률을 35%에서 30%로 조금 낮춰 설정했다. 나는 이커머스가 훨씬 더 지속 가능성이 높다고 판단했기 때문에 20%의 역사적 성장률이 앞으로도 유지될 것으로 내다보았다. 코로나 팬데믹이 온라인 상거래로 이동을 촉진하고 있다는 사실을 고려하면 이런 추정치도 보수적이라고 생각했다.*

2단계. 경제적 현실에 맞게 이익률 조정

버크셔 해서웨이처럼 아마존은 많은 다양한 자회사와 사업 부문을 소유하고 있는 대기업이다. 아마존 브랜드 아래 이커머스, 프라임과 아마존 뮤직(Amazon Music) 등 구독서비스, 알렉사(Alexa)와 킨들(Kindle) 등 하드웨어, 클라우드 컴퓨팅, 홀푸드(Whole Foods) 슈퍼마켓 체인 등의 사업 부문을 두고 있다. 투자자들이 모든 사업 부문을 더 쉽게 이해하도록 아마존은 다양한 사업을 6개의 중요한 부문으로 통합해 구분하

---

* 2년이 지난 후에 생각해보니 적어도 2020년에 관해서는 내가 정말로 보수적으로 추정한 것으로 나타났다. 클라우드 컴퓨팅은 3년 동안의 추정치에 맞게 30% 성장했지만, 코로나 대유행으로 집에서 쇼핑하는 경우가 크게 증가하면서 이커머스는 거의 40% 성장했다. 이것은 내가 추정한 연간 성장률의 배에 달한다. 불과 1년 만에 아마존의 이커머스 부문은 내가 예측한 향후 3년 매출액의 절반 이상을 이미 달성했다.

[표 8-1] 아마존 개별 사업 부문 매출   (단위: 100만 달러)

	2017	2018	2019
온라인 스토어	108,354	123,987	141,247
오프라인 매장	5,798	17,224	17,192
제삼자 판매서비스	31,881	42,745	53,762
구독서비스	9,721	14,168	19,210
기타	4,653	10,108	14,085
클라우드 부문	17,459	25,655	35,026
총매출	**177,866**	**232,887**	**280,522**

자료: 아마존 SEC 연례보고서

고 있다. 아마존이 2019년 SEC에 제출한 연례보고서에 따르면 주요 사업 부문은 [표 8-1]과 같다.

[표 8-1]에 나타난 것처럼 아마존은 단지 매출만 공개하고 있고, 영업이익과 관련된 세부 사항은 공개를 꺼리고 있다. 6개 사업 부문 가운데 클라우드 사업 부문인 아마존 웹서비스의 이익만 공개하고 있는데, 92억 달러를 기록했다. 매출 350억 달러에 영업이익이 92억 달러라면 영업이익률은 25%다. 이는 아마존 클라우드 부문과 같이 대규모 자본 투자가 필요한 다른 하드웨어 테크기업이 보이는 수준의 건실한 이익률이다. 아마존 웹서비스는 이미 충분한 규모와 효율성을 갖추고 운영하는 것처럼 보였다. 그래서 어닝파워에 대한 합리적인 추정치를 얻기 위해 재무제표를 조정할 필요가 없었다.

[표 8-2]에서 볼 수 있는 것처럼 클라우드 사업 부문은 재무제표상의 아마존 전체 영업이익 145억 달러 가운데 대부분을 차지했다. 클라우드 사업부가 92억 달러 영업이익을 창출했고 전체 회사의 영업이익이 145억 달러라면 아마존의 핵심인 이커머스 부문은 53억 달러의 영업이

아래 수식처럼 SEC에 보고한 아마존 재무제표를 신뢰한다면, 아마존 이커머스의 영업이익률이 2%임을 인정하는 셈이다. 월마트 영업이익률은 6%다. 세계에서 가장 큰 이커머스기업의 이익률이 세계에서 가장 큰 오프라인 유통기업의 3분의 1 수준이라고 어느 누가 믿을까?

	클라우드 부문	회사 전체	이커머스 부문 추정치
매출	35.0	280.5	245.5
영업이익	9.2	14.5	5.3
영업이익률	26%	5%	2%

자료: 아마존 SEC 보고서

익을 거둔 것으로 추정할 수 있다. 영업이익 53억 달러를 매출 2,450억 달러로 나누면 이커머스 부문의 영업이익률은 단지 2%라는 의미였다.

이것은 아마존의 재무제표에 표시된 많은 숫자 가운데 앞뒤가 맞지 않는 첫 번째 사례였다. 저마진 비즈니스로 악명 높은 슈퍼마켓의 영업이익률이 2%이고 월마트의 영업이익률도 6%다. 이커머스 부문에서 세계적인 선도 기업인 아마존이 단지 슈퍼마켓과 비슷한 이익률에 그친다는 것이 말이 될까?

말이 안 된다. 우선 아마존은 상장 이후 지금까지, 온라인 유통사업이 성숙 단계에 도달하더라도 영업이익률이 10~13%가 될 것이라고 지속적으로 말했다.*

아마존 이커머스 부문의 낮은 이익률을 그대로 받아들일 수 없는 또 다른 이유는 월마트는 유지해야 할 매장이 1만 개가 넘는다는 점이다.

---

* 예를 들면 아마존의 2000년 연례보고서를 찾아보라. "장기적으로 볼 때 예상 영업이익률은 순매출 대비 낮은 두 자릿수에 도달하고 ROIC는 낮은 세 자릿수에 도달하는 것이 우리의 목표다."

반면 아마존은 홀푸드 매장 500개, 아마존 브랜드를 내건 매장 소수, 물류센터 1,000개 미만만 있을 뿐이다. 어떻게 월마트가 그들의 10%도 안 되는 물리적 시설로 운영되는 아마존보다 수익성이 3배나 높을 수 있을까?

여기서 나는 매우 해결하기 쉬운 이분법적 문제와 마주쳤다. 아마존 온라인사업모델에 구조적으로 잘못된 점이 있든가, 아니면 아마존이 실제 어닝파워를 축소해서 보고하고 있다는 것이다. 나는 직관적으로, 또 유사한 기업과 비교를 통해 후자가 맞다는 확신에 이르렀다. 게다가 이베이(eBay)처럼 아마존보다 야망이 작은 이커머스기업도 영업이익률을 25%로 보고했다.

이 시점에서 나는 전체 이커머스사업 부문에 아마존이 연례보고서에서 밝힌 장기 목표 이익률인 10~13% 혹은 이베이의 이익률 25%를 적용할 수 있었다. 하지만 한 단계 더 깊이 파고들어 가보았다. 아마존은 5개 상거래사업의 부문별 매출을 공개했다(이익은 공개하지 않았다). 이런 5개 각 부문의 수치를 분석해 개별 사업 부문의 이익을 계산해낸다면 아마존의 어닝파워를 좀 더 정확하게 산출할 수 있을 것으로 생각했다. 그래서 나는 그렇게 했다.

1. 온라인 소매

온라인 소매는 아마존의 가장 오래되고 가장 큰 비즈니스 부문으로 아마존이 초기에 책을 팔던 시기로 거슬러 올라간다. 2019년 온라인 소매는 아마존 전체 매출의 절반을 차지해 온라인 소매에서 이익률을 제대로 파악하는 것이 중요했다.

상식적으로 아마존 온라인 소매의 이익률은 월마트의 6%와 비슷해야 했다. 여러 종류의 추정치가 이를 뒷받침해주었다. 물리적 시설을 유지하는 데 얼마나 많은 돈이 투입되는지를 알려주는 지표인 월마트의 감가상각비는 연매출의 2% 정도였다. 가상 매장인 온라인 매장은 고객이 방문해야 하는 물리적 시설이 없으므로, 아마존의 감가상각비는 월마트에 비해 미미하다고 가정하는 것이 논리적이었다. 더구나 아마존은 온라인으로 영업하기 때문에 상품 도난을 걱정할 필요도 없었다. 월마트는 상품 절도를 최소화하기 위해 많은 노력을 하고 있었다 (문에 서 있는 직원들은 당신을 환영하기 위해 그곳에 있는 것이 아니다). 2018년 월마트는 절도로 50억 달러 손실을 입었다. 이 때문에 이익률이 1% 포인트 감소한다.

아마존의 이익률이 월마트와 같은 6%에서 시작한다고 가정하고 아마존에는 감가상각비 2% 포인트와 절도에 따른 이익률 감소 1% 포인트가 없다는 점을 고려해 계산하면 아마존의 온라인 소매 어닝파워는 매출의 9%가 된다. 이것은 월마트 수익성의 1.5배 정도이고 영업이익률을 낮은 두 자릿수로 설정한 아마존의 목표와 대략 일치한다.

최종적으로 나는 아마존의 전통적 온라인 매장에 10%의 영업이익률을 부여했다. 10%는 내가 계산했던 9%를 조금 넘고 아마존의 장기적 목표 이익률인 10~13% 선의 하단에 부합한다.

핵심 이커머스 매출액 1,400억 달러에 10% 영업이익률을 적용하면 어닝파워는 140억 달러가 된다. 이것은 매우 흥미로운 수치다. 2019년 재무제표에 보고된 아마존의 전체 영업이익과 맞먹기 때문이다.

2 & 3. 물리적 매장과 구독서비스

아마존에서 비교적 작은 두 사업 부문인 전통적 형태의 매장과 구독
서비스에서는 커다란 변화가 없을 것이 분명했다. 전통적 매장이란 주
로 아마존이 2017년에 인수한 홀푸드를 말한다. 아마존에 인수되기 전
에 재무제표에 보고된 홀푸드 영업이익률은 5% 선이었다. 이는 평균
적인 슈퍼마켓보다 높고 홀푸드의 프리미엄 브랜드에 걸맞은 수준이
었다. 하지만 이 두 사업 부문이 아마존의 전체 매출에서 차지하는 비
중이 10% 미만이었기 때문에 내가 전통적 점포에 2%, 5% 또는 15%의
이익률 가운데 무엇을 적용하는지는 중요하지 않았다. 이런 차이는 아
마존의 어닝파워에 상당한 영향을 미칠 정도로 크지 않다.

이 문제는 중요한 논점을 제기한다. 비즈니스를 분석할 때 당신
이 관심 있는 부문이 회계사들이 말하는 '중요성 판단기준(materiality
standard)'인지를 확인해야 한다는 점에서 그렇다. 그 부문이 회사 전체
에 큰 영향을 미칠 정도로 중요한지 따져보라는 말이다. 만약 홀푸드가
아마존의 가치를 견인하는 사업이라고 여긴다면 위에서 계산한 수치
가 차이를 만들기에 충분히 크지 않다고 판단할지도 모른다. 당신은 이
런 함정을 조심해야 한다. 당신은 아마존보다 구글의 쇼핑 플랫폼을 더
선호할 수도 있지만, 알파벳 가치의 핵심 동력은 쇼핑 플랫폼이 아닌
검색엔진에 있다.

다른 주요 테크 플랫폼과 마찬가지로 아마존은 다양한 구독사업을

수익원이 아닌, 고객을 플랫폼에 묶어두는 수단으로 보고 있다. 슈퍼마켓의 마케팅 용어를 빌리면 아마존은 구독을 미끼상품으로 사용하고 있다. 미끼상품이란 소비자를 매장으로 끌어들이는 저마진 상품을 뜻하며, 지속적으로 매장을 방문하도록 만드는 효과를 노린다. 소비자들은 연간 139달러에 달하는 아마존 프라임 배송 서비스를 상당히 저렴하다고 생각한다. 여기에 더해 무료로 제공되는 동영상서비스는 프라임서비스를 훨씬 더 싸 보이도록 만드는 효과가 있다. 아마존은 동영상 스트리밍서비스에 재미있는 새 작품을 제공하기 위해 연간 수십억 달러를 쓰고 있다. 스트리밍서비스에 대해 별도의 요금을 청구하지 않기 때문에 이 비용을 일종의 낭비라고 생각할 수도 있지만, 아마존은 좋은 투자로 생각한다. 구독서비스 제공은 '전환비용'이라는 해자를 구축하려는 노력이다. 고객들은 프라임비디오(Prime Video) 때문이라도 아마존의 수익원인 이커머스의 프라임 배송 서비스에 대한 구독을 취소할 가능성이 작다.

이런 요인을 고려할 때 아마존의 구독서비스 부문이 얼마의 이익을 내는지 파악하기란 상당히 어렵다. 프라임 배송 서비스는 연간 수십억 달러의 매출을 기록한다. 하지만 다른 측면에서 보면 프라임의 무료 배송 서비스는 아마존에 엄청난 비용 부담이 된다. 게다가 프라임서비스 매출액의 상당 부분이 동영상 콘텐츠 구매에 쓰인다. 구독사업 부문에 대해 영업이익을 보고하는 소수의 플랫폼기업 중 하나인 알리바바는 보고서에 따르면 손실이 발생하고 있다. 그런데도 아마존과 달리 알리바바는 고객들에게 연간 139달러에 달하는 배송비를 요구하지 않는다. 이 모든 점을 고려할 때 나는 아마존의 구독사업이 대략 손익분기점에서 운영되고 있다고 가정하는 것이 맞다고 보았다. 그래서 구독서비스 부문의 이익률을 0%로 추정했다.

4. 제삼자 판매서비스

아마존은 처음 온라인 서비스를 시작했을 때, 구식으로 상품을 구매하고 판매했다. 출판사에서 책을 사거나 제조사로부터 CD플레이어를 구매한 후 판매가격을 정해 이윤을 남기고 파는 방식이었다. 그러다가 점차 자체 온라인사업 기반이 부족한 외부 판매자가 사용할 수 있도록 아마존 웹사이트를 공개했는데, 이 서비스가 엄청난 인기를 끌었다. 외부 입점 상인을 위한 제삼자 판매서비스(third-party seller services)는 2000년 아마존 전체 매출의 단지 3%에 불과했지만, 2015년에는 그 비중이 50%를 넘어섰다. 현재 아마존 플랫폼에서 발생하는 매출의 3분의 2 정도는 제삼자 판매서비스를 이용하는 외부 입점 상인에게서 나온다.

이들 외부 입점 상인은 아마존에서 자신이 판매하는 상품의 매입 대금을 지불한다. 이런 구조는 아마존의 수익성에 상당히 중대한 영향을 미친다. 아마존은 웹사이트에서 단백질바와 셀카봉 등을 판매하지만, 외부 입점 상인이 상품 매입원가를 부담하면서 아마존은 소매 판매점의 가장 큰 비용인 상품 매입원가를 제거할 수 있게 된다. 더구나 아마존은 외부 입점 상인들에게 아마존의 플랫폼에서 거래를 실행하는 권리에 대해 수수료를 부과한다. 아마존이 이커머스의 지배적 사업자이기 때문에 상인들은 기꺼이 또는 어쩔 수 없이 아마존의 고객에게 접근하기 위한 대가를 지불한다.

아마존은 자사의 웹사이트를, 외부 입점 상인이 매입원가를 부담한 상품의 거래가 이루어지는 공간으로 전환함으로써 플랫폼기업이 되었다. 애플이 앱 개발자들에게 부과하는 수수료와 마찬가지로 아마존이 외부 입점 상인에게 부과하는 수수료에는 관련 비용이 거의 들지 않는다.

그 결과 아마존도 애플처럼 상대적으로 저마진인 '하드웨어기업'에서, 페이스북과 알파벳처럼 '소프트웨어기업' 수준의 수익성을 보여주는 기업으로 탈바꿈했다. 버핏의 비유를 빌리면 아마존은 통행료를 징수하는 유료 교량이 된 것이다. 2019년 아마존은 외부 입점 상인들로부터 통행료로 540억 달러를 징수했다.

플랫폼 비즈니스에서 발생하는 수수료 매출에 대한 이익은 어느 정도일까? 아마존은 이와 관련된 정보를 전혀 공개하지 않았지만, 나는 수수료 매출에 대한 이익이 전통적인 이커머스기업보다 높다고 보았다. 아마존은 상품 매입원가를 직접 부담하지 않고 외부 입점 상인들에게 부과하는 수수료는 순수한 이익이다. 그러나 아마존은 외부 입점 상인들의 상품을 보관하고 포장하고 배송하는 일을 실행하고 여기에는 막대한 비용이 소요된다.

이베이는 온전한 제삼자 판매서비스 사업자로, 영업이익률이 25%다. 영업이익률 25%는 이 사업 부문의 수익성으로 적절한 것일까? 한편 이베이는 물류 영업을 거의 하지 않고 상품 배송을 외부 입점 상인에게 맡긴다. 이것은 아마존의 제삼자 판매서비스 부문의 영업이익률이 25%보다 낮을 수 있음을 암시한다. 반면 이베이의 가장 큰 비용은 판매비와 마케팅비다. 이베이는 아마존 같은 시장 지배력과 브랜드 인지도가 없어 매출액 1달러 가운데 25센트를 마케팅비로 지출해야 한다. 아마존은 그렇게 할 필요가 없다.

최종적으로 나는 아마존의 외부 입점 상인을 위한 플랫폼사업 부문의 이익률을 이베이와 같은 25%로 설정하기로 했다. 아마존보다 높은 이베이의 마케팅비가 이베이보다 높은 아마존의 유통비용과 비슷할 것으로 추정했기 때문이다. 이런 추정은 단지 내 추측에 근거한 것이지만 합리적이라 본다. 아마존의 전통적 이커머스의 이익률이 10%라면 제삼자 판매서비스의 이익률은 2~3배 정도 높을 것으로 추정했다.

아마존의 제삼자 판매서비스사업의 매출인 540억 달러에 25%의 영업이익률을 적용하면 영업이익은 대략 140억 달러로 추정할 수 있다. 이것도 대단히 흥미로운 숫자였다. 아마존의 전통적 온라인 판매 부문과 제삼자 판매서비스 부문에 합리적인 이익률을 적용한 결과 나는 아마존의 어닝파워가 재무제표에 보고된 전체 영업이익의 '대략 2배'가 된다는 사실을 알았다. 나는 가장 수익성이 높은 부문에 관한 분석은 하지도 않았다. 바로 광고 판매다.

5. 기타 사업: 광고 판매

아마존은 거의 모든 온라인 분야에 대한 지배력을 또 다른 강력한 유료 교량으로 바꾸어놓았다. 방문자가 하루 평균 9,000만 명에 달하는 아마존 웹사이트는 광고에 관심 있는 기업들 사이에 점점 인기가 높아졌다. 아마존은 광고를 '기타' 사업 부문으로 보고하고 있다. 2019년 아마존 기타 사업 부문 매출액은 140억 달러였다. 2019년 아마존이 SEC에 제출한 연례보고서 주석(68쪽)에 따르면 기타 매출은 대부분 광고 판매에서 나온다.

아마존의 광고 판매 부문은 제삼자 판매서비스 부문보다 수익성이 훨씬 높다. 외부 입점 상인들을 대신해 상품을 판매할 경우 아마존은 추가로 투입되는 인건비와 점진적으로 늘어나는 물류창고 비용을 지출해야 한다. 반면에 광고는 가상공간에서 이루어지므로, 광고를 설정하는 엔지니어들에게 들어가는 비용을 제외하면 추가 비용 부담이 없다.

광고 판매 부문의 이익률은 얼마나 될까? 100%에 가까울 것이다. 아마존의 광고 판매 부문을 운영하는 데 들어가는 엔지니어링 원가를 편의상 연 10억 달러라고 가정하면 이익률 93%가 나온다. 한편 이런 '기타 매출' 가운데 일부는 이익률이 매우 낮을 수도 있다. 나는 그렇게 생각하지 않지만 보수적으로 광고사업 부문의 이익률을 50%로 설정했다. 이런 추정에 따라 아마존의 어닝파워에 70억 달러를 추가했다.

아마존의 어닝파워 PER

어닝파워 분석 결과는 어떻게 나왔을까? [표 8-3]처럼 2019년 아마존이 보고한 재무제표상의 이커머스 부문의 영업이익은 53억 달러였지만, 내 분석 결과 아마존 이커머스 부문의 어닝파워는 350억 달러로

[표 8-3] 아마존의 보고 이익과 어닝파워 (단위: 10억, 주당 데이터 제외)

(1) 이커머스 부문(2019)

개별 부문	매출	영업이익률	영업이익
온라인 소매	$141	미보고	–
전통 매장(홀푸드)	$17	미보고	–
구독서비스	$19	미보고	–
제삼자 판매서비스	$54	미보고	–
광고	$14	미보고	–
총매출	**$245**	**2%**	**$5.3**

2019년 어닝파워

합리적 영업이익률	영업이익
10%	$14
2%	$0.3
0%	–
25%	$14
50%	$7
14%	**$35**

(2) 기업 전체(2019)

	매출	영업이익률	영업이익
이커머스	$245	2%	$5.3
클라우드 사업	$35	26%	$9.2
합계	$280	5%	$14.5
주당순이익 (EPS)			$23.1
2020년 3월 주가			$2,000
주가이익배수 (PER)			87배

2022년 어닝파워

2022년 예상 매출액	예상 영업이익률	영업이익
$423	14%	$60
$77	26%	$20
$500	16%	$80
		$132
		$2,000
		15배

자료: 아마존 SEC 연례보고서 분석

거의 7배나 많았다.

3년 후 아마존의 예상 매출을 추정하고 아마존의 이익률을 조정했더니, 시장이 요구하는 높은 주가로 나는 기꺼이 아마존을 매수할 수 있었다. 2019년 보고된 PER은 87배였지만 2022년 예상 '어닝파워 PER'은 15배였다. 이에 따라 주식 수익률은 1%에서 7%로 상승했다.

지금까지 새로운 분석 과정을 통해 독자들이 재무제표와 기업의 가

돈은 빅테크로 흐른다

치평가에 내재하는 불확실성을 인지하게 되었다면 내 임무를 다한 것이다. 투자자라면 어느 정도의 모호함에 익숙해져야 한다. 세상은 불확실하고 미래도 확실하게 알 수 없다. 수익으로 셈했던 것도 확실하지 않다.

이런 불확실성은 내 아들과 같은 엔지니어들을 힘들게 한다. 엔지니어는 정확성에 의존해야 하고 공학 분야에서는 당연히 정확성이 필요하다. 코드 하나가 잘못되면 전체 프로그램이 망가지고, 제트엔진의 연료 분사구 위치가 1밀리미터만 어긋나도 비행기가 오작동할 수 있다. 재무제표에 익숙한 사람은 누구나 아는 것처럼 손익계산서와 재무상태표는 온갖 종류의 추정치로 가득하다.

재무제표를 복음처럼 따르는 것은 디지털시대에 특히 위험하다. 구경제에 뿌리를 둔 GAAP의 편향성이 테크기업의 재무제표를 심각하게 왜곡하기 때문이다. 규정에 맞게 잘 정리된 재무제표도 이면에는 어느 정도의 불확실성이 늘 내재하는 것이 현실이다. 대손충당금, 판매보증비, 감가상각비 등 재무제표의 모든 항목은 정확한 계산에 의한 것이 아니다. 기업이 추정할 수밖에 없는 근사치이고 그래서 조작할 가능성도 상당히 크다. 1937년 그레이엄은 감가상각충당금에 관해 "이런 항목에 과도하거나 불충분하게 비용을 인식하는 방식으로 순이익이 과소평가 되거나 과대평가 될지도 모른다"라고 말했다.

이런 불확실성에 익숙해지기 위해 우리는 또다시 가치투자자들의 롤모델인 버핏의 조언에 의지할 수밖에 없다. 버핏은 불확실성을 완벽하게 이해했다. 그는 '정확한 방향 설정'의 중요성에 대해 자주 말하며

"정확히 틀리기보다는 어렴풋하게라도 옳은 쪽이 낫다"라는 투자 거장들의 말도 자주 인용한다. 아마도 버핏은 세상에서 재무제표를 가장 잘 아는 사람일지 모르지만, 숫자 속에서 길을 잃는 바람에 정말 중요한 것, 즉 경제적 해자 유무를 쉽게 잊을 수 있다는 사실 또한 잘 안다.

이런 이유로 버핏은 자신을 재무분석가나 증권분석가가 아니라 사업분석가라고 부른다. 미묘하기는 하지만 그 차이는 상당히 크다. 재무분석가는 재무제표의 숫자가 성과를 견인한다고 믿는다. 하지만 사업분석가는 재무제표의 숫자, 각종 비율, 주식 투자의 성과가 모두 비즈니스 품질이라는 단일 요인에서 비롯된다는 사실을 안다.

따라서 기업의 어닝파워를 도출할 때 정확한 숫자가 아니라 합리적 수준의 정확성을 갖추는 것이 중요하다. 또 현실적이고 균형적인 관점에서 분석해야 한다. 정말 중요한 것은 지속 가능한 경쟁력을 보유한 탁월한 기업을 찾는 일이다. 우리가 이런 기업을 찾게 되면 어닝파워에 관해 상당히 정확한 근사치를 구할 수 있다. 여기에 더해 어닝파워를 소수점 4번째 자리까지 정확하게 산출할 필요가 없다는 사실을 기억해야 한다. 적절하게 활용하면 어닝파워는 매우 귀중한 분석 도구가 될 수 있다. 그러나 어닝파워 분석이 지나치게 정밀할 필요는 없다.

나는 아마존의 어닝파워를 결정하기 위해 추정치 가운데 일부만 조정하는 방식으로 단지 전체적인 방향만 정확하게 예측했을 뿐이다. 그런데도 우리는 어닝파워가 얼마나 강력한 분석 도구가 될 수 있는지 알게 되었다. 아마존의 온라인사업 부문의 이익률이 10%라는 내 추정치가 너무 높다고 생각할 수 있다. 그렇다면 이익률 추정치를 월마트보다 낮은 5%로 수정해도 좋다. 이것은 여러 추정치 중 중요한 변화지만 가치평가에 미치는 영향력은 크지 않다. 이런 조정은 기업의 어닝파워를 15% 정도 낮추고 어닝파워 PER을 15배에서 18배로 증가시킨다.

반대로 아마존의 이익률에 대한 내 추정치가 너무 낮다고 생각할 수도 있다. 그래서 스튜어트의 EVA 기법을 활용해 아마존의 판매비와 마케팅비를 3년에 걸쳐, 연구개발비를 5년에 걸쳐 상각해 비용을 인식했다고 하자. 그럼 아마존의 어닝파워 PER은 12배로 계산된다. 이 역시 기업의 가치평가에는 그리 중요하지 않다. 어닝파워 PER이 12배든 18배든 아마존이 매우 훌륭한 투자 종목이라는 사실에는 변함이 없다.

9장

BMP 템플릿 사례 연구: 알파벳과 인튜이트

우리는 BMP 템플릿에서 비즈니스 품질, 경영진의 자질, 시장 가격이라는 각각의 요소에 관해 살펴보았다. 지금까지 살펴본 내용은 마치 예술가의 작업실에 있는 모자이크 타일처럼 아주 깔끔하게 정리되었지만, 현실에서 투자 과정은 그렇지 않다. 대개는 예술가와 달리 잘 정돈된 정보를 수집해 투자하지 않는다. 정보는 무질서하게 쏟아져 나온다. 잘 정돈된 형태로 전달될 때도 있고 잘게 쪼개진 채 불완전한 모습으로 전달될 때도 있다.

이번 장에서는 내가 어떻게 알파벳과 인튜이트에 관한 작은 정보들을 조합해 포트폴리오의 핵심 종목으로 매수하는 결정에 도달하게 되었는지를 설명하겠다. 내 경험에 의하면, 정보들을 일일이 분석하고 조합하는 작업을 통해 매력적인 투자 아이디어가 나올 확률은 10% 정도에 불과하다. 높은 기준을 가지고 철저하게 조사하면 당신이 살펴보는 10개 기업 가운데 9개는 투자 대상 기업의 기준을 충족하지 못할 것이다. 그 비즈니스에 무엇인가 잘못된 점이 있거나 경영진이 형편없거나 아니면 우량 기업만 찾다 보니 가격이 너무 높을 것이다. 그래도 괜찮다. 사실 이는 매우 바람직한 현상이다. 초기 조사에서 나온 아이디어 적중률이 높다면, 많은 회사를 살펴보지 않았거나 지금 보고 있는 회사에 대한 평가 기준이 너무 관대했을 확률이 높다.

투자 성과를 결정하는 가장 중요한 요인이 비즈니스 품질이라는 점을 고려하면 일반적으로 우수한 비즈니스를 찾는 일에서 시작하는 것이 가장 좋다. 하지만 사례마다 접근법이 다 다르다. 그래서 비즈니스를 분석할 때 하나의 원칙만을 고집하지 말고 유연한 태도를 보여야 한다. 앞으로 알게 되겠지만 나는 세 가지 BMP 변수들에 대한 개별 분석으로 시작해 매력적인 투자 대상을 발견했다.

1. 알파벳 BMP 분석

알파벳의 비즈니스 품질

2016년 초 잠재적인 투자 대상으로 알파벳을 살펴보기 시작했을 때 나도 다른 사람들처럼 거의 매일 구글의 다양한 앱을 사용하고 있었다. 하지만 구글의 2015년 SEC 연례보고서를 읽어본 후에 나는 그동안 몰랐던 사실을 알게 되었다. 당시 알파벳은 10억 명 이상이 사용하는 서로 다른 플랫폼을 7개나 보유하고 있었다. 검색, 지도, 크롬, 유튜브, 지메일뿐만 아니라 안드로이드와 안드로이드의 앱스토어인 구글 플레이스토어가 포함되었다. 2015년 이후에도 알파벳은 다른 앱들처럼 대부분의 사용자에게 무료로 제공되는 앱을 4개 더 추가했다.

알파벳의 엔지니어들은 모든 사람이 사용하는 일상적인 제품을 개발하는 데 천재들이 분명했다. 사용자가 10억 명 이상인 서비스로 아마존이 보유한 것은 아마존닷컴 하나뿐이고 페이스북은 페이스북, 인스타그램(Instagram), 왓츠앱 3개뿐이다. 페이스북은 사용자가 일정 수준을 넘어섰을 때 인스타그램과 왓츠앱을 인수한 반면, 알파벳은 사용자가 하나도 없을 때 안드로이드를 인수했다. 알파벳이 유튜브를 인수했을 때 유튜브 직원은 겨우 67명뿐이었다.

알파벳이 안드로이드를 인수한 후에 구글 경영진은 휴대전화 제조사에 소프트웨어를 무료로 제공하기로 했다. 수익성이 낮은 휴대전화 제조사들은 무료로 휴대전화의 운영체제를 사용할 기회가 생겼고, 반면 알파벳은 플레이스토어를 통해 게임을 비롯해 다른 수익성 높은 앱을 팔 기회를 얻게 되었다. 안드로이드는 거의 20억 명의 사용자를 확보했다. 세계 휴대전화의 3분의 2가 알파벳의 소프트웨어를 사용하고 있고 안드로이드의 시장 점유율은 점점 증가하고 있다. 무료 운영체제에 익숙해진 세계 대부분의 휴대전화 제조사는 안드로이드에서 벗어나는 것이 매우 어렵다는 사실을 깨닫게 될 것이다. 따라서 안드로이드는 여러 개의 해자를 가지고 있다. 알파벳은 스마트폰 소프트웨어의 저비용 생산자다. 무료보다 더 저렴한 제조원가로 제공하는 것은 사실상 불가능하기 때문이다. 여기에 더해 신뢰할 수 있는 브랜드를 보유하고 있으며 다른 소프트웨어를 사용하려면 휴대전화 제조사와 소비자 모두 커다란 전환비용을 부담해야 한다.

유튜브는 훨씬 더 강력한 비즈니스다. 유튜브를 정기적으로 사용하는 인구가 20억 명이 넘고 뮤직비디오부터 배관 수리 요령에 이르기까지 거의 모든 것에 대해 가장 먼저 찾아보는 플랫폼이다. 유튜브는 일간 발생하는 모든 모바일 인터넷 트래픽의 3분의 1을 차지한다. 이는 페이스북보다 3배 이상 많은 놀라운 수치다. 내가 유튜브를 연구하기 시작한 2016년에 유튜브는 모바일 플랫폼으로만 공중파나 케이블채널 같은 전통 TV 네트워크보다 많은 젊은 미국 성인 사용자를 확보하고 있었다. 가장 중요한 것은 유튜브가 네트워크 효과의 완벽한 본보기라는 점이다. 다른 어떤 온라인 동영상 플랫폼보다 훨씬 더 많은 사용자를 보유한 유튜브는 가장 많은 광고 수익을 올리고 있다. 그리고 광고 수익을 뮤직비디오와 배관 수리 요령 동영상을 만드는 제작자들과 공유한다. 제작자와의 광고 수익 공유는 더 많은 콘텐츠를 만드는 동기를 부여하고 더 많은 콘텐츠는 더 많은 사용자를 끌어들인다. 그리고 더 많은 사용자는 더 많은 광고 수익으로 이어지고 광고 수익은 다시 더 많은 콘텐츠로 이어지면서 플라이휠이 계속 돌아가는 것이다.

내가 알파벳을 살펴보기 시작했을 때 안드로이드와 유튜브 같은 비즈니스 부문은 구글검색에 비하면 규모가 작았다. 안드로이드와 유튜브 비즈니스가 작다는 뜻이 아니다. 검색 비즈니스의 규모가 매우 거대하다는 뜻이다. 그래서 구글검색은 아마존을 제외하면 다른 모든 온라인기업이 상대적으로 작아 보이도록 만들었다.

1990년대 스탠퍼드대학 기숙사에서 알파벳을 창업한 래리 페이지 (Larry Page)와 세르게이 브린(Sergey Brin)은 세계에서 가장 빠를 뿐만 아니라 가장 적합한 결과를 제공하는 검색엔진을 만드는 방법을 찾아냈다. 처음부터 페이지와 브린은 사용자들의 질문에 가장 직접적으로 연관된 답변을 찾아주는 것이 검색에서 경쟁우위의 핵심임을 알았다. 다른 검색엔진은 검색한 키워드가 웹페이지에 얼마나 자주 나타나는지에 따라 검색 결과를 제공했다. '펭귄'이라는 검색어를 입력했을 때 펭귄펭귄펭귄펭귄펭귄펭귄처럼 펭귄이라는 단어만 반복하는 웹페이지가 있다면 이 웹페이지가 검색 결과 상단에 가장 먼저 나올 것이다. 이런 논리적 오류를 알았던 페이지와 브린은 웹사이트가 '펭귄'이라는 단어를 얼마나 많이 언급했는지가 아니라 얼마나 많은 웹사이트가 그 사이트에 링크돼 있는지를 기반으로 알고리즘을 만들었다. 두 사람은 어떤 펭귄 사이트를 다른 웹사이트들이 더 많이 참고할수록 그 웹사이트가 펭귄에 관심이 있는 사람들에게 더 유용한 정보를 제공한다고 판단했다.

2004년 구글은 미국 전체 검색 쿼리(search queries, 질문 처리 요구)의 35%를 점유하면서 시장을 이끌었다. 페이지와 브린은 구글검색이 더 빠르고 더 의미 있는 결과를 제공할 수 있도록 해마다 많은 시간과 자원을 투자했다. 이들은 구글의 해자에 상어와 악어를 풀어놓고 있었다. 2010년 '구글검색' 부문의 임원인 아미트 싱할(Amit Singhal)은 구글을 방문한 〈와이어드(Wired)〉 기자에게 구글검색 알고리즘의 우수성을 보여주기 위해 'mike siwek lawyer mi'*라고 입력했다. 검색 결과 가장 상단에 등장한 것은 미시간주의 그랜드래피즈에서 활동하고 있는 개업변호사 마이클 시웨크(Michael Siwek)였다. 싱할은 같은 검색어를 마이크로소프트의 검색엔진인 빙에 입력했다. 상단에 미식축구 수비수로여 밀로이(Lawyer Milloy)가 포함된 링크가 있었지만 변호사 마이클 시웨크 관련 링크는 없었다.

2011년 구글의 검색시장 점유율은 65%에 달했고 2020년에는 90%를 넘었다. 현재 구글검색은 역사상 가장 강력한 네트워크 효과의 본보기가 되었다. 다른 어떤 검색엔진보다 구글 사용자가 증가하면서 구글은 가장 많은 광고 수익을 올리고 있다. 구글은 광고 수익을 검색엔진 성능 개선에 투입하고 이는 더 많은 사용자를 끌어들인다. 사용자가 늘면 광고 수익도 증가하면서 플라이휠이 계속 돌고 돈다. 이런 네트워크 효과가 구글에 엄청난 경쟁력을 가져다준다.

찰리 멍거는 98세 때 구글처럼 넓은 해자를 가진 기업을 보지 못했다고 말했다. 지난 10년에 걸쳐 마이크로소프트는 빙을 검색시장의 위협적인 경쟁자로 만들기 위해 거의 150억 달러를 쏟아부었다. 심지어 아마존도 검색시장에 진출하려고 했지만 구글의 아성을 무너트릴 수 없었다. 2003년 초 베이조스는 검색 분야의 최고 인재들을 고용했다. 브래드 스톤(Brad Stone)이 쓴《아마존 세상의 모든 것을 팝니다(The

---

* 변호사 이름과 미시간이라는 지역을 완전한 문장이 아니라 간결한 약어 형식으로 입력한 사례를 보여주는 것. - 옮긴이

Everything Store)》에 따르면 베이조스는 검색개발 부서의 팀장이 불과 몇 년 만에 구글에 합류하려고 아마존을 떠났을 때 엄청나게 화를 냈다고 한다. 그는 참모들에게 이렇게 말했다. "구글을 산이라 생각하라. 산을 오를 수는 있지만 옮길 수는 없다."

마이크로소프트와 아마존은 검색이 인터넷 세계에서 가장 강력하고 수익성이 높은 유료 교량이라고 판단했기 때문에 구글이 차지한 검색시장의 일부라도 빼앗고 싶었다. 검색은 문자 그대로 정보의 고속도로로 향하는 관문이기 때문이다. 아마존이 세계 이커머스시장의 지배자일지는 몰라도, 물리적 상품이 경제 총생산에서 차지하는 비중은 25~30%일 뿐이다. 나머지 70~75%는 서비스가 차지하고 구글이 가장 가장 두각을 나타내는 분야가 바로 서비스다. 이혼 전문 변호사, 주택담보대출 중개인, 카리브해에서 보내는 바캉스 정보를 원하는 세계 모든 사람이 구글을 이용해 검색한다. 이는 모든 이혼 전문 변호사, 주택담보대출 중개인, 카리브해 여행 관련 여행사가 구글에서 광고해야 한다는 의미다. 가장 좋은 점은 광고주들이 구글에 기꺼이 광고비를 지급하고 있다는 것이다. 전통적 미디어보다 구글에 광고하는 것이 더 저렴하고 더 효과적이기 때문이다. 여행사나 변호사가 TV나 신문에 광고하면 광고가 의도한 대상에게 전달되는지 확인할 길이 없지만, 구글 광고는 검색어와 연계돼 있어 광고주는 광고비 지출이 효과가 있는지 없는지 측정할 수 있다.

나는 구글에 관한 정보를 읽으면서 이 모든 것이 인상적인 동시에, 디지털 광고시장이 얼마나 성장 가능성이 있는지를 발견하고 깜짝 놀랐다. 2016년 구글은 이미 온라인 광고시장에서 지배적인 사업자가 되었고 수익성도 높아 당연히 온라인 광고시장이 포화상태에 이르렀을 것으로 생각했지만 실상은 달랐다. 2015년 디지털 광고비 지출은 전 세계 광고비 지출의 25%만 차지했다. 디지털 광고시장에서 구글의 점유율은 대략 60%였기 때문에 전 세계 광고시장에서 구글의 점유율은 15%에 불과했다. 따라서 구글이 앞으로도 몇 배 더 성장할 수 있다는 사실에는 의심의 여지가 없다. 광고 이메일과 인스토어 프로모션(in-store promotion) 등 인접 미디어를 포함하면 전 세계 광고시장에서 구글의 점유율은 10% 미만이었다. 인쇄물 광고는 라디오와 TV에 광고시장을 잠식당하기 전에 전성기를 기준으로 세계 광고비 지출의 80%를 가져갔다.

유튜브와 안드로이드는 낮은 시장 점유율, 거대한 시장, 경쟁우위라는 똑같은 잠재적 성장 요인들을 가지고 있었다. 유튜브는 구글과 동일한 온라인 광고시장에서 서로 경쟁했다. 반면 안드로이드는 사용자들이 스마트폰을 통해 게임과 다른 앱에 더 많은 돈을 쓰게 되면서 크게 성장할 수밖에 없었다.

이 모든 것을 고려하면 알파벳의 비즈니스 품질에 대한 초기 분석을 끝냈을 때 내가 알파벳에 큰 관심을 기울인 이유를 이해할 수 있을 것이다. 10억 명이 사용하면서 경제적 해자와 수십 년에 걸친 성장 동력을 모두 갖춘 디지털 플랫폼은 거의 찾아볼 수 없다. 알파벳은 이런 플랫폼을 최소 3개나 가지고 있었다.

알파벳의 경영진

알파벳의 경영진은 처음부터 잠재적 위험 요인이었을까, 아니면 기회 요인이었을까? 나는 어느 쪽인지 확신할 수 없었다. 이런 불확실성은 BMP 분석 과정에서 중요한 문제를 불러일으킨다. 이 장 첫 부분에서 이야기한 것처럼 BMP 분석은 이론적으로 간단명료하지만 실제로는 복잡하고 모호하다. 아마존의 경영진처럼 매우 뛰어난 경영진은 찾아보기가 어렵다. 어떤 경영진은 기업의 소유주이면서도 장기 소유주는 될 생각이 없는 것처럼 눈앞의 성과에만 급급하다. 또 어떤 경영진은 기업의 소유주처럼 행동하려고 애는 쓰지만 가치 창출의 원동력이 무엇인지 제대로 이해하지 못한다. 알파벳 경영진은 후자였고 나는 정말로 혼란스러웠다. 페이지와 브린은 똑똑한 엔지니어였고 장기적 관점에서 기업을 진정으로 위한다는 것은 분명했다. 하지만 재무적 지식이 전혀 없었다. 이것이 내가 알파벳과 관련해 다루어야 할 난제였다.

장난기 가득한 기업 문화가 일반적인 IT업계에서도 페이지와 브린은 놀라울 정도로 자유분방한 기업 문화를 만들었다. 멍거는 버크셔 해서웨이 주주총회에서, 자신이 구글 본사를 방문했을 때 구글이 유치원 같았다고 말했다. (이때 버핏이 '아주 돈이 많은 유치원'이라며 불쑥 끼어들었다.) 페이지와 브린은 구글이 매력적인 제품으로 시장을 주도하면 돈은 당연히 따라온다고 생각하는 것이 분명했다. 하지만 알파벳은 때때로 수익성을 따지는 사람들을 의도적으로 무시하는 것처럼 보였다. 알파벳의 모험적인 사업 부문을 통틀어 '아더베츠(other bets)[*]'라고 부른다. 내가 알파벳을 연구하기 시작했을 당시 아더베츠는 '프로젝트 룬(Project Loon)' 같은 투기적이고 모험적인 사업도 하고 있었다. 프로젝트 룬은 성층권에 풍선 네트워크를 띄워 세계의 고립된 지역에 인터넷 서비스를 제공하는 프로젝트였다.

페이지와 브린에 관해 연구하는 동안 나는 이들이 10억 명이 사용하는 앱 개발에는 매우 뛰어난 능력을 보였지만 구글검색을 제외하면 이를 돈벌이 수단으로 만드는 데는 소질이 없다는 점을 알고 매우 놀랐다. 2015년 알파벳의 수익성을 분석하다가 이런 사실을 발견했다. 인터넷 세계로 향하는 궁극적인 유료 교량을 보유한 알파벳은 모든 소프트웨어 기반의 테크 플랫폼기업 가운데 가장 수익성이 높아야 했다. 하지만 알파벳의 이익률은 가장 낮은 편에 속했다. 알파벳과 유사한 유료 교량을 운영하는 페이스북은 40%의 영업이익률을 기록하고 있었다. 중국의 거대 인터넷기업인 알리바바는 50%에 가까운 영업이익률을 보고했다. 알파벳의 영업이익률은 단지 25%에 불과했다.

이것은 앞뒤가 맞지 않았다. 알파벳의 매출은 알리바바나 페이스북보다 5배나 많았다. 그런데 어떻게 알파벳의 영업이익률이 15~20% 포인트나 더 낮을 수 있다는 말인가? 소프트웨어를 개발하고 컴퓨팅을 위해 서버를 구매하거나 임대하면 이후부터 들어가는 돈을 넘어서는

---

[*] 구글검색과 유튜브 등을 제외한 웨이모(Waymo)와 베릴리(Verily) 등 알파벳의 모험적인 신규 사업을 의미함. – 옮긴이

모든 매출은 100% 이익으로 남는다. 소프트웨어는 다른 비즈니스와 달리 매우 빠르게 규모를 확장할 수 있다. 하지만 매출이 더 적은 알파벳의 경쟁기업들이 더 높은 수익성을 기록하고 있었다.

나는 이 모든 것에 대한 책임이 페이지와 브린에게 있다는 것을 알게 되었다. 두 사람은 언제나 돈보다 공학적인 과제에 더 관심이 많았다. 억만장자가 된 후에는 돈에 관한 관심이 더 적어졌다. 멘델슨이나 머피와 달리 페이지와 브린은 자신의 비즈니스를 너무 사랑한 나머지 기업가치를 체계적으로 높이는 데 필요한 객관성을 잃어버렸다. 다행스럽게도 두 사람은 자신의 그런 면을 일찍 깨달았다. 구글을 설립한 지 3년 만에 이들은 테크기업의 임원 출신으로 경험이 많은 에릭 슈미트(Eric Schmidt)를 CEO로 임명했다. 그들은 이를 통해 구글은 '어른의 감독'을 받게 될 것이라고 말했다. 페이지와 브린은 일선 경영에서 물러나 '노화(老化)' 같은 난제를 해결하기 위해 공학연구소로 돌아갔다.

하지만 10년 후에 페이지는 CEO로 다시 돌아왔다. 그는 한동안 회사 경영이라는 따분한 일을 했지만, 곧 흥미를 잃었다. 〈블룸버그 비즈니스위크(Bloomberg Business week)〉의 보도에 따르면 페이지는 기술적인 문제보다 비즈니스 관련 회의에서 더 따분한 표정을 지었다고 한다. 구글 직원이 페이지의 관심을 끌지 못하는 주제에 관해 설명할 때면 그는 직원에게 "재미가 없네요"라고 말했다. 페이지에게 직접 보고하는 소수의 임원 그룹을 '알파편(AlphaFun)'이라고 불렀는데, 이들은 상업적인 잠재력이 거의 없지만 페이지가 개인적 관심을 보이는 프로젝트를 주로 담당했다.

2013년 페이지는 신제품 출시 행사와 콘퍼런스콜에 참여하는 것을 그만두었다. 2년 후에 그는 알파벳이라는 지주회사를 설립함으로써 경영에 대한 자신의 무관심을 공식적으로 시인했다.

이것은 매우 놀라운 소식이었다. 새로운 지배구조 아래에서 페이지와 브린은 알파벳의 중요한 플랫폼인 구글, 유튜브, 안드로이드 그리고 성장 가능성이 큰 클라우드 사업에 대한 일상적 통제권을 창업자가 아닌 전문 경영자에게 이양했다. 이를 통해 페이지는 마음껏 야심 찬 프로젝트를 추진할 수 있게 되었다.

한편 앞으로 회사의 진정한 상업용 제품을 책임지게 될 사람은 평범한 가정에서 자란 천재 순다르 피차이(Sundar Pichai)였다. 그는 인도 남부 가난한 환경에서 성장했다. 피차이 형제는 방이 없어서 아파트 거실에서 같이 잠을 잤고 시내에 나갈 때면 부모를 포함한 온 가족 4명이 함께 람브레타 스쿠터를 탔다. 피차이가 12세 때 아버지가 집 전화기를 처음 장만했는데 전화번호부는 필요하지 않았다. 왜냐하면 피차이가 가족들이 이용하는 모든 번호를 외웠기 때문이다.

내 생각에 피차이가 CEO로 승진하면서 구글의 경영은 완전히 바뀌었다. 똑똑할 뿐만 아니라 배고픔을 아는 사람이 구글의 책임자가 되었기 때문이다. 피차이에 관해 더 많이 알수록 그는 자신의 공학적 역량을 활용해 돈을 벌기에 몰두하는 인물이라는 생각이 더욱 분명해졌다. 구글에서 그의 첫 성공적인 업적은 '구글 어스(Google Earth)'를 이용해 돈 벌 방법을 찾은 것이었다.

당시 피차이가 구글의 모든 사업 부문을 책임지고 있는 것은 아니었다. 하지만 페이지와 브린이 일상적인 업무에서 점차 발을 빼고 있다는 점을 고려할 때 나는 피차이가 구글의 모든 사업을 책임지게 되는 것은 시간문제일 뿐이라고 생각했다.

피차이처럼 배고픔을 아는 사람이 최고 책임자가 되면 알파벳의 수익성은 어떻게 될까? 이 질문에 대한 답은 알파벳의 어닝파워에 관한 내 추상적인 생각을 순식간에 매우 구체적이고 확고한 것으로 바꾸어 놓았다. 알파벳의 평균 이하의 이익률과 탁월한 비즈니스들을 함께 고려할 때 알파벳은 주주의 뜻을 존중하는 경영진을 임명함과 거의 동시에 손쉽게 이익을 배로 증가시킬 수 있었다.

페이지와 브린은 피차이를 CEO로 임명하기 몇 달 전에 이미 모건스탠리(Morgan Stanley) 임원 출신인 루스 포랫(Ruth Porat)을 CFO로 지명함으로써 관리 감독을 강화했다. 월스트리트 출신의 은행가였던 포랫은 1년 만에 50억 달러어치의 자사주를 매입했다. 자사주 매입은 훌륭한 자본배분 정책이었다. 그러지 않았다면 그 돈은 성공 가능성이 희박한 다른 프로젝트에 쓰였을지도 모른다.

나는 피차이의 뛰어난 기술적 천재성과 이민자로서의 강한 근성이 포랫의 재무적 역량과 결합하면서, 세계에서 가장 우량한 사업 포트폴리오를 보유하고 있음을 알파벳의 재무제표가 조만간 반영할 수 있을 것으로 생각했다.

알파벳의 주가

알파벳에 대한 BMP 분석에서 경영진에 해당하는 M 분석은 매우 까다로웠지만, 가격인 P는 매우 쉽고 단순했다. 알파벳의 어닝파워는 보고된 이익보다 훨씬 크다는 것을 알아내는 데 많은 상상력이 필요하지 않았다. 재무제표상의 영업이익률 25%와 수익 잠재력 사이의 격차는 누구나 알 수 있을 정도로 컸다.

2016년 중반 나는 알파벳의 이익률이 다음 세 가지 측면에서 비즈니스 품질을 정확하게 반영하지 못했다는 사실을 알게 되었다.

1. 알파벳처럼 온라인 유료 교량을 보유한 페이스북과 알리바바는 영업이익률이 40~50%에 달했다. 페이스북이나 알리바바보다 매출이 5배 많은 알파벳이 기본적으로 수익성이 떨어질 이유가 없었다.

2. 알파벳이 핵심 사업인 구글 이외에 공개한 사업 부문은 아더베츠였다. 알파벳이 SEC에 공개한 연례보고서에 따르면 아더베츠는 2015년 35억 달러의 손실을 기록했다. 알파벳의 손익계산서에서 이 손실을 제외하면 영업이익률은 25%에서 30%로 올라갔다.

3. 유튜브와 안드로이드가 별도의 분리된 보고서로 공개되지 않았지만, 두 사업 부문 모두 경이로운 사업적 특성을 지녔음에도 큰 손실을 기록하고 있다는 사실은 월스트리트에서는 공공연한 비밀이었다. 피차이가 CEO가 된 이후 유튜브와 안드로이드가 오래도록 적자 상태를 유지한다는 것은 상상할 수 없는 일 같았다. 안드로이드는 세계 휴대전화 운영체제의 3분의 2, 유튜브는 모바일 인터넷 트래픽의 3분의 1을 차지하고 있었다. 이런 비즈니스가 어떻게 이익을 내지 못할 수가 있을까? 비즈니스와 재무에 관한 법칙을 폐기하

지 않는 한 유튜브와 안드로이드 같은 알파벳의 우수한 사업 부문은 머지않아 이익을 내게 될 것이었다.

이 모든 사실을 고려해 나는 페이스북과 비슷한 40%의 영업이익률을 알파벳에 적용했다. [표 9-1]처럼 수정된 영업이익률을 전년도 재무제표에 나타난 매출에 적용하면 알파벳의 주가는 매력적으로 보였다. 3년 후의 매출을 추정하면 주가는 훨씬 더 저렴해졌다. [표 9-1]에서 볼 수 있는 것처럼 내가 추정한 2018년 알파벳의 어닝파워는 대략 주당 64달러였고 이는 2015년 실제 EPS의 거의 3배에 달했다. 따라서 시장이 내게 요구하는 알파벳 매수가는 어닝파워 PER 기준 28배가 아니라 그 3분의 1에 해당하는 9배였다.

당시 평균적인 주식은 대략 PER 20배 수준에서 거래되었다. 따라서 시장은 내게 평균적인 기업 주가의 절반 수준에 세계에서 가장 좋은 기업을 일부 살 기회를 주고 있었다. 이것은 매우 훌륭한 투자 기회라는 생각이 들었다. 나는 알파벳의 주식을 대량 매수해 포트폴리오의 핵심 보유 종목으로 만들었다.*

---

* 원칙론자들은 내가 알파벳의 주식 시장가에서 주당 잉여현금을 빼는 것에 반대할지도 모른다. 나는 이번에도 절대 불변의 공식이 아니라 상식을 따랐다. 다른 많은 기업과 달리 알파벳은 영업에 현금이 거의 필요하지 않아서 현금은 부가적이다. 이뿐만 아니라 새로운 CFO인 포랫 체제에서 알파벳은 잉여현금을 주주들에게 환원하기 시작했다. 다만 8장에서 강조한 것처럼 내 판단이 마음에 들지 않아도 상관없다. 알파벳의 주식에서 주당 잉여현금을 빼지 않아도 된다. 그렇게 하면 PER은 9에서 12로 변경되고 주식 수익률도 11%가 아니라 8%가 된다. 이렇게 조정해도 2016년 중반에 알파벳이 매력적인 투자 대상이라는 결론은 변하지 않는다.

[표 9-1] 알파벳의 어닝파워

(1) 2015년 보고 이익과 어닝파워

단위: 10억 (주당 데이터 제외)	재무제표 수치	2015년 어닝파워	
매출	$75	$75	페이스북에 맞춰 조정한 영업이익률
영업이익률	25%	40%	
영업이익	$19	$30	
세율	17%	17%	
순이익	$16	$25	
발행 주식 수	0.7	0.7	
주당순이익(EPS)	$23.11	$36.97	
주가	$735	$735	
주당 잉여현금	$97	$97	
순매수 가격	$638	$638	
주가이익배수(PER)	28배	17배	

자료: SEC 알파벳 연례보고서

(2) 2015년 보고 이익으로 추정한 2018년 어닝파워

단위: 10억 (주당 데이터 제외)	2015년 실제 수치	2018년 어닝파워	
매출	$75	$130	매출은 과거 성장률을 기준으로 연 20% 성장
영업이익률	25%	40%	페이스북에 맞춰 조정한 영업이익률
영업이익	$19	$52	
세율	17%	17%	
순이익	$16	$43	
발행 주식 수	0.7	0.7	
주당순이익(EPS)	$23.11	$63.89	
주가	$735	$735	
주당 잉여현금	$97	$168	재무상태표의 현금은 매출 성장에 따라 연 20% 증가
순매수 가격	$638	$567	
주가이익배수(PER)	28배	9배	

자료: SEC 알파벳 연례보고서

[표 9-2] 2016년 알파벳 BMP 템플릿

1 비즈니스 품질

비즈니스의 시장 점유율이 낮은가?

크고 성장하는 시장에 속하는가?

지속 가능한 경쟁우위가 있는가?

---

2 경영진의 자질

경영진이 소유주처럼 생각하고 행동하는가?

비즈니스 가치를 높이는 핵심 요인을 아는가?

---

3 가격 '거부권 행사 질문'

주식 수익률이 합리적인가(즉 5% 이상)?

그렇다	아니다
"트럭 화물칸에 퍼 담아라"라는 월스트리트의 은어처럼 대량으로 매수하고 BMP가 바람직한 상태를 유지한다면 장기간 훌륭한 투자 수익을 누릴 수 있다.	시장이 그 기업에 대해 더 좋은 가격을 제시할 때까지 기다려라.

	그렇다	아니다
그렇다. 2016년 디지털 광고는 전체 광고비 지출에서 25~30%를 차지했다. 구글은 디지털 광고의 60% 정도를 점유하고 있었고 세계 광고시장에서 차지하는 비중은 15%였다. 인쇄물 광고는 전성기에 전체 광고비 지출에서 차지하는 비중이 80%였다.	✓	
그렇다. 세계 광고시장의 규모는 대략 5,000억 달러다. 다이렉트 마케팅 등 구글이 접근할 수 있는 다른 미디어에 대한 광고비 지출까지 포함하면 광고시장의 규모는 1조 달러에 가깝다. 두 시장 모두 세계 GDP 증가와 함께 성장하는 시장이다.	✓	
그렇다. 검색은 전형적인 네트워크 효과가 발휘되는 비즈니스다. 구글은 가장 연관성이 높은 결과를 찾아주는 가장 빠른 검색엔진을 개발했다. 이것이 사용자를 불러 모으고 사용자는 다시 광고주를 끌어들인다. 그리고 광고로 벌어들인 수익으로 구글은 검색에 더 많은 투자를 한다. 구글은 투자를 통해 더 뛰어난 검색엔진을 만든다. 플라이휠이 탄생했다.	✓	
그렇기도 하고 그렇지 않기도 하다. 페이지와 브린은 10억 명이 사용하는 제품을 만드는 재능이 있는 천재적인 엔지니어다. 다른 한편, 그들에게 주인의식이란 부의 창출과 같은 의미가 아니다. 수익보다 제품이나 서비스 개발을 더 중요하게 생각하는 사고방식은 다른 주주들에게 문제가 된다.	✓	✓
그렇기도 하고 그렇지 않기도 하다. 페이지와 브린은 기술 분야에서 일하는 것을 좋아한다. 하지만 2016년에 창업자가 아닌 이들에게 회사 경영을 맡길 조짐이 있었고 이들은 재무적으로 매우 뛰어났다.	✓	✓
총점	**4점**	

BM 총점 평가표	
5점 만점에 4 또는 5점	장기적으로 훌륭한 투자 가치가 있다. 가격 평가 과정으로 넘어가라.
5점 만점에 3점	기다리면서 지켜보라. '아니다'가 '그렇다'로 바뀔 수 있다.
5점 만점에 0~2점	장기투자에 적합하지 않다. 선택에서 제외하라.

그렇다. 2016년에 페이스북의 이익률을 알파벳에 적용하고 알파벳의 3년 매출을 예측하면 어닝파워 기준 주식 수익률을 11%로 도출할 수 있다. 이는 세계 최고의 기업 중 하나인 알파벳에 걸맞은 높은 주식 수익률이다.

분석에 대한 사후 검증

2018년 알파벳의 매출은 2015년의 2배가 되었다. 하지만 재무제표에 보고된 영업이익률은 클라우드 컴퓨팅 부문에서 아마존을 따라잡기 위한 노력을 포함해 새로운 프로젝트에 대한 지속적인 투자로 인해 하락했다. 이것은 2018년의 어닝파워가 3배로 증가할 것이라는 내 추정과 어긋났다. 하지만 어닝파워는 이익 전망이나 이익 추정치가 아니라는 점을 기억하라. 어닝파워는 테크기업이 궁극적으로 돈을 벌 잠재력이 있는지를 설명하려는 시도다.

이익률 하락에도 불구하고 알파벳의 주가는 내가 매수한 이후 첫 3년 동안 시장 성과를 앞질렀다. 시장이 계속해서 알파벳의 강력하고 탁월한 비즈니스들과 매출 성장에 대해 신뢰를 보냈기 때문이다. 알파벳은 2019년 말 피차이가 페이지를 대신해 전체 지주회사의 CEO가 될 것이라고 공표했다. CEO 승계 공표 직후 피차이는 애플의 창업자 스티브 잡스(Steve Jobs)의 자리를 이어받은 팀 쿡(Tim Cook) 이후 세계에서 가장 많은 주식과 스톡옵션을 부여받게 되었다. 언론은 피차이가 부여받은 스톡옵션의 가치가 2억 달러에 이른다고 보도했지만 이런 추정은 모두 부정확한 가정에 근거한 것이었다. 피차이가 보유한 알파벳 주식은 CEO가 되기 전 1만 8,000주에서 13배 정도 많아졌다는 것이 정확한 사실이다. 이 모든 것은 피차이가 이제 진짜 소유주가 되었고 소유주처럼 행동할 준비가 되었다는 신호였다.

내가 매수한 이후 알파벳 주식은 지속적으로 시장 수익률을 상회했

[그림 9-1] 순다르 피차이 CEO 취임 이후 알파벳 주식의 성과

자료: FactSet

지만 [그림 9-1]처럼 피차이가 CEO가 된 이후부터는 정말로 가파르게 상승했다. 피차이와 포랫은 영업이익률을 높였고 자사주를 큰 규모로 매입했으며 여러 건의 모험적인 프로젝트를 취소했다. 프로젝트 룬은 폐지되었고 알파벳의 주가는 2배 이상 상승하면서 시장 수익률을 크게 앞섰다.

물론 내가 알파벳의 주식을 매수할 당시 페이지와 브린이 회사 경영을 피차이에게 넘겨줄 것인지는 불분명했다. 하지만 알파벳의 많은 비즈니스가 전부 탁월했기 때문에 누가 경영자가 되든 주가는 계속해서 시장 수익률을 상회할 가능성이 크다는 점은 분명했다. 비즈니스 품질이 경영진의 자질보다 더 중요하다는 것을 명심하자. 버핏은 다음과 같은 명언을 남겼다.

나는 바보도 경영할 수 있을 정도로 훌륭한 비즈니스에 투자하려고 노력한다. 왜냐하면 조만간 경영진이 바뀌거나 예측할 수 없는 상황이 발생할 가능성이 있기 때문이다.

2. 인튜이트 BMP 분석

나는 2017년 말 제프 콜빈(Geoff Colvin)이 쓴 〈포천〉의 훌륭한 기사 때문에 인튜이트를 알게 되었다. 거기서 그는 두 개의 소비자 지향적인 시장에서 두각을 나타내는 인튜이트라는 회사를 소개했다. 인튜이트는 세금 신고용 소프트웨어 터보택스(Turbo Tax)와 중소기업용 회계 소프트웨어 퀵북스로 시장을 지배하는 기업이었다.

특히 인튜이트의 경영진에 대한 설명이 내 관심을 끌었다. 기술이 얼마나 빠르게 변했는지 알게 된 인튜이트 경영진은 콜빈이 인용한 것처럼 '위기라는 동기부여는 없었지만' 과거의 제품과 서비스를 자발적으로 혁신했다. 시장이 아직 성숙하지 않았고 경영진이 자신만의 방식을 고집하지 않는 40년의 역사를 가진 소프트웨어회사를 찾아내기란 쉬운 일이 아니다. 콜빈의 기사에 따르면 인튜이트는 그런 기업임이 분명했다. 인튜이트는 지속적으로 신제품을 출시하면서 기존의 제품과 서비스를 개선하고 있다. 소비자들의 요구를 충족시키지 못하는 제품이나 서비스가 있으면 가차 없이 폐기한다.

인튜이트의 경영진은 모든 것을 측정하며, 놀라울 정도로 정직하고 투명한 기업 문화를 육성한다. 터보택스 사업 부문의 책임자 사산 구다지(Sasan Gudarzi)는 과거에 고객들에게 아무런 혜택도 제공하지 않으면서 가격만 인상하는 구시대적인 지대추구 전략을 시도했다. 그러나 그는 가격 인상을 철회해야 했다. 〈포천〉에 따르면 구다지는 동료들에게 "이 결정의 책임은 나에게 있습니다. 이런 일이 발생할 것이라고는 생각하지 못했습니다. 여러분 모두에게 미안합니다"라고 말했다. 인튜이트의 CEO는 퇴임하면서 구다지를 해고하거나 직위를 강등하는 대신 새 CEO로 임명했다.

나는 이런 방식으로 경영하는 기업은 좀 더 면밀하게 살펴볼 가치가 있다고 생각했다. 특히 두 종류의 시장 지배적인 소프트웨어 플랫폼을 소유한 기업이라면 특히 더 관심을 가질 만하다.

알파벳의 경우 비즈니스와 가격은 평가하기 쉬운 변수였지만 경영진에 대한 평가가 상당히 어려웠다. 인튜이트는 알파벳과 달라서 비즈니스 품질과 경영진의 자질에 대한 평가는 어렵지 않았지만, 지불해야 하는 가격에 대해서는 한동안 확신이 없었다. 결국 '가격'에 대해 편안함을 느낄 때까지 거의 2년 동안 인튜이트를 지켜보면서 연구했다.

비즈니스 품질과 경영진

인튜이트를 더 많이 조사할수록 '비즈니스'와 '경영진'을 분리해 연구하는 것은 의미가 없다는 사실이 분명해졌다. 이 두 가지는 매우 긴밀하게 연결돼 있었다. 인튜이트는 1980년대 스콧 쿡(Scott Cook)에 의해 설립되었다. 쿡은 프록터앤드갬블에서 일하는 동안 소비자가 원하는 것을 어떻게 제공해야 하는지를 배웠다. 인튜이트의 첫 제품은 퀴큰 (Quicken)이라 불리는 도스(DOS) 기반의 프로그램이었다. 퀴큰은 곧 개인용 재무회계 프로그램시장을 장악했다. 1990년대 초 인튜이트가 윈도(Windows)에서 사용할 수 있는 퀴큰을 출시했을 때, 쿡과 그의 동료들은 가정뿐만 아니라 사무실에서도 퀴큰이 많이 사용되는 것을 알고 놀랐다. 인튜이트의 경영진은 개인이 직장에서 업무 중에 가계부를 정리하는 것으로 생각했는데, 소규모 업체를 운영하는 데도 퀴큰이 사용되는 것을 알게 되었다.

다른 중소기업용 회계 프로그램들은 퀴큰만큼 사용자 친화적이지가 않았다. 이런 이유로 퀴북스가 만들어졌다. 퀴북스는 거추장스러운 복식 부기 방식을 사용하지 않고도 중소기업의 회계업무를 처리할 수 있는 특별한 프로그램이었다. 쿡은 〈포천〉에 "우리는 회계와 전혀 관계 없는 것처럼 보이는 회계 프로그램을 만들었습니다"라고 말했다. 퀴북스는 중소기업들 사이에서 큰 인기를 끌었다.

하지만 인튜이트는 여기서 멈추지 않았다. 인튜이트는 터보택스를 개발하고 판매했다. 터보택스는 사용자 친화적인 특성 덕분에 가장 많이 사용하는 개인 세금 신고용 프로그램이 되었다. 1990년대 말 인튜이트는 고객들이 굳이 프로그램 CD를 살 필요 없도록 퀴북스온라인 제품을 만들었다. 10년 후에는 스마트폰에서 사용할 수 있는 모바일 제품을 만들었다. 다양한 해외 판매용 버전이 잇따라 출시되었고 2015년에는 터보택스가 포함된 긱워커(gig workers)*용 퀵북스가 출시되었다.

쿡은 오래전에 CEO에서 은퇴했지만, 인튜이트의 최대 주주이자 경영위원회 의장으로 여전히 활동하고 있다. 쿡은 2016년 후계자들이 오늘날의 인튜이트를 만든 최초의 상품인 퀵큰을 매각했을 때 반대하지 않았다.

현재 인튜이트는 하나의 법인 안에 두 개의 독립 사업부가 있다. 대체로 성숙 단계에 도달한 터보택스와 여전히 성장 가능성이 큰 퀵북스가 그것이다. 전체 미국인의 30%가량이 터보택스를 이용해 세금 신고서를 제출하고 있다. 브랜드와 마케팅 역량을 갖춘 터보택스는 가치 2.0 기업과 같다. 터보택스는 해자를 지녔지만 시장 점유율은 낮은 편이 아니다. 그래서 느리지만 안정적으로 성장하고 있고 유명 소비자 브랜드처럼 이익도 점점 더 늘어나고 있다.

일반적인 소비재와 달리 터보택스는 1년에 한 번 사용된다. 반대로 소규모 회사는 매일 퀵북스로 회계처리를 한다. 따라서 퀵북스가 전환 비용이 훨씬 높고 고객 이탈이 적은 비즈니스다. 고객이 퀵북스 사용을 중단하려면 기존의 프로그램을 완전히 탈피해 신제품을 다시 배울 용기가 필요하다.

퀵북스는 다른 해자도 가지고 있다. 퀵북스의 구독자는 2등 업체인 제로(Xero)보다 3배나 많다. 이는 브랜드와 규모 측면에서 경쟁우위를

---

* 프로젝트 단위로 일하는 프리랜서 근로자. – 옮긴이

가져다준다. 경쟁자보다 구독자가 더 많다는 것은 매출도 더 많다는 뜻이다. 마케팅과 연구개발에 더 많은 돈을 투입할 수 있다는 의미이기도 하다. 2018년 내가 중소기업의 회계 소프트웨어 분야를 연구할 때 제로는 상품 개발과 기능 개선에 연간 2억 3,500만 달러를 지출했다. 인튜이트의 연구개발비 지출은 제로보다 12배나 많은 28억 달러에 달했다.

이런 엄청난 지출 우위는 퀵북스의 시장 점유율을 유지해주는 것은 물론 점유율의 증가도 약속해줄 것이다. 광고에 더 많은 돈을 투입하고 품질 향상을 위해 연구개발에 더 많은 자금을 투입하고 있다면 퀵북스로부터 성공 말고 다른 어떤 결과를 기대할 수 있을까?

퀵북스는 브랜드와 규모의 우위에서 50년 전 버드와이저와 여러 가지로 닮았다. 하지만 한 가지 중요한 차이점이 있다. 20세기 후반 버드와이저는 대체로 경쟁자가 많은 포화상태의 시장에 진출한 반면 퀵북스는 21세기 초에 이제 막 출발했을 뿐이다. 인튜이트는 언젠가 전 세계 8억 명의 중소기업과 자영업자들이 퀵북스를 사용할 것으로 추정한다. 그러나 2019년 중반을 기준으로 퀵북스 구독자는 450만 명에 불과했다. 이는 회계업무를 한다는 생각이 안 들 정도로 사용하기 쉬운 프로그램의 잠재적 구독자 가운데 1%도 안 되는 사람들이 사용하고 있다는 의미였다.

많은 기업이 '전체 시장 규모(total addressable market)'를 부풀린다. 나도 인튜이트에 관해 연구하는 동안 인튜이트가 시장 규모를 과대평가했다는 사실을 알았다. 온라인에서 중소기업과 자영업자에 관한 통계를 살펴본 결과 퀵북스의 세계 시장 규모는 2억 명에 가까웠다. 인튜이트가 추정한 8억 명보다 크게 적지만 잠재적 구독자가 2억 명이라는 것은 퀵북스의 시장 점유율이 2%에 불과하다는 의미다. 여전히 높은 점유율은 아니었다.

인튜이트의 주가

2018년 9월 인튜이트의 주가는 225달러였다. 2017년 연례보고서에 표시된 순이익의 거의 50배 수준에서 거래되고 있었다. 불행하게도 합리적 수준으로 조정한 어닝파워에 비춰봐도 주가는 비싸 보였다. 비즈니스와 경영진은 마음에 들었지만, 가치 3.0의 관점에서 가격이 너무 비싸서 투자할 수 없었다. 다른 기업에 대한 투자도 마찬가지겠지만 내가 인튜이트를 비싼 가격에 매수한다면 주식 수익률이 낮아질 것이다. 그래서 지켜보면서 기다리기로 했다.

인튜이트가 이익을 보고할 때마다 나는 분기 보고서를 읽었다. 2018년 가을에도 2019년에도 나는 많은 정보를 알려주는 인튜이트의 기업설명회를 온라인으로 지켜보았다. 그로부터 약 2년 후 인튜이트의 주가는 매력적으로 보였다. 주가가 더 싸졌기 때문이 아니라 과거에 내가 몰랐던 사실을 알게 되었기 때문이다.

알파벳과 마찬가지로 나는 인튜이트에 대한 첫 번째 어닝파워 분석에서 미래 수년 동안의 매출을 추정했다. 또 인튜이트의 영업이익률을 25%에서 40%로 조정했다. 스튜어트의 EVA 방식에 따라 기업의 마케팅비와 연구개발비를 자본화한 후에 계산한 것이었다. 나는 7장에서 캠벨과 비교하면서 인튜이트 ROIC를 60%로 도출했는데 사실 마음이

편치 않았다. 인튜이트가 곧 수확 단계 비즈니스가 되지 않을 것이기 때문에 과하다는 생각이 들었다.

2019년 말쯤에 이르러서야, 내가 처음에 인튜이트의 어닝파워를 분석할 때 너무 단순하게 접근했다는 사실을 깨달았다. 그래서 아마존을 분석할 때처럼 인튜이트를 좀 더 깊이 들여다보았다.

퀵북스도 인튜이트처럼 사업이 두 부문으로 뚜렷이 구분되었다. 데스크톱 버전의 퀵북스와 클라우드에서 작동하는 퀵북스온라인(QBO)이었다. 퀵북스 데스크톱 버전은 오래된 기업들이 널리 애용하기 때문에 다른 새로운 제품이 나오더라도 교체하기가 어려웠다. 데스크톱 버전이 성숙기였다면 온라인 버전은 시장 진입기였다. QBO는 스마트폰에서도 PC처럼 사용하기 쉽게 제작한, 모바일 앱 시대에 어울리는 완벽한 제품이었다. 여기에 더해 마케팅과 제품 개발에 대한 지출로 누리는 경쟁우위 때문에 QBO 구독자 수는 거의 2년마다 2배로 증가하고 있었다. 하지만 QBO의 시장 점유율은 겨우 2%에 불과했다.

처음 인튜이트의 매출을 추정할 때 나는 과거 10년 동안의 매출 성장률인 연 9%를 적용했다. 하지만 인튜이트의 사업 구조에서 QBO 비중이 점점 더 커지고 있었다. 2015년 인튜이트 전체 매출에서 QBO가 차지하는 비중은 15%였고, 2019년 다시 조사해보니 25%가 되었다. 이런 성장률이 지속된다면 앞으로 수년 안에 QBO가 인튜이트 전체 매출에서 차지하는 비중은 50%가 될 것이다.

이것은 투자와 관련해 두 가지 중요한 의미가 있다. 양적인 측면에서 보면, QBO가 인튜이트 내에서 비중이 더 큰 비즈니스로 성장하면서 인튜이트의 성장이 가속화될 것이라는 점이다. 비즈니스의 질적 측면에서 QBO의 큰 성장이 의미하는 것은 거대한 해자를 지녔고 잠재시장 점유율이 한 자릿수에 불과한 최고의 사업 부문이 인튜이트에서 점점 더 중요해지고 있다는 사실이었다. QBO는 거대한 해자를 가지고 있지만 전체 시장에서 차지하는 점유율이 한 자릿수에 불과했다. 디지털시대와 QBO의 관계는 가치 2.0의 전성기에 버핏이 코카콜라와 질레트를 '성공할 수밖에 없다'고 했던 것과 같다.

이것이 내가 처음 분석에서 놓쳤던 부분이다. QBO는 디지털시대에 시장 지배력이 높은 비즈니스가 될 것이고 그리되면 인튜이트의 매출과 이익 또한 큰 폭으로 증가할 것이다. 처음에는 내가 재무분석가에서 사업분석가로 변하는 과정이었기에 미처 이런 생각을 하지 못했다. 말하자면 나는 숫자만 보고 비즈니스는 뒷전에 미뤄두었던 것이다. QBO를 정확하게 다시 분석했을 때 인튜이트의 손익계산서는 다음처럼 조정할 필요가 있었다.

- QBO의 연간 구독자 증가율을 역사적 평균인 35~40%보다 낮은 30%로 추정했다.
- QBO 구독자 1인당 매출액 성장률을 연 9%로 추정했다. 이것은 역사적 평균과도 일치하고, QBO를 급여 관리, 청구서 생성 등 추가 서비스를 판매하는 플랫폼으로 전환하려는 인튜이트의 노력과도 부합하는 수치였다.
- 터보택스와 퀵북스 데스크톱 같은 비교적 성숙한 비즈니스 부문의

성장률을 역사적 평균과 일치하는 연간 6%로 조정했다.

- 인튜이트의 영업이익률을 25%에서 40%로 조정했다.
- 인튜이트의 유통 주식 수가 매년 3%씩 감소하는 것으로 추정했다. 이는 경영진에 대한 관찰과 평가에 근거한 것이었다. 재무 감각이 뛰어난 인튜이트의 경영진은 오랜 시간에 걸쳐 주식 수를 계속 줄였다. 캐피털시티의 머피처럼 인튜이트 경영진도 비즈니스의 성장에 필요한 현금을 제외한 나머지 모든 잉여현금은 주주들에게 돌려주어야 한다고 생각했다. 이로써 ROIC와 주주의 회사 지분율이 모두 증가했다.

어닝파워를 조정한 후에 인튜이트의 PER은 20배 미만으로 떨어졌다. 따라서 나는 주당 300달러를 지불하고 인튜이트를 매수하면서도 전혀 불안하지 않았다. 비즈니스 품질, 경영진의 자질, 시장이 요구하는 가격이 모두 훌륭했는데, '인튜이트 BMP 템플릿'에서 이를 확인할 수 있다.

[표 9-3] 인튜이트의 어닝파워

단위: 100만 (고객 1인당 매출액과 주 당 데이터는 제외)	2019년 실제	2022년 예상치	예상 성장률	
퀵북스온라인(QBO)				
잠재 시장(사용자 수)	200	212	2%	
시장 침투율	2%	5%		
온라인 구독자	4.5	10	30%	
구독자 1인당 평균 매출액	$370	$481	9%	
온라인 매출액	$1,663	$4,791	42%	영업이익률을 기존 25%와 이상적 목표인
기타 매출액 (터보택스 등)	$5,121	$6,142	6%	60% 사이에서 합리적 수준인 40%로 조정
총매출액	$6,784	$10,933	17%	
영업이익률	25%	40%		
영업이익	$1,854	$4,373		
세율	16%	16%		경영진의 과거 자사주 매입 기록에 근거해 매
순이익	$1,554	$3,665		년 유통 주식이 3%씩 감소한다고 추정
발행 주식 수	264	237	-3%	
주당순이익(EPS)	$5.89	$15.44		인튜이트의 어닝파워 는 보고된 순이익의
주가	$300	$300		2.5~3배이기 때문에 주식은 PER 51배가
주가이익배수(PER)	51배	19배		아니라 어닝파워 PER 19배로 거래되고 있다.
메모: 전체 매출에서 QBO 매출 비중	25%	44%		

자료: SEC 인튜이트 연례보고서

[표 9-4] 2020년 초 인튜이트 BMP 템플릿

1 비즈니스 품질

비즈니스의 시장 점유율이 낮은가?

크고 성장하는 시장에 속하는가?

지속 가능한 경쟁우위가 있는가?

2 경영진의 자질

경영진이 소유주처럼 생각하고 행동하는가?

비즈니스 가치를 높이는 핵심 요인을 아는가?

3 가격 '거부권 행사 질문'

주식 수익률이 합리적인가(즉 5% 이상)?

그렇다
"트럭 화물칸에 퍼 담아라"라는 월스트리트의 은어처럼 대량으로 매수하고 BMP가 바람직한 상태를 유지한다면 장기간 훌륭한 투자 수익을 누릴 수 있다.

아니다
시장이 그 기업에 대해 더 좋은 가격을 제시할 때까지 기다려라.

	그렇다	아니다
그렇다. 중소기업의 장부 기재를 도와주는 핵심 제품인 QBO는 500만 명의 구독자를 보유하고 있다. 시장 규모는 아직 확실하지 않지만 2~8억 명의 잠재 사용자가 있는 것으로 추정된다.	✓	
그렇다. 위 통계에 더해 인튜이트의 모바일, 클라우드 기반 솔루션은 주로 수금과 영수증을 관리하는 중소기업의 기존의 회계처리 방식과 경쟁한다. 주요 경쟁자는 엑셀과 영수증을 담는 종이 상자다.	✓	
퀵북스는 중소기업의 일상 워크플로와 통합돼 있어서 퀵북스를 사용하던 기업이 경쟁사 제품으로 갈아타는 것을 매우 어렵게 만든다. 더욱이 인튜이트는 다른 어떤 경쟁기업보다 더 많은 현금흐름을 창출하고 있어서 판매와 연구개발에 더 많은 자금을 재투자할 수 있다.	✓	
그렇다. 창업자 스콧 쿡과 현재 임원들은 40억 달러 가치 이상의 주식을 보유하고 있다. 이들은 인튜이트의 미래에 많은 것을 걸고 있다. 주주로서 지분 보유에 더해 인튜이트의 임원들은 '상자에 포장해 판매하는 소프트웨어'에서 고객들의 삶을 더 쉽고 편하게 만드는 멋진 모바일 제품으로 발전시키는 능력을 보여주었다.	✓	
그렇다. 경영진은 재무 감각이 뛰어나다는 명확한 증거를 보여주었다. 인튜이트의 임원들은 총매출액 대비 고객획득비용(CAC) 등 거의 모든 비용을 측정하고 있다.	✓	
총점	**5점**	

BM 총점 평가표	
5점 만점에 4 또는 5점	장기적으로 훌륭한 투자 가치가 있다. 가격 평가 과정으로 넘어가라.
5점 만점에 3점	기다리면서 지켜보라. '아니다'가 '그렇다'로 바뀔 수 있다.
5점 만점에 0~2점	장기투자에 적합하지 않다. 선택에서 제외하라.

QBO가 머지않아 인튜이트의 주력 상품이 될 것임을 이해했을 때, 나는 최근의 어닝파워 기준 PER 20배 미만으로 인튜이트를 매수한 것을 알게 되었다.

분석에 대한 사후 검증

내가 인튜이트를 매수한 후에 코로나 팬데믹이 발생했다. 인튜이트 주가는 단기적으로 200달러 초반으로 급락했다. 나는 대규모 자금을 동원해 더 많은 주식을 매수하라는 보고서를 내고 싶었지만 그렇게 하지 않았다. 나는 아마존 주식을 매수하느라 바빴고 마스크와 화장지를 찾아다니느라 정신이 없었다. 그리고 미스터 마켓이 비이성적으로 행동하는 동안에도 이성을 유지하려고 노력했다.

하지만 투자 성과는 좋았다. 이 글을 쓰는 2022년에도 인튜이트의 비즈니스는 코로나 팬데믹 이후 계속 성장하고 있다. QBO는 현재 인튜이트 전체 매출의 30%를 차지하고 있고 인튜이트의 주가는 2년 전 내가 매수했을 당시보다 2배 가까이 상승했다.

10장

비테크주 성공 투자를 위한
핵심 질문

나는 '테크주에 돈이 있다'는 주장을 펼치는 데 책의 많은 부분을 할애했다. 그러나 테크주 투자로 나를 이끈 첫 번째 단서가 테크기업이 아닌 하이코였다는 사실은 아이러니다. 저비용 경쟁우위에 더해 거대 시장에서 낮은 점유율까지 갖춘 하이코 사례는 경제적 해자와 폭발적인 성장 잠재력을 갖춘 기업들만 투자 대상으로 정해야 한다는 지혜를 가르쳐주었다. 21세기 초 내가 연구하던 기업들에 이런 분석 모형을 적용해보니 기준을 만족시키는 기업의 90%가 우연히도 테크기업이었다.

그러나 10%는 테크기업이 아니었다. 나는 항공사, 페인트회사, 신용카드회사 주식도 보유하고 있는데, 이번 장에서는 그중 일부를 소개하려고 한다. 이번 장은 독자 스스로 유망한 비테크기업을 찾아내는 데 도움이 된다는 점에서 특히 중요하다.

구경제에 속하는 기업을 살펴볼 때도 분석 기준은 신경제 시대의 기업에 적용하는 것과 같아야 한다. 다시 한번 기준을 복습하면 다음과 같다.

거대 시장에서 시장 점유율이 낮고 지속 가능한 경쟁우위를 갖춘 **비즈니스**
+
소유주처럼 생각하고 기업가치를 끌어올릴 방법을 아는 **경영진**
+
주식 수익률 5% 이상, 어닝파워 PER 20배 이하의 **주가**

하지만 비테크기업 투자를 고려할 때 우리는 몇 가지 추가적인 질문을 던져봐야 한다. 테크기업은 흔히 '더 빠르고 더 저렴하며 더 나은 것'의 조합을 소비자들에게 제공한다. 그래서 테크기업은 당신이 검토하는 모든 비테크기업과 경쟁하고 있다고 가정하는 것이 가장 좋다. '무죄로 입증되기 전에는 유죄'라는 생각은 건전한 사법 원칙이 아닐 수 있지만 전통기업에 투자할 경우에는 사려 깊은 원칙이다.

취약한 비테크기업과 디지털시대에 성공할 비즈니스를 구별할 때 도움이 되었던 세 가지 질문을 소개하고자 한다. 더불어 이 세 가지 질문에 긍정적 답변이 될 3개 기업도 알아보고자 한다.

기술 저항성이 있는가?

경험상 비테크주 투자의 가장 좋은 출발점은 기술 저항성을 지닌 비즈니스 모델을 갖추었는지를 보는 것이다. 여기서 기술 저항성이란 디지털시대의 기술 혁신 추세를 자연스럽게 견뎌내는 힘을 말한다.

내가 보유하고 있는 모든 비테크기업은 대체로 기술 저항성이 있는데 그중 가장 뛰어난 것이 페인트회사 셔윈-윌리엄스(Sherwin-Williams, 셔윈사)다. 적어도 지금까지는 디지털 방식으로 페인트를 칠할 수 없다. 사람들의 내면에는 인테리어를 위해서든, 변덕스러운 날씨로부터 보호하기 위해서든 벽을 칠하고 싶은 욕망이 있다. 초기에 페인트는 기름과 물로 만들어졌지만 질감을 살리기 위한 조개껍데기, 색소를 위한 각종 베리류 또한 재료로 사용했다. 시간이 지나면서 보기 좋고 내구성이 강한 페인트 제조 기술은 엄격하게 보호를 받았다. 1502년 영국의 장인들은 '고매한 화공협회(Worshipful Company of Painter-Stainers)'라는 길드를 만들었다.

청교도 정신이 강한 미국에는 페인트 도색이 늦게 도입되었다. 1632년 '과도한 징두리 벽판과 다른 여러 장식'으로 집을 치장했다는 이유로 청교도들이 매사추세츠의 한 남성을 고발한 사건 때문이었다. 그러나 결국에는 미국식 실용주의가 이겼고 1866년 헨리 셔윈(Henry Sherwin)과 에드워드 윌리엄스(Edward Williams)는 세계 최초로 누구나 간단하게 사용할 수 있는 페인트 제조회사를 설립했다.

산업화시대가 발전하면서 페인트는 '표면 보호제'로 변했고 비바람으로부터 자동차, 선박, 비행기 등을 보호하는 마감재로 사용되었다. 셔윈사는 현대적인 마감 처리제를 다수 개발해 특허 등록을 했고 제품의 해자를 강화하기 위해 연구개발에 많은 돈을 투자했다. 셔윈사는 브랜드가 쉽게 알려지도록 마케팅에도 많은 돈을 썼다.

오늘날 셔윈사는 150년의 혁신과 브랜드 충성도에서 비롯된 경쟁우위를 가지고 있다. 하지만 셔윈사의 진정한 무기는 미국 곳곳에 존재하는 소매 점포망이다. 셔윈사는 5,000개 가까운 직영 매장 네트워크를 보유하고 있다. 셔윈사의 가장 강력한 경쟁업체인 PPG는 대략 1,000개의 매장을 운영한다.

매장 네트워크가 어떻게 셔윈사의 경쟁우위가 되었을까? 미국 전역에 걸친 광범위한 매장 네트워크 덕분에 매일 미국 도장공들과 접촉할 수 있기 때문이다. 다른 훌륭한 기업들처럼 셔윈사도 "고객들이 무엇에 관심이 있는가?"라는 질문을 토대로 제품을 만드는 방식을 통해 경제적 해자를 구축했다. 컴퓨터가 빌딩을 칠하는 방법을 배울 때까지 도장산업의 비용 구조는 단순하게 유지될 것이다. 페인트 작업 비용의 80%는 노무비이고 20%가 페인트 비용이다. 따라서 도장공에게는 시간이 곧 돈이다. 셔윈사는 바로 이런 사실을 정확하게 파악했다. 이런 비용 구조를 고려할 때 페인트 작업을 하는 도장공은 시간을 절약해주는 기업을 좋아하지 않을까? 그렇다면 매장을 많이 열어서 도장공 대부분이 매일 일하러 가면서 들르게 하면 어떨까?

그래서 셔윈사는 전국 곳곳에 매장을 설치하고 무료 길가 픽업 서비스까지 실시했다. 도장공은 트럭에서 내릴 필요가 없고 공짜 도넛도 받왔다. 셔윈사는 3,000대의 트럭을 통해 매장 네트워크를 보완하고 있다. 트럭 운전사들은 부족한 재고를 보충하기 위해 정기적으로 작업 현장을 오간다. PPG도 직접 운영하는 매장을 보유하고 있지만, 매장 수가 셔윈사의 5분의 1에 불과해 미국 전역에 걸친 네트워크를 구축하지 못하고 있다. 벤저민무어(Benjamin Moore)는 셔윈사보다 많은 매장이 있지만, 이 매장들은 직영이 아니라 개인 사업자 소유이기 때문에 하나의 조직처럼 운영되지 못한다. 셔윈사만이 미국 전역에 거래처를 가지고 있고 대규모 광고를 통해 성능이 향상된 새로운 제품을 지속적으로 출시할 수 있다. 도장공이 저녁에 10갤런의 무광택 백색 페인트를 주문하고 다음 날 아침 지역 매장에 가서 준비된 제품을 찾아갈 수 있도록 해주는 모바일 앱을 보유한 곳도 셔윈사뿐이다.

셔윈사의 경쟁우위는 광범위한 매장 네트워크에서 나오고 이런 경쟁우위는 점점 더 강해지고 있다. 회사는 매년 직영 매장 100개 가까이를 개설한다. PPG의 연간 신설 매장 수는 두 자릿수를 겨우 넘긴다. 셔윈사의 북미 지역 페인트 매출이 매년 6~7%씩 증가하는 것도 놀라운 일이 아니다. 이것은 경쟁사의 매출 증가율의 2배에 해당한다.

반면 셔윈사는 크고 성장하는 시장에서 점유율이 낮다. 전 세계의 페인트와 도장 시장은 여전히 파편화되어 있고 셔윈사의 시장 점유율은 단지 10%에 불과하다. 페인트시장은 연간 매출 규모가 1,500억 달러에 달할 정도로 거대하고 세계 경제보다 조금 더 높은 성장률을 기록하고 있다.

셔윈사의 경영진도 훌륭하다. 아마존의 베이조스나 캐피털시티의 머피와 달리 서원사에는 스타급 경영자가 없다. 하지만 매장에서 일하는 가장 낮은 직책의 수습 직원부터 CEO까지 모든 직원이 소유주처럼 생각하는 문화가 있다. 다른 많은 기업과 달리 서원사는 ROIC와 자본 배분 같은 여러 가지 원칙에 대한 이해를 CFO에게만 맡겨놓지 않는다.

경영진이 소통하는 방식뿐만 아니라 행동 양식에서도 이를 알 수 있다. 서원사는 기업 인수를 거의 하지 않지만, 한번 할 때는 매우 현명하게 한다. 2017년 서원사는 100% 차입금을 이용해 선두 업체인 발스파(Valspar)를 인수했다. 캐피털시티의 머피처럼 서원사 경영진은 주식을 이용할 필요가 없다고 생각했다. 그 대신 서원사의 풍부한 현금흐름을 이용해 여러 해에 걸쳐 차입금을 상환했다. 이를 통해 주주들은 자신들의 지분이 희석되지 않으면서 인수 효과를 영원히 누릴 수 있다. 재무 원칙이 없는 다른 기업들과 달리 서원사는 현금흐름에 대한 명확한 우선순위를 설정하고 이를 잘 지켰다. 서원사는 매장 네트워크 증설과 제품 개발, 서원사 브랜드에 자금을 재투자하고 있다. 이를 제외한 나머지 현금은 배당금 또는 자사주 매입 등을 통해 모두 주주들에게 돌려준다.

탁월함을 더해줄 기술 요소가 있나?

에퀴팩스(Equifax)는 1899년에 설립되지 않았다면 테크기업으로 올바르게 분류되었을 수 있다. 에퀴팩스가 판매하는 제품은 소비자 신용정보로, 단지 숫자뿐이다.

대부분의 사람은 자신의 신용등급 점수를 안다. 하지만 개인의 신용등급 결정에 사용되는 원시 데이터를 생산하는 3개 회사 가운데 에퀴팩스가 있다는 사실을 아는 사람은 많지 않다. 에퀴팩스는 가이(Guy Woolford)와 케이터 울포드(Cator Woolford) 형제에 의해 설립되었다. 이들은 19세기 말 애틀랜타에서 일일이 기업들을 방문해 고객들이 채무를 제때 상환하는지를 조사했다. 울포드 형제는 기업의 답변을 근거로 '빠름(prompt), 느림(slow), 현금 필요(requires cash)'라는 일반적 범주로 분류해 장부에 기록했다. 그들은 사무실로 돌아가 수집한 자료를 《Merchant's Guide(상인 안내서)》라는 책으로 출판했다. 이 책은 당시로서는 상당히 비싼 가격인 25달러에 판매되었지만 애틀랜타의 기업들은 그 정도의 가치가 있다고 생각했다. 신용거래를 연장해주기 전에 고객의 신용을 알아보는 것은 실제로 충분한 가치가 있었기 때문이다.

이렇게 해서 현대적인 미국의 신용정보회사가 탄생했다. 신용정보회사는 아날로그 방식의 《상인 안내서》에서 디지털 방식으로 정보를 제공하는 비즈니스로 발전했다. 그러나 비즈니스 모델은 여전히 똑같다. 주로 은행과 다른 금융기관으로 구성된 잠재적 신용공여자가 에퀴팩스, 그리고 경쟁업체인 트랜스유니언(Trans Union)과 엑스피리언(Experian)에 고객 정보를 제공한다. 신용정보회사는 '빠름, 느림, 현금 필요'보다 훨씬 더 정교한 방식으로 데이터를 세분화한 후에 원시 데이터를 제공한 금융기관에 가공한 정보를 판매한다.

주요 고객이 핵심적인 원재료를 무상으로 제공하고 가공품을 역구매한다면 이는 매우 훌륭한 비즈니스다. 더구나 이런 비즈니스는 매우 거대한 진입 장벽에 의해 보호까지 받고 있다. 에퀴팩스와 두 경쟁 기업은 여러 세대에 걸쳐 신용정보사업을 해왔고 은행들은 이들과의 거래에 익숙하다. 은행은 신용정보회사의 분석 자료 덕분에 매우 귀중한 고객 정보를 얻기 때문에, 시장에 진입하는 새로운 경쟁기업에 똑같은 원시 신용 데이터를 무료로 제공할 생각이 없다. 이런 이유로 신용정보회사는 구글, 페이스북 그리고 기타 테크기업과 마찬가지로 디지털경제의 혜택을 누리고 있다. 이들이 판매하는 제품은 물리적인 것이 아니라, 단지 0과 1로 구성된 정보일 뿐이다. 금융기관들이 이런 정보에 접근하기 위해 비용을 지급할 때마다 에퀴팩스의 이익률은 점점 더 100%에 가까워진다.

신용정보회사는 놀라울 정도로 기술 저항성이 높다. 수많은 핀테크 기업이 고객의 소셜미디어 계정을 조사해서 채무 상환 성향을 추측하려고 시도했지만, 고객의 실제 채무 기록을 보는 것만큼의 효과는 없었다. 누군가 자신의 신용정보를 보는 것에 민감하게 반응하는 소비자도 있을 수 있다. 하지만 거의 모든 미국인은 오히려 신용공여자들이 자신의 신용정보를 확인해주기를 원한다. 그래야 대출을 받을 수 있기 때문이다. 젊은 투자자를 고객으로 확보하고 싶은 한 금융서비스 스타트업이 고객의 신용정보를 신용정보회사와 공유하지 않겠다고 약속하는 방식으로 더 많은 고객을 확보할 수 있다고 생각했다. 하지만 고객들은 이런 방침에 반발했다. 신용정보를 제공하지 않으면 자동차 할부금 대출이나 주택담보대출을 받을 수 없었기 때문이다.

2017년 에퀴팩스에서 소비자들의 공분을 불러일으키는 사건이 발생했다. 해커들이 회사의 IT 시스템을 해킹해 미국 인구의 절반에 가까운 약 1억 5,000만 명의 신용정보를 훔친 것이다. 설상가상으로 도난당한 정보 가운데 상당수는 신원을 확인하는 데 필요한 4가지 주요 정보인 이름, 주소, 생년월일, 사회보장번호를 포함하고 있었다. 에퀴팩스의 CEO는 사임했고 결국 에퀴팩스는 약 10억 달러의 벌금과 집단 소송 합의금을 지불하는 데 동의했다.

에퀴팩스 주식은 개인정보 유출 사건 이후 폭락했고 나는 그 주식을 매수했다. 미스터 마켓이 훌륭한 기업을 저렴한 가격에 살 기회를 주었다고 생각했기 때문이다. 개인정보 유출은 바람직한 일은 아니었지만 에퀴팩스가 무너질 가능성은 없어 보였다. 미국 기업들의 추잡한 작은 비밀이 하나 있는데 벌금과 집단 소송 합의금은 기업을 경영하는 비용에 불과하다는 것이다. 아무도 수억 달러를 지불하고 싶지 않지만, 이런 합의금은 일반적으로 1년 치 순이익 정도에 불과하다. 일단 지불되면 그 돈은 사라지지만, 이런 일이 벌어지는 동안에도 훌륭한 비즈니스는 평소처럼 계속 돈을 번다.*

그로부터 몇 년 후 에퀴팩스는 개인정보 유출 사건을 자세히 살펴보았다. 그러고는 새로운 IT 관리자를 고용했고, 벌금을 모두 낸 다음 새

---

* 유출된 개인정보 1억 5,000만 건 가운데 상품 구매에 사용된 사례가 단 한 건도 없었다는 사실은 매우 흥미롭다. 이런 정보 유출 사건의 경우 해커들은 도둑이 아니라 비밀 정보원인 경우가 많다. 2020년 초 미국 법무부는 중국인 장교 4명을 에퀴팩스 개인정보 해킹 혐의로 기소했다. 중국은 훔쳐 간 에퀴팩스의 자료에서 민감한 정보와 당혹스러운 신용정보를 가진 4성 장군을 찾을 수 있을 것으로 믿었다.

CEO를 영입했다. 새 CEO는 개인정보 유출 위기를 기술에 더 많이 투자하는 기회로 활용했다.

에퀴팩스 같은 훌륭한 비즈니스는 매우 드물다. 지속적으로 좋은 실적을 내는 탁월한 비즈니스를 찾아내는 일은 훨씬 더 어렵다. 에퀴팩스는 이런 비즈니스 가운데 하나다. 이미 높은 진입 장벽에 의해 보호받는 에퀴팩스는 기술을 통해 매출 성장과 이익 성장, 그리고 가장 중요한 경쟁우위를 강화하고 있다.

이를 위해 에퀴팩스는 많은 투자를 해야 한다. 에퀴팩스는 데이터를 사내 서버에서 구글의 클라우드 플랫폼으로 이전하기 위해 향후 수년 동안 15억 달러를 투자할 계획이다. 이런 투자가 단기적으로는 순이익을 악화시키겠지만 데이터 이전이 완료되면 에퀴팩스의 장기 어닝파워는 더욱 높아지고 비용은 더욱 낮아질 것이다. 고객에게 제공하는 데이터는 더 강력해지고 더 가치 있어질 것이다.

오늘날의 많은 테크기업과 마찬가지로 에퀴팩스도 장기 이익을 성장시키기 위해 단기 이익을 포기하고 있다. 이것이 현재의 PER을 보는 단기 투자자를 불안하게 만들지만 장기투자자에게는 바람직한 일이다. 개념적으로는 에퀴팩스가 납부해야 했던 벌금과 비슷하다. 그러나 이런 비용 지출이 끝나면 에퀴팩스는 더 이상의 부담 없이 어닝파워가 지속적으로 향상될 것이다.

저소득층에도 서비스를 제공하는가?

'달러제너럴(Dollar General)'이라는 이름은 오해의 소지가 있다. 달러제너럴이라는 잡화점은 이름처럼 모든 상품을 1달러에 판매하지는 않는다. 대신 도시와 농촌 지역의 저소득층이 편리하게 접근할 수 있는 작은 매장에서 빵과 달걀 같은 생필품을 판매한다. 달러제너럴은 놀라운 회사지만 사람들이 제대로 이해하지 못하고 있다. 회사는 고객들에게 선한 일을 하면서 동시에 돈을 번다. 미국에는 불행한 일이지만 달러제너럴이 제공하는 상품과 서비스에 대한 수요는 계속 증가하고 있다.

달러제너럴은 에퀴팩스와 서원사에 관해 내가 이야기한 모든 자질을 갖추고 있다. 페인트 가게처럼 길목에 있는 매장은 기술 발전의 영향을 덜 받는다. 어떤 온라인 소매점도 심지어 '인스타카트'도 퇴근길에 잠깐 들러 저녁거리를 사는 편리함에서는 달러제너럴의 적수가 되지 못한다. 비록 달갑지 않은 이유에서지만 달러제너럴은 에퀴팩스처럼 오늘날 사업이 점점 더 번창하고 있는 몇 안 되는 기업 가운데 하나다.

달러제너럴의 기술 저항성은 대체로 편의성 측면에 있지만, 고객들이 연간 139달러에 달하는 아마존 프라임 구독료를 감당할 수 없다는 점에도 있다. 달러제너럴을 방문하는 고객들의 연소득은 미국 평균의 절반 수준이다. 달러제너럴 매장에는 "저소득층 영양보충지원 프로그램' 카드 받습니다"라는 포스터를 흔하게 볼 수 있다. 저소득층 영양보충지원 프로그램은 과거에 식료품 할인권(food stamp)으로 알려졌던 연방 프로그램이다. 달러제너럴 매장의 경제성을 이해하려면 미국의 빈

곤충 세계를 알아야 한다. 나는 예전에 달러제너럴의 임원 한 명과 함께 매장을 둘러보았다. 그 임원은 왜 어린이 런치박스용 웰치스(Welch's) 주스를 일반 용기가 아닌, 재밀봉 뚜껑이 달린 플라스틱 용기에 담아 판매하는지를 설명해주었다. 재밀봉이 가능한 뚜껑 덕에 어린이가 주스를 마신 후에 용기를 집으로 가져가면 엄마가 이를 재사용하거나 다음 날 점심시간에 마실 주스를 물과 섞어 담아줄 수 있다고 했다.

일부 진보주의자들은 달러제너럴이 미국의 영양 위기를 악화시켰다고 비난한다. 신선한 과일과 채소 대신 '리틀데비(Little Debbie)'[*]의 과자를 많이 팔기 때문이다. 하지만 이런 비난은 문제의 근본 원인을 잘못 파악한 것이다. 달러제너럴은 식품 사막(food deserts)[**]을 만드는 것이 아니라 식품 사막 문제에 대응하고 있을 뿐이다. 종종 달러제너럴은 타깃(Target)이나 크로거가 문을 닫은 지역에 매장을 연다. 이런 지역에서는 달러제너럴을 대체할 대안이 없다. 영양학자들은 현재 달러제너럴이 현미, 콩, 통밀빵을 공급함으로써 저소득층의 식단 개선에 어느 정도 기여하고 있다고 주장한다. 공중보건학 교수인 엘리자베스 러신(Elizabeth Racine)은 〈블룸버그 비즈니스위크〉에 "달러제너럴에 관한 생각이 바뀌었습니다. 다른 많은 매장이 진출하지 않으려는 저소득층 지역에서 기꺼이 영업하니 고맙습니다"라고 말했다.

---

[*] 미국의 저가형 과자 브랜드로 당분이 많이 함유된 것으로 유명. – 옮긴이
[**] 반경 400미터 이내에 신선식품 가게가 없고 주민 30% 이상이 차가 없어 대형 마트에 가기 힘든 지역. – 옮긴이

다른 많은 소규모 지역사회에서 사실상의 독점 매장인 달러제너럴은 과거 잡화점들의 사례를 쉽게 따라 하면서 고객들에게 바가지를 씌울 수 있었다. 하지만 그렇게 하지 않고, 오히려 월마트보다 3~5% 정도 더 저렴하게 가격을 유지하려고 노력하고 있다. 바잉파워(buying power)가 월마트의 10분의 1도 안 되는 달러제너럴이 종종 외딴곳에서 작은 점포망을 유지해야 한다는 점을 고려하면 놀랍지 않을 수 없다. 달러제너럴은 ROIC가 20% 정도로 매우 훌륭한 기업이지만 약탈적인 기업은 아니다. 실제로 달러제너럴은 두 경쟁업체인 컨슈머밸류스토어(Consumer Value Store, CVS)와 월그린(Walgreen)에 비해 40% 정도 낮게 가격을 책정하고 있다. 가장 최근에 내가 확인했을 때 CVS에서 '실크(Silk)' 아몬드우유 1갤런 가격이 4달러였는데 달러제너럴은 2.5달러였다.

월그린과 CVS는 편리함을 앞세워 고객들을 끌어들이지만 달러제너럴은 편리함과 가격 두 가지 모두에 의존한다. 달러제너럴은 고객의 관점에서 생각하는 방식으로 성공하고 있다. 편의점들이 매출 확대를 유지하는 데 많은 어려움을 겪고 있는 가운데 달러제너럴은 기존 점포 기반의 동일 매장 매출이 31년 연속으로 증가했다. 내 옛 신문사 선배였던 스티스가 내게 "사람들이 조만간 너의 진짜 가치를 알게 될 거야"라고 말했던 것처럼 머지않아 달러제너럴도 그 진정한 가치를 인정받을 것이다.

매출 규모가 월마트의 6%에 불과한 달러제너럴은 거대한 미국 소매시장에서 낮은 점유율을 기록하고 있다. 달러제너럴은 낮은 비용, 편의성, 고객의 신뢰 등 많은 경쟁우위가 있다. 안타깝게도 달러제너럴 매장에 대한 수요도 계속 증가하고 있다. 미국 사회가 교육 수준이 높고 디지털에 능숙해 산업 변화에 적응한 도시인들과 그렇지 못한 빈곤층으로 양분되어 있기 때문이다. 미국의 도시들은 마케팅, 미디어, 금융, 기술 같은 분야에서 일하는 후기 산업사회의 지식 근로자로 가득하다. 하지만 도시의 일부 지역은 여전히 빈곤하고 소외된 채 남아 있다. 미국의 광대한 농촌 지역은 미국 공장의 해외 이전으로 황폐화되었다.

달러제너럴은 이처럼 빈곤하고 공동화된 지역에 매장을 연다. 이런 지역은 해마다 늘고 있다. 5년 전 달러제너럴은 새로운 지역 1만 개에 저가 상품 소매점이 추가로 진출할 수 있을 것으로 추정했다. 그 이후 수천 개 매장이 생겨났지만 달러제너럴은 현재 미국에 1만 2,000개의 매장이 더 필요하다고 보고 있다. 디지털 격차(digital divide)가 점점 더 커지면서 달러제너럴에 대한 수요도 늘고 있다.

3부

투자 성과를 올려줄
마지막 퍼즐

11장

매력적인 투자 대상 찾기

많은 사람이 내게 어디에서 투자 아이디어를 얻는지 물어본다. 투자 아이디어를 찾아내는 것이 어렵다는 뜻이겠지만 실상은 그 반대다. 나는 25년 이상 매일 좋은 투자 대상을 찾아왔기 때문에, 아이디어 찾기가 어려운 것이 아니라 아이디어를 걸러내고 어디에 투자할 것인지를 선별하는 것이 가장 어렵다. 내가 기관투자가로 일하기 시작했을 때 독자들이 물어보는 똑같은 질문을 나 자신에게 했던 기억이 난다. '어디서 시작해야 할까?' 나는 어딘가에 틀림없이 수많은 투자 아이디어로 가득한 강이 있을 것이라는 생각을 했다. 그 강에 뛰어 들어가면 그 물결이 나를 투자 아이디어로 이끌어 갈 것으로 생각했다. 내 생각이 맞았다. 하지만 나는 투자 세계에서 신출내기였기 때문에 그 강이 어디에 있는지 몰랐다.

독자들이 투자 아이디어가 가득한 강을 찾는 것을 도와주기 위해 피터 린치가 한 세대 전에 책을 통해 내게 해준 조언으로 시작하려고 한다. 당신 눈앞에 있는 것에서 시작하라. 당신의 경험을 당연한 것으로 여기면 안 된다. 경험을 활용하라. 당신의 경험을 잘 활용하면 적어도 연구할 가치가 있는 하나의 아이디어를 얻게 될 것이다. 그 아이디어로 성공하지 못할 수도 있지만 하나의 아이디어는 다른 두 개의 아이디어로 이끌어 줄 것이다. 두 개의 아이디어는 더 많은 아이디어에 관해 알려줄 사람들과 당신을 연결해줄 것이다. 이런 과정을 경험하다 보면 언젠가는 그 강물에 빠져 수면 위로 머리를 내밀며 고군분투하는 자신을 발견하게 될 것이다.

매력적인 투자 대상을 찾기 위한 연구를 시작했다면 개인적 경험과 직업적 경험을 모두 활용해야 한다. 서로 다르지만 두 경험이 모두 귀중한 이유가 있다. 다음에 설명하는 것처럼 각각 장단점이 있기 때문이다.

업계 전문성을 경쟁우위로 만들기

익숙하면 그 가치를 모르게 된다. 그래서 당신은 아마도 일상적인 직장 생활에서 당신이 가진 경험적 우위가 얼마나 큰지 모르고 있을 것이다. 당신은 자신이 속한 작은 경제 세계에서 어떤 기업이 성공하고 있고 어떤 기업이 그렇지 못한지 다른 99%의 투자자들보다 잘 알고 있다. 버핏은 이런 업계 전문성을 '능력범위(circle of competence)'라고 부른다. 각자의 능력범위를 이용해 투자 아이디어를 찾으면 매우 좋은 성과로 이어질 수 있다.

우리 가운데 상당수는 이런 사실을 인정하고 싶어 하지 않는다. 하지만 이른바 전문가들은 특정 경제 분야에서 일하면서 깊은 지식을 가진 사람들을 부러워한다. 당신은 시간이 지나면서 몇몇 다른 산업 분야로 능력범위를 넓힐 수 있다. 반면 전문가들은 외지인이 도시를 방문할 때처럼 수박 겉핥기식으로 여러 경제 분야를 이해한다. 도시 거주자인 당신은 좋은 동네와 위험한 동네를 알고 있다. 수상한 인물과 믿을 만한 시민을 알고 있다. 이런 지식이 당신의 경쟁우위가 된다.

피터 린치는 대부분의 개인투자자가 이런 경쟁우위를 이용하지 않고 그 가치를 모르는 것을 안타깝게 생각했다. 린치는《전설로 떠나는 월가의 영웅》에서 다음과 같이 말했다.

> 일반적으로 의사를 상대로 조사하면 나는 단지 소수만 의료 관련 주식에 투자하고 더 많은 의사가 석유 주식에 투자했다고 답할 것이라고 장담한다. 신발 가게 사장들을 조사하면 신발보다 항공우주산업에 투자했다고 답하는 사람이 더 많을 것이다. 반면에 항공우주 기술자들은 신발 관련 주식에 투자할 가능성이 더 크다.

린치의 지적처럼 이것은 당시에도 틀린 생각이고 특히 오늘날에는 더욱 잘못된 생각이다. 지금은 기술의 변화 속도가 매우 빠르기 때문에 당신의 전문 지식은 경제가 안정적으로 발전하는 시대보다 훨씬 더 가치가 있다. 변화의 속도가 빠를 경우 업계 전문가와 나머지 사람들 사이의 지식 격차는 더욱 커진다.

당신이 속한 분야의 인맥과 지식을 활용해 투자 아이디어를 찾아라. 당신이 마케팅 분야에서 일하고 있다면 거의 모든 투자 전문가들보다 '세일즈포스(Salesforce)'에 관해 더 잘 알고 있다. 세일즈포스가 해자를 넓히고 있는가? 아니면 어떤 누군가가 해자 아래로 땅굴을 파고 있는가? 거대하고 수익성이 높은 고객관리 소프트웨어시장에서 더 빠르고 특화된 경쟁자가 진출할 여지가 있는가? 나는 잘 모른다. 하지만 마케팅업계에 종사하는 당신은 답을 알 것이다.

오토데스크, 스플렁크, 앤시스처럼 기업고객을 상대하는 회사들도 마찬가지다. 당신이 산업디자인 분야에서 일하고 신상품의 시제품을 검증하기 위해 컴퓨터 시뮬레이션 소프트웨어를 이용하고 있다면 앤시스가 경제적 해자를 가졌는지 아닌지를 다른 어떤 사람보다 잘 알 것이다.

다른 기업에 서비스를 판매하는 세일즈포스와 앤시스 같은 기업의 경우 한 가지 주의해야 할 점이 있다. 일반적으로 이른바 B2B(기업 대 기업 거래) 기업의 고객들은 개인 소비자보다 충성도가 훨씬 약하다. 개인 소비자에게 상품과 서비스를 제공하는 기업과 달리 B2B 기업은 소비자 선호도나 고객의 습관 또는 브랜드에 의존할 수 없다. B2B 시장은 가격과 성능에 의해 결정된다. 이 때문에 B2B 기업은 경쟁우위를 유지하기가 훨씬 더 어렵다.

모든 B2B 기업은 더 빠르고 더 싸고 더 나은 것에 관심을 기울인다.

B2B 생태계에서는 브랜드 해자가 존재하지 않는다. B2B 시장에서 기업의 경쟁우위는 대부분 하이코처럼 핵심적인 제품을 저비용으로 생산하는 것이다. 하지만 저비용의 해자도 조심해야 한다. 경쟁기업들이 그 해자를 무너뜨리기 위해 언제나 열심히 노력하고 있기 때문이다.

이런 이유로 B2B 분야에서의 통찰은 해당 기업의 해자가 깊고 정말로 오래 지속될 수 있다고 확신하는 경우에만 실행으로 옮길 수 있다. 나와 정기적으로 포커 게임을 하는 친구 헨리크(Henryk)가 최근 내게 '알테릭스(Alteryx)'라는 회사를 아느냐고 물었다. 알테릭스는 수많은 숫자 데이터를 수집하고 분석하는 회계법인과 기타 관련 기업을 위한 소프트웨어를 만드는 회사다. 나는 알테릭스에 관해 아는 것이 없지만 헨리크에게 그 회사에 관해 몇 가지를 물어봤다. 시장의 선두 기업인가? 그는 그렇다고 했다. 그 회사의 소프트웨어를 사용하지 않고 업무를 하는 것이 가능한가? 그는 절대로 불가능하다고 답했다. 알테릭스가 저비용 생산자는 아니지만, 시장에서 판매되는 다른 저렴한 제품들은 매우 열등하다고 헨리크가 설명했다. 알테릭스의 제품을 사용하자 회사의 생산성이 크게 향상되었고, 다른 경쟁기업을 찾을 수 없다고 했다. 이런 답변을 듣고 나서야 나는 그에게 그 아이디어를 좀 더 발전시켜보라고 격려했다.

일상적인 소비자 경험 활용하기

소비자가 고객인 테크기업을 대상으로 투자 아이디어를 연구하는 것은, 직장과 관련된 분야를 연구하는 것과는 반대다. 수십억 명이 애플과 알파벳의 제품을 매일 사용하기 때문에, 그 제품들이 어떻게 작동하며 얼마나 중요한지를 전 세계 많은 사람이 잘 알고 있다. 모두가 관련 지식을 가지고 있기 때문에 이런 기업에 관해 가치 있는 통찰력을 얻기란 그만큼 더 어려운 일이다.

하지만 이런 기업들 분석에서 우위를 확보하는 것이 불가능한 일은 아니다. B2C 테크기업에 관해서는 한두 단계 더 깊이 살펴봐야 한다.

아마존이 이커머스기업의 선두 주자임은 모두가 알고 있다. 비교적 작고 독립적인 상인들이 상품을 판매하려고 아마존의 플랫폼을 이용하는 것도 잘 알려진 사실이다. 하지만 이런 상인 중 상당수가 아마존이 부과하는 높은 수수료에 불만을 품고 '쇼피파이(Shopify)'로 전환한다는 사실을 아는 사람은 많지 않다. 쇼피파이는 소규모 기업들이 각자의 가상점포를 만드는 것을 도와주는 소프트웨어를 만든다. 쇼피파이에서 상인들은 아마존 플랫폼에서 할 수 있는 거의 모든 작업을 수행할 수 있다. 하지만 수수료는 훨씬 더 저렴하다. 그래서 쇼피파이를 아마존을 대체할 반(anti)-아마존이라고 부르기도 한다. 아마존의 손쉬운 대체재는 실제로 고객과 주주에게 큰 성공을 안겨주었다. 쇼피파이의 주가는 2015년 기업공개를 한 후 2022년까지 40배 상승했다.

이와 유사하게 넷플릭스가 동영상 스트리밍시장을 장악하고 있다는 사실은 잘 알려져 있다. 하지만 '로쿠'가 넷플릭스와 TV를 연결하는 단말기시장을 장악하고 있다는 사실을 아는 사람은 많지 않다. 로쿠는 경쟁우위가 없는 하드웨어업체로 출발했지만 21세기 초에 시장을 선도하던 중간상에서 통행료를 받는 유료 교량으로 지위가 바뀌었다. 수많은 가정에서 로쿠 단말기를 사용하고 있고 그 결과 로쿠는 동영상 스트리밍 기업을 상대로 구독료 가운데 일부를 나누거나, 아니면 로쿠 하드웨어의 스트리밍서비스를 제공받지 못하는 위험을 감수하라고 요구하고 있다. 주식시장은 로쿠의 이런 강점에 주목했다. 2018년 상장한 로쿠의 주식은 시장 평균을 크게 웃도는 성과를 냈다.

때때로 눈앞에 있는 가장 유명한 테크기업조차 그 가치를 알아채지 못하는 경우가 있다. 시장 붕괴는 종종 이런 기업을 발견하는 기회를 준다. 닷컴버블이 터졌을 때 나는 그레이엄처럼 자산의 청산가치에 해당하는 가격으로 애플의 주식을 살 수 있었다. 정상적인 시장에서는 어닝파워 분석이 이런 가치를 발견하는 데 도움이 되는 중요한 도구가 될 수 있다. 모든 사람이 아마존이 지배적 사업자라는 것을 알고 있지만, 아마존의 주가가 매력적이라는 것을 아는 사람은 많지 않다.

세대 간 디지털 격차를 인정하라

어떻게 기술이 부유하고 교육 수준이 높은 사람들에게 혜택을 주며 교육 수준이 낮은 사람들을 더 가난하고 시대에 뒤처지게 하는지를 설명하기 위해 '디지털 격차'라는 용어가 사용된다. 그러나 세대 사이에도 디지털 격차가 존재한다. 나이 든 투자자들은 피터 린치 같은 사람들에게서 주식 투자를 배웠고, 린치의 투자 방식을 통해 좋은 투자 성과를 거두었다. 그러나 이들은 새로운 디지털경제에 관해서는 교육받지 못했다. 젊은 투자자도 크게 다르지 않다. 젊은 투자자들은 디지털 시대에 태어났기에 기술을 이해하고, 디지털경제에 관해서는 특별한 교육이 필요 없을 정도다. 하지만 이들은 세 번에 걸친 시장 붕괴에 겁을 먹었고, 그 결과 대공황 이후 지금까지 전례 없을 정도로 주식시장을 불신한다.

이처럼 나이 든 투자자와 젊은 투자자 모두 투자 환경을 전체적으로 이해하는 능력과 지식에서 한계를 드러내고 있다. 따라서 "아는 것을 매수하라"라는 격언도 주의해서 받아들여야 한다. 앞서 이야기한 것처럼 나이 든 투자자들은 상대적으로 시장을 잘 알지만 기술을 잘 이해하지 못한다. 반면 젊은 투자자들은 기술에 관해서는 비교적 잘 알지만 시장을 잘 모른다. 젊은 세대와 나이 든 세대 모두 이런 지식의 격차를 해소할 때까지는 오늘날의 역동적인 경제 환경에서 이익을 얻을 준비가 돼 있다고 할 수 없다.

젊은 투자자를 위한 조언

데이터에 근거하고 이성적으로 행동하라

젊은이들이 경험한 시장 붕괴와 재무상태의 건전성을 고려할 때 '금융 시스템'을 믿지 못하는 것은 당연하다. 학자금 대출에 허덕이고 미래도 불투명한 이들에게 미국은 능력주의 사회가 아니고 게임의 규칙이 불공정한 사회라고 믿을 합당한 이유가 있다.

하지만 이런 경험 때문에 비이성적인 '밈주식(meme stock)'*이나 '도지코인(Dogecoin)'**의 세계로 빠지는 것은 어리석은 일이다. 암호화폐에 투자해 돈을 벌 수 있을지도 모른다. (12장에서 이 문제에 관해 좀 더 자세하게 다룰 것이다.) 하지만 그런 낯선 영역에 들어서기 전에 나는 젊은 투자자들에게 미국 주식시장의 데이터와 친해지라고 조언하고 싶다. 지난 100년 이상 미국 주식시장은 다른 어떤 곳보다 더 많은 부를 창출했다. 그렇게 생각하지 않는 독자도 있겠지만, 과거 데이터는 기복이 심했던 지난 세대 동안에도 미국 주식시장이 가장 훌륭한 투자처였음을 보여준다.

밀레니얼세대가 태어난 시기(1981~1996년)의 중간 시점인 1988년 이후 미국 주식시장은 수많은 상승과 하락에도 불구하고 연간 11% 정도

---

* 온라인에서 입소문을 타 개인투자자의 눈길을 끄는 주식. - 옮긴이
** 2013년 12월, 빌리 마커스(Billy Markus)와 잭슨 팔머(Jackson Palmer)가 만든 라이트코인 기반의 암호화폐. - 옮긴이

상승했다. 이것은 100년에 걸친 S&P지수의 평균 상승률인 9%보다 훨씬 더 좋은 수익률이다. 다른 중요한 전통적 투자 대상인 미국 부동산의 가치는 1988년 이후 연간 4% 정도 상승했다. 1988년에 빚을 지지 않고 1만 달러를 부동산에 투자했다면 지금은 3만 5,000달러가 되었을 것이다. 하지만 주식시장의 인덱스펀드에 1만 달러를 투자했다면 지금은 10배 이상 증가했을 것이다. 당신이 시장을 능가하는 훌륭한 비즈니스를 발견해 투자했다면 훨씬 더 나은 성과를 거두었을 것이다.

주식 투자는 순탄하지 않다. 코로나 팬데믹이 시작되었을 때 주식시장은 한 달도 안 되는 기간에 30%나 하락했다. 역사상 가장 급격한 침체였다. 이런 시기에 공포에 질리는 것은 당연하다. 하지만 이런 때일수록 이성을 유지하고 그레이엄의 친구인 미스터 마켓을 기억해야 한다. 그리고 "주식시장이란 무엇일까?"라고 자신에게 물어보라. 주식시장은 시간이 지남에 따라 가치가 발견되는 곳이다. 이 진리를 마음 깊이 새긴다면 시장의 하락은 훌륭한 비즈니스를 할인가로 매수할 기회일 뿐이다.

기술을 안다면 테크닉을 마스터하라

당신이 기술을 잘 안다는 것은 강점이다. 하지만 그 지식을 어떻게 이용할 수 있는지를 알아야 강점이 발휘된다. 기술을 적당히 아는 것으로는 충분하지 않다. 어떤 해자를 찾아봐야 하는지, 훌륭한 경영진의 특징은 무엇인지를 이해해야만 한다. 또 훌륭한 비즈니스뿐만 아니라 가격이 매력적인 비즈니스 또한 찾아낼 수 있도록 기본적인 가치평가 도구도 잘 알아야 한다. 이것이 이 책의 2부에서 설명한 내용이고 가치 3.0 시대에 주식을 선택하는 과정의 핵심이다. 이 부분을 건너뛰었다면 다시 돌아가 읽어볼 것을 권한다.

현대 디지털 라이프의 소음을 끄는 것도 중요하다. 디지털시대에 태어난 것과 관련해 바람직하지 않은 것 가운데 하나가 끝없이 소음이 쏟아진다는 사실이다. 우리 세대는 아침에 신문을 읽고 저녁에는 TV 뉴스를 보면서 자랐다. 그러나 오늘날 정보는 소방 호스에서 뿜어져 나오는 물줄기처럼 스마트폰을 통해 쏟아진다. 당신이 멈춰 세우지 않으면 정보는 계속 들어온다. 스마트폰을 끄거나 적어도 정보를 걸러서 중요하고 도움이 되는 정보만 당신에게 도달할 수 있도록 하라. 그러지 않으면 기술적 표현으로 당신의 머리는 신호 0%, 소음 100%인 데이터로 가득하게 될 것이다.

중요한 방해물 가운데 하나가 로빈후드 같은 주식 거래 플랫폼처럼 젊은이를 상대로 투자를 '게임화'하는 일이다. 로빈후드는 번듯한 앱에 젊은 모델을 내세워 "나는 빈털터리 대학생이지만 투자가 내 미래를 바꾸는 데 큰 도움을 줄 것입니다"라는 광고를 내보내면서 빠르게 성장했다. 이것이 무슨 말일까? 투자를 게임이라고 규정하는 것에는 문제가 없다. 이런 생각이 투자를 재미있고 도전적으로 만들기 때문이다. 하지만 투자는 독특한 형태의 게임이다. 투자라는 게임의 본질을 잘못 이해하면 그 게임에서 실수를 범하게 될 것이다. 투자는 룰렛과 같은 방식으로 하는 게임이 아니다. 즉 투자는 확률 게임이 아니다. 승자와 패자가 몇 분, 며칠 또는 몇 달 사이에 결정되지 않는다. 투자는 장기간에 걸친 게임이다. 기술과 전략, 그리고 무엇보다도 수년에 걸친 꾸준한 노력에 보상이 주어지는 게임이다.

물론 미국은 자유국가이고 자유시장 경제다. 얼마든지 자신이 원하는 방식으로 투자 게임을 할 수 있다. 하지만 빠르게 부자가 되려는 것보다 느리게 부자가 되려는 노력을 통해 더 많은 부가 쌓였다. 단시간에 부자가 되려는 시도 가운데 상당수는 환멸이나 재앙으로 끝났다. 초창기 증시에서 시세판 사환으로 일했던 제시 리버모어(Jesse Livermore)는 오늘날 우리가 말하는 단기 투자자였다. 리버모어는 매우 뛰어난 투기꾼이어서 20세가 되기도 전에 보스턴의 모든 증권사에서 거래 금지를 당했다. 리버모어는 1907년의 폭락과 1929년의 대공황 기간에 공매도를 통해 큰돈을 벌었지만 투기가 실패할 때마다 여러 번 파산했다. 1940년 리버모어는 또다시 개인 파산에 직면하게 되자 셰리네덜란드 호텔의 휴대품 보관소에서 권총으로 머리를 쏴 스스로 목숨을 끊었다.

리버모어 같은 투기꾼이 되어선 안 된다. 무엇에 투자하든 100년 전 그레이엄 이후 모든 가치투자자가 취해왔던 인내심과 절제된 사고방식을 고수하라.

나이 많은 투자자를 위한 조언

기술에 관해 공부하라
린치의 저서가 출간된 당시 책을 읽었을 정도로 나이 든 사람이라면 내가 굳이 주식시장에 투자하라고 설득할 필요가 없다. 린치는 우리가 훌륭한 비즈니스를 찾기만 하면 시간이 지나면서 부를 쌓아가기 가장 좋은 곳이 주식시장이라고 가르쳐주었다. 하지만 그의 책이 출간된 이후 인터넷, 소셜미디어, 휴대전화가 모두 발명되었다. 테크기업은 마치 파괴의 신 '시바(Shiva)'처럼 과거의 산업을 파괴하고 새로운 산업을 만드는 반면, 린치가 최고의 승자 사례로 제시한 비즈니스 중 상당수를 쓸모없는 것으로 만들어버렸다.

우리가 다음 세대에도 계속 번영하고 싶다면 이런 사실을 인정해야 한다. 하지만 나이가 나와 비슷하거나 어느 정도 지긋한 사람들은 인정하기 싫을 것이다. 이런 완고함은 어느 정도 이해할 수 있고 합리적이기도 하다. 즉 코카콜라와 화이자 같은 훌륭한 가치 2.0 기업에 대한 투자는 지금까지 성공적이었다. 변화는 쉽지 않다. 특히 변화의 의미가 새로운 산업, 새로운 용어, 생경한 기업 문화를 배우는 것이라면 변화는 더욱 어렵다. 구세대는 정장에 넥타이를 매고 좋은 사무실에서 일하는 것에 익숙하다. 신세대는 후드 티를 입고 개를 데리고 사무실에 출근한다. '스퀘어(Square)'의 CEO는 코걸이를 하고 다닌다. 구세대가 이런 신세대를 어떻게 진지하게 받아들일 수 있을까?

이런 의문이 드는 것은 자연스럽지만 잘못되었다. 이런 '어린이들'이 운영하는 기업이 많은 돈을 벌고 있다. 후드 티를 입고 다니는 소프트웨어 개발자들이 전에 없던 강력한 경제의 성장 엔진을 이끌고 있다. 코카콜라는 지난 135년의 역사 동안 1년에 100억 달러 이상을 벌어들인 적이 없다. "사악해지지 말자"라는 구호를 내걸고 2004년 기업을 공개한 알파벳은 코카콜라보다 4배나 많은 돈을 벌어들이고 있다.

이런 통계는 버핏과 멍거가 새로운 경제에 주목하는 이유다. 두 사람이 보유한 주요 테크기업은 2022년 기준 애플 하나뿐이지만 디지털 생태계 전체를 연구한 것은 분명하다. 버핏은 90세가 넘었고 멍거는 거의 100세다. 그들이 디지털경제에 관해 배울 수 있다면 우리도 할 수 있다.

젊은 세대를 받아들이라

나이 든 세대가 기술과 친해지려면 젊은 세대의 도움을 받아야 할 것이다. 새로운 기술에 대한 타고난 거부감을 극복해야 한다. 나이 든 세대는 자녀들처럼 자연스러운 방식으로 기술을 이해하지 못하고 이 때문에 열등감을 느낀다. 설상가상으로 기술을 알지 못하면 나이가 들었다고 느낀다. 이런 감정이 점점 쌓이면서 상당수 나이 든 세대는 기술을 투자할 수 있는 자산으로서 생각하지 않게 된다.

이런 상황을 피하려면 나이 든 세대는 기꺼이 젊은 세대로부터 배워야 한다. 이런 배움은 종종 예상치 못하거나 간접적인 방식으로 나타난다. 그래서 젊은 세대로부터 배울 기회를 적극적으로 찾아 나서야 한다. 버핏은 증손자들과 그 친구들을 데어리퀸에 데리고 가서야 소비자 브랜드로서 애플의 힘을 이해했다고 말한 바 있다. 아이들이 아이폰에 푹 빠져 있어서 그들이 원하는 아이스크림을 주문할 수가 없었다. 이런 일을 경험한 후에 버핏은 애플에 관해 더 많은 연구를 했다. 이 초기 통찰력을 바탕으로 지금까지 버크셔 해서웨이에 1,000억 달러 이상의 미

실현 이익을 가져다준 투자가 이루어졌다.

나는 아들의 친구 메라즈(Meraz)의 설명을 들어서야 미국에서 가장 큰 디지털교과서기업인 '체그'를 이해하게 되었다. 내가 대학생일 때는 대학 구내서점에서 교과서를 샀다. 정보가 많고 다른 방법을 아는 친구들은 가로등에 붙은 광고 쪽지를 보고 책을 샀다. 오늘날 체그는 인터넷을 통해 디지털책이나 종이책을 판매 또는 대여를 한다. 새 책도 있고 중고책도 있다. 온라인 시장에서 점유율이 가장 높은 체그는 브랜드 인지도를 학교 관련 제품과 서비스의 플랫폼으로 확장시켰다. 체그를 통해 개인교사를 고용할 수 있고 숙제를 해결하기 위해 미적분학과 생물학 포럼에 참여할 수 있다. 유료로 여름 인턴십도 찾을 수 있다.

체그라는 이름에는 아무 의미가 없을 수 있다. 하지만 체그는 학생과 관련된 서비스에 관해 거의 모든 비즈니스를 하고 있다. 오늘날 체그의 매출은 전통적인 교과서 출판사인 '호턴미플린하코트(Houghton Mifflin Harcourt, 호턴)'와 비슷하지만, 이는 정적인 통계이므로 오해의 소지가 있다. 지난 5년 동안 체그의 매출은 3배 성장한 반면, 호턴의 매출은 거의 30%* 감소했다는 것이 종합적이고 정확한 분석이다. 시장은 체그의 미래가 밝지만 호턴의 미래는 암울하다고 인식하고 있기 때문에 체그의 시장가치는 호턴보다 거의 2배 높다.

디지털 세상은 물리적인 현실 세계와 완전히 다르지만 이해할 수 있

---

* 2023년 6월 기준으로는 50%다. – 옮긴이

돈은 빅테크로 흐른다

는 세계다. 당신의 자녀들과 조카, 혹은 이들의 친구들이 디지털 세상을 이해하도록 도와줄 수 있다. 그러려면 당신이 가르쳤던 아이들이 당신의 선생님이 되도록 해야 한다. 이런 결정이 어려울 수 있다. 그러나 일단 처음의 어색함을 극복하면 당신은 배움이 즐거운 과정임을 알게 될 것이다. 나도 26세의 소프트웨어 개발자인 아들과 이런 과정을 겪었다. 아들은 내가 기술에 대해 절반밖에 이해하지 못한다며 놀렸고, 자신은 자연스럽게 받아들이는 것을 나는 더듬댄다며 내 신경을 건드렸다. 세대 간 긴장이 팽팽해졌다. 하지만 나는 어느 순간에 방어적인 태도를 바꿔 아들에게서 배우기로 결심했다. 그렇게 한 이후 기술에 관해 훨씬 더 많은 것을 이해하게 되었다.

12장

투자 과정과
투자 우선순위를 위한 팁

　뛰어난 투자 아이디어를 찾을 때 어디서 시작해야 할지 이제는 알 것이다. 당신의 경험을 이용하는 것이다. 어떻게 마무리하는지도 알 것이다. 당신의 투자 아이디어를 BMP 템플릿을 통해 검증해보는 것이다. 그렇다면 시작과 끝 사이에 무슨 일을 할 것인가? 길고 불확실한 중간 기간에는 어떻게 해야 할까? 투자 결정을 내린 후에는 무엇을 할 것인가? 달리 물으면 21세기 초 성공적인 투자자의 투자 과정은 어떤 것일까?

　투자를 위한 연구는 정원 관리, 명상, 자녀 양육처럼 지속적이고 체계적인 방식으로 접근하는 것이 가장 효과적이다. 투자는 산발적이고 일시적인 활동에는 보상하지 않으므로 리듬을 유지하는 것이 가장 좋다. 정원사나 명상가 또는 부모님이라면 누구나 말하는 것처럼 일상적인 훈련이 핵심이다.

여러분의 확고한 투자 습관을 형성하는 데 도움이 되길 바라는 마음에서 그동안의 내 투자 경험을 통해 체득한 몇 가지 실질적인 제안을 하려고 한다. 이 장 후반부에서는 비교적 인기 있고 위험도가 높은 투자 트렌드에 대해 개인적인 생각도 말하겠다. 이런 투자 트렌드는 21세기 초에 신중한 자산가가 되려는 당신의 목표를 달성하는 데 방해가 될 가능성이 있다.

신속하지만 서둘러서는 안 된다

이는 전설적인 대학 농구 코치인 존 우든(John Wooden)의 명언이다. 우든의 말은 인생에 관한 것이지만 투자와도 관계가 있다. 이 책을 읽고 조금이라도 열정이 타올랐다면, 우든의 말을 특히 명심해야 한다. 번쩍이는 투자 아이디어가 떠올랐을 때 급하게 모든 돈을 투자해서는 안 된다. 대신 그레이엄 이후 가치투자자들이 의지했던, 엄격하고 인내심을 요구하는 투자 방법을 적용하라. 당신의 투자 아이디어를 BMP 템플릿의 다양한 기준을 통해 걸러내라. 당신의 과도한 열정이 판단에 영향을 미치지 않도록 주의하라.

투자 분석가로서 당신은 과학자처럼 냉정하고 분석적이어야 한다. 찰스 다윈(Charles Darwin)은 진화론을 정립할 때 자신의 가설을 뒷받침하는 데이터보다 모순되는 데이터에 더 많은 주의를 기울였다. 그는 자신에 대한 엄격한 잣대를 통해서만 가장 강력하고 설득력 있는 이론을 만들 수 있음을 알았다.

능력범위를 확대하라

디지털경제에서 경제적 이익을 얻는 것은 당신의 경험을 활용하는 데서 시작한다. 하지만 그것으로 끝나서는 안 되고 다른 사람들의 경험도 활용해야 한다. 당신의 통찰력을 다른 사람들과 함께 검증해보라. 친구, 친척, 동료 등 모두가 아이디어를 생각해내고 투자 결론을 내리는 데 도움을 줄 수 있다. 만약 당신이 영업 분야에 종사하고 있고 세일즈포스가 경제적 해자를 가지고 있다고 생각한다면, 동료들도 같은 의견인지 물어보라. 만약 당신이 회계 부서에 근무하면서 인튜이트의 제품이 마음에 든다면, 동료들도 당신의 생각에 동의하는지 물어보라.

질문의 대상을 지인들로 국한하지 않는 것도 중요하다. 무역박람회나 산업전시회에 갈 때 투자와 관련해 약간의 조사를 하는 것이 좋다. 참석자에게 어떤 트렌드에 관심이 있는지 물어보라. 전문가들에게 물어보고 의견을 교환하라. 이런 조사는 긍정적이든 부정적이든 당신의 투자 아이디어를 확신하는 데 도움이 될 것이다.

이런 방식으로 연구와 조사를 하게 되면 시간이 지남에 따라 복리의 힘이 발휘될 것이고, 그 복리의 힘은 돈뿐만 아니라 당신의 지식과 인맥에도 미칠 것이다.

양질의 정보를 많이 습득하라

버핏이 하루 일정을 방해받지 않고 철저하게 지키는 이유가 있다. 그는 하루에 몇 시간을 독서 시간으로 따로 정해놓는다. 당신도 버핏처럼 공부해야 한다. 투자 환경에 대한 버핏의 깊은 지식은 신문, 정기 간행물, 온라인 블로그, 회사 재무보고서, 업계 잡지, 비즈니스와 투자 관련 서적을 정기적으로 읽는 데서 나온다. 독서는 당신이 투자에 관해 끊임없이 새로운 아이디어를 접할 수 있도록 도와준다. 새로운 투자 아이디어를 발굴하고 이미 투자한 주식에 관한 최신 정보를 얻는 데도 독서는 매우 중요하다.

미스터 마켓을 유리하게 이용하라

좋은 투자 기회를 잡기 위해 위기가 올 때까지 기다리는 것은 바람직하지 않다. 비즈니스가 맞고, 경영진이 맞고, 가격이 맞다면 시기 또한 맞다. 버핏은 몇백만 달러를 가지고 흥정하다가 씨즈캔디에 투자할 기회를 놓칠 뻔했고, 주가가 좀 더 떨어지기를 기다리다가 월마트 초기 투자 기회를 잃었다.

미스터 마켓이 저렴한 가격에 훌륭한 비즈니스를 사라고 제안하면 관심을 기울이고 공격적으로 투자해야 할 때다. 말이 쉽지, 실천하기는 어려운 일이다. 나는 투자를 하면서 세 번의 커다란 폭락과 많은 작은 하락을 경험했다. 그래서 온통 나쁜 뉴스만 나올 때 돈을 투자하는 것이 얼마나 어려운 일인지 잘 안다. '공포에 질렸을 때 다시 투자하라(Reinvesting when terrified)'라는 보고서에서 제러미 그랜섬(Jeremy Grantham)은 투자자들의 복귀를 조언하며 그 과정을 정확히 설명한 적이 있다. 당신도 그렇게 투자하는 방법을 배우는 훈련을 점차 해나가야 한다.

모든 시장 위기는 세부적으로 차이가 있지만, 이를 표현하는 방식은 기본적으로 똑같다. 즉 종말이 온다는 것이다. 금융 시스템이 무너지거나, 코로나바이러스가 모든 인간의 활동을 영원히 멈추게 할 것이라고 이야기한다. 나중에 돌이켜 보면 말도 안 되는 소리지만 그 당시에는 위기가 매우 현실적으로 느껴진다. 똑똑한 투자자들은 이런 이야기를 듣고 매우 단순하게 판단한다. 실제로 종말이 오거나, 어떻게든 위기를 극복하거나 둘 중 하나라고 말이다. 지금까지는 언제나 후자였다. 최소한 지금까지는 시장이 공포에 질렸을 때 투자하는 것이 올바른 투자 방법이라는 의미다.

분산투자 '하지 말라'

버핏은 현대 포트폴리오 이론과 분산투자 주의를 썩 신뢰하지 않았다. 린치도 마찬가지였다. 린치는 분산투자(diversification)를 '다악화

(diworsification)*라고 불렸는데 그의 주장은 정확했다. 평범한 100개 주식으로 구성된 분산 포트폴리오는 평범한 수익률 이상을 얻지 못할 것이다.

나는 분산투자보다 당신의 강점을 활용해 경쟁우위가 있는 기업을 찾아볼 것을 권한다. BMP 템플릿을 통과하는 기업을 몇 개 찾아서 매수한 다음, 내 친구 알렉스가 애플을 절대 팔지 않는 것처럼 계속 보유하라. 확신이 두려움을 이긴다. 확신이 있으면 과도한 집중투자가 아닐까 하는 걱정을 할 필요가 없다. 앤드루 카네기가 철강제국을 건설한 이후 세상은 많이 변했지만, 그의 가장 중요한 원칙 가운데 하나는 변하지 않았다. 그는 1885년 피츠버그에서 커리상업대학(Curry Commercial College) 졸업반 학생들에게 "'모든 달걀을 한 바구니에 담지 말라'는 완전히 틀린 말이다. 모든 달걀을 한 바구니에 담아두고 그 바구니를 계속 지켜보라"라고 말했다.

집중투자 관용도를 파악하라

어떤 사람은 모든 달걀을 한 바구니에 넣고 계속 지켜보는 것에서 오는 스트레스를 견딜 수 없다. 많은 사람이 내 친구 알렉스 같지는 않

---

* 무분별한 사업 확장이 기업의 수익률을 악화하는 것처럼 분산투자가 수익률을 악화한다는 뜻.
  – 옮긴이

아서 평생 모은 돈을 강한 확신이 드는 소수의 종목에 투자할 자신이 없다. 충분히 이해할 수 있는 일이다. 바구니에 '달걀을 얼마나' 담을 것인지를 아는 것은 투자자가 자신의 성격이나 자질을 파악하는 과정의 일부다. 바로 이것이 당신이 알아야 할 매우 중요한 정보다.

당신의 관용도를 파악하고 그에 맞춰 투자하라. 이는 종종 현실적인 경험을 통해서만 알 수 있다. 당신이 무엇인가를 소유하고 있을 때만 30%의 가격 하락이 얼마나 끔찍한 일인지 깨닫게 된다.

이 과정을 시작하기에 앞서 우선 은퇴 자금으로 얼마를 보유하고 있는지, 통상적인 생활비를 제외하고 얼마의 돈을 투자할 수 있는지 적어보자. 그러고는 이렇게 자신에게 질문해보자. 가치 상승을 확신하는 몇몇 종목에 각각 몇 퍼센트의 돈을 투자해야 마음이 편안할까? 숫자를 계산해보라. 편안함을 주는 숫자가 은퇴 자금의 70%일 수도 있고, 증권 계좌 일임매매 자금의 25%에 그칠 수도 있다. 아니면 그 반대일 수도 있다. 숫자가 어떻든 비율을 정한 뒤 시간이 지나면서 어떤 비율에서 편안함을 느끼는지 파악하라. 이런 과정을 거치면서 자신에게 맞는 비율을 찾게 될 것이다.

개별 기업에 투자하지 않는 돈은 얼마든 상관없이 인덱스펀드, (내가 선호하는) 테크주 상장지수펀드(ETF), 또는 탁월한 장기 성과를 기록하는 테크주 뮤추얼펀드에 투자하라. 장기 성과가 좋은 테크주 뮤추얼펀드에 투자하는 방법은 집중투자를 하지 않는 나머지 자금의 수익률을 평균 이상으로 높여줄 것이다.

정기 투자, 장기투자하라

린치는 아마추어 투자자가 전문 투자자보다 유리하다고 믿었는데 그 이유 중 하나는 아마추어 투자자는 누군가에게 단기 성과를 보고할 필요가 없기 때문이다. 그런 의무에서 벗어난 투자자들은 수년간 성장하고 복리 효과를 낼 수 있는 훌륭한 비즈니스에 집중할 수 있다. 나도 린치의 말이 절대적으로 옳다고 본다. 3년 후에는 이익을 내지만 향후 3개월 동안은 수익성을 악화할 수 있는 아이디어라고 판단하기란 매우 어려운 일이다. 아마추어 투자자는 이런 곤란한 결정을 내릴 필요가 없기 때문에 이 점을 유리하게 이용할 수 있다.

만약 당신이 확고한 신념을 가진 투자를 지속하고 계속해서 그 투자가 흠이 없다는 확신이 들면, 불가피하게 발생하는 시장의 상승과 하락을 견딜 수 있을 것이다. 버는 것보다 덜 쓰고 급여를 받을 때마다 정기적으로 주식에 투자하면 더욱 바람직하다. 이렇게 정기적으로 자금을 추가 투자하는 일은 언덕을 굴러 내려가면서 점점 커지는 눈덩이에 눈을 더하는 것과 같다. 눈덩이는 굴러가면서 자연스럽게 커지나, 더해진 눈 덕분에 더 빠른 속도로 복리 효과가 발생한다.

투기는 불륜처럼 위험하다

장기투자자로서 우리의 우선순위는 명확해야 한다. 훌륭한 비즈니스를 찾아내고, 주식을 매수해서 보유하려는 꾸준하고 절제된 노력을 기울여야 한다. 이런 비즈니스들은 투기를 위한 복권이 아니다. 복권을 사고 싶다면 동네 편의점에 가야 한다. 현명하게 투자하는 방법을 알고 있는데도 재산의 상당 부분을 우연의 게임에 거는 것은, 행복한 결혼 생활을 하면서 바람을 피우는 것과 같다. 불륜을 돌이킬 수 없는 것처럼 투기로 잃은 돈은 되찾을 수 없다.

불행하게도 21세기 초반 우리의 주의력을 흩트려 불륜을 저지르게 할 유혹이 너무 많다. 이런 유혹들은 신뢰할 만한 방식으로 장기적인 부를 쌓겠다는 목표를 달성하지 못하게 할 위험이 있다.

물론 새로운 기회를 무조건 거부해서는 안 된다. 세상은 변하고 있다. 그래서 우리는 주식시장에서 거래되는 테크기업뿐만 아니라 다른 기술적 발전에도 관심을 가져야 한다. 암호화폐든, 밈주식이든, 사회적 책임투자(socially responsible investing, SRI)든 나는 이런 경향을 다른 투자 기회와 똑같이 이성적으로 평가하려고 노력한다. 다음에 설명할 내용은 이런 문제와 관련해 내가 초기에 내린 결론이자, 실패도 경험해본 투자자로서 독자들에게 하는 몇 가지 조언이다.

암호화폐 투자해도 될까?

2020년 초봄, 코로나 팬데믹에 따른 폭락의 바닥이 확인된 어느 날 나는 비트코인을 아주 소량 매수했다. 암호화폐가 어떻게 작동하는지,

암호화폐에 대한 내 실험이 실패로 끝나지나 않을지 궁금했다. 비트코인을 매수하면서 내 옛 상사가 늘 하던 말처럼 '조금만 사서 어떤 느낌인지 보는 것'을 실천하고자 했다. 이는 매우 훌륭한 조언이다. 무엇인가를 매수함으로써 추상적인 투자 아이디어는 매우 구체적이고 실질적인 것으로 바뀐다. 이제 그 대상은 당신 소유의 자산이기 때문이다.

18개월 후에 내 비트코인 투자금은 6배로 증가했다. 비트코인을 산 것을 자랑스러워해야 할까? 그렇지 않다. 비트코인은 일반적인 가치 3.0의 분석 틀에는 딱 맞지만(세상이 변했다) 비트코인 매수는 BMP 템플릿에서 완전히 벗어난 것이었다. 나는 돈을 벌어서 기뻤다. 비트코인은 인튜이트, 아마존, 알파벳, 기타 내 모든 가치 3.0 투자보다 나은 연수익률을 기록했다. 하지만 이것은 신호가 아니라 소음이었다. 비트코인을 사는 것은 복권을 사는 것과 같다. 반면 BMP 템플릿은 '체계적으로 시장을 이기는 법'을 찾는 데 초점을 맞추도록 설계되었다. 시장을 이기려면 비즈니스 품질, 경영진의 자질, 시장이 요구하는 가격에 주의를 기울여야 한다. 이 세 가지는 지금까지 가장 중요했고 앞으로도 그럴 것이다.

그렇다고 해도 나는 암호화폐가 단지 새롭다는 이유로 덮어놓고 투자를 거부하는 구시대 가치투자자가 아니다. 비트코인을 포함해 주요 암호화폐들은 새로운 통화가 해결해야 할 첫 번째 장애물을 이미 통과했다. 대중이 이미 암호화폐를 수용하기 시작했다는 점이 그렇다. 암호화폐로 많은 돈을 벌 가능성이 있지만 지속적인 부는 통화 자체에서 나오는 것이 아니라고 생각한다. 대신 암호화폐 생태계를 조성하는 기업들로부터 돈을 벌 수 있을 것이다. 알파벳, 아마존, 그리고 다른 기업들이 인터넷을 더 빠르고, 더 저렴하고, 더 쉽게 사용할 수 있도록 만든 것처럼 암호화폐 생태계를 촉진하는 기업들, 즉 암호화폐를 더 빠르고 더 저렴하고 더 사용하기 쉽게 만드는 기업들이 나타나 부를 창출할 것이다.

암호화폐를 알게 된 시간은 얼마 안 되지만 지금까지 내가 배운 내용과 앞으로 여러분의 투자 우선순위에서 암호화폐가 어떤 의미를 갖는지를 간략하게 정리하면 다음과 같다.

암호화폐란 무엇일까? 최초의 암호화폐는 새로운 결제 방식으로 설계되었다. 익명이고 암호화되었으며 블록체인이라고 불리는 데이터베이스 위에 구축되었다. 블록체인은 기존의 전통적인 금융거래 시스템을 여러 측면에서 개선한 것이다. 비용이 발생하지 않고 중개인이 없으며, 따라서 당신과 상대방이 어떻게 거래하는지 감시하는 사람도 없다. 이 모든 것이 비트코인 같은 대체 통화 사용을 강력하게 지지하는 이들의 주장이다.

반면에 교환 수단으로서 암호화폐를 뒷받침하는 전체적인 개념은 내재가치가 없다는 점에서 순환 논리에 의존한다. 누군가 특정 암호화폐로 블록체인 거래를 하면 그 사람은 내재가치가 없는 '코인' 한 개를 얻는다. 하지만 코인은 가치를 지녀야 한다. 그렇지 않으면 블록체인에서 '거래'와 '증명'을 할 동기가 사라진다. 따라서 특정 암호화폐가 선순환하려면 그 코인이 가치가 있음을 충분히 많은 사람이 동의해야 한다. 그래야 더 많은 사람이 블록체인이 기능하도록 필요한 작업을 수행하게 될 것이다.

다시 말해 암호화폐는 궁극적인 플라이휠이다. 즉 암호화폐의 가치는 그 가치에 대한 지적 믿음에 전적으로 의존한다. 충분히 많은 사람이 암호화폐가 가치 있다고 믿지 않으면 그것을 사용할 이유가 없는 것이다. 아무도 암호화폐를 찾지 않으면 블록체인은 작동하지 않을 것이다.

불과 10여 년 전에 만들어진 무언가에 가치를 부여하는 것을 어리석다고 생각하는 사람이 많다. 하지만 내게 이런 새로움은 문제가 되지 않는다. 새롭든 오래되었든 모든 화폐의 가치는 사람들이 가치 있다고 믿는 믿음에 근거한다. 금은 왜 수백 년에 걸쳐 비축되고, 약탈당하고, 동경의 대상이 되고, 교환 수단으로 사용되고 있을까? 먼 과거에 우리의 조상들이 빛나는 노란 금속을 발견했을 때 "와, 정말 아름답네!"라고 말했기 때문이다. 세계 곳곳에서 금처럼 아름답고 희귀한 다양한 물체가 발견되었다. 그중 코코아콩과 개오지조개껍데기는 초창기에 널리 화폐로 사용되었다.

그러던 어느 시점에 전 세계 문명국들이 금을 가치의 척도이자 가치의 저장고로 표준화했다. 암호화폐에서도 똑같은 변화가 일어났지만 한 가지 중요한 차이점이 있다. 우리 조상들이 금을 가치의 측정 수단으로 합의하는 데는 1,000년이 걸렸지만, 현대인들이 비트코인과 이더리움의 가치를 인정하는 데는 채 10년이 걸리지 않았다.

사람들이 비트코인과 이더리움을 신뢰하는 것은 개인정보를 더 잘 보호해주고 거래 비용이 적기 때문이다. 이는 좋은 일이다. 그렇다고 투자의 대상이 될 수 있을까? 교환 수단으로서 암호화폐를 신뢰한다고 해도 암호화폐의 본질을 따져보면 결국 금이나 달러처럼 단지 하나의 통화에 불과하다. 새로운 것이든 오래된 것이든 통화는 비즈니스와 달리 동태적이지 않으므로 본질적으로 좋은 투자 대상이 아니다. 통화는 가치를 저장하고 나타낼 뿐 그 자체로는 아무것도 하지 못한다. 통화 상태로는 새로운 제품을 만들지 못하고 새로운 시장에 진출하지 못하기 때문에 소유주를 위해 더 많은 부를 창출해줄 수 없다. 버핏이 금에 관해 이야기한 것처럼 당신이 소유한 통화가 하는 일은 방에 가만히 앉아 당신을 쳐다보는 것뿐이다. 다시 말해 통화는 아무런 가치를 만들어내지 못한다.

초기에 암호화폐를 투자 수단으로 받아들인 사람들은 1849년 캘리포니아 골드러시 시기 최초의 금광 채굴업자들처럼 큰돈을 벌었다. 하지만 우리는 투기적인 암호화폐에 투자하지 않은 것을 다행스럽게 생각해야 한다. 내가 2021년 기록한 6배에 달하는 비트코인 수익은 순전히 운이었다.

실제로 당신이 암호화폐가 계속 번창할 것이라고 믿는다면 골드러시 동안에 어떤 일이 벌어졌는지 공부해야 한다. 소수의 운 좋은 광부들은 부자가 되었지만 대부분은 무일푼이 되어 크게 낙심했다. 다른 한편으로 똑똑한 기업가들은 그런 광기를 활용해 부를 쌓았다. 샌프란시스코에서 잡화점을 운영하던 리바이 스트라우스(Levi Strauss)는 평범한 사업가였지만 쇠붙이가 달린 광부용 데님 바지를 디자인한 사람에게 자금을 대면서 크게 성공한 사업가가 되었다. 존 스튜드베이커(John Studebaker)는 금광 광부로 서부에 왔지만 외바퀴 손수레를 만드는 것이 더 큰 돈벌이임을 재빨리 깨달았다. 스튜드베이커는 손수레 제조를 통해 얻은 이익을 코네스토가(Conestoga) 마차와 훗날 미국을 상징하는 자동차를 만들게 될 기업에 투자했다. 헨리 웰스(Henry Wells)와 윌리엄 파고(William Fargo)는 캘리포니아에서 뉴욕까지 증기선을 이용해 금을 실어 나르는 운송회사를 창업했다. 1852년 이들은 샌프란시스코에 사금을 매입하고 광부들에게 돈을 빌려주는 은행 지점을 열었다. 이 은행이 거대한 웰스파고 은행의 토대가 되었다.

골드러시와 오늘날 암호화폐는 분명 유사한 점이 있다. 당신이 오늘날의 골드러시에 투자하고 싶다면 지금 세대의 리바이 스트라우스, 스튜드베이커, 웰스파고에 투자해야 한다. 나는 아직 구체적인 투자 아이디어가 없지만 이미 상장된 기업 가운데 투자 대상이 있다. 그중 하나가 세계 최대의 디지털화폐거래소인 코인베이스(Coinbase)다. 거래소는 기본적으로 훌륭한 비즈니스다. 많은 사람이 거래소를 이용하면 네트워크 효과가 생긴다. 코인베이스 같은 다른 많은 생태계 조성자가 뒤따라 나타날 것이다. 그리고 우리는 잠재적 투자 대상으로 이런 기업들에 관심을 가져야 한다.

'혹성탈출' 같은 레딧과 밈주식

현재의 밈주식 광풍에 비하면 암호화폐시장은 오히려 질서정연하고 합리적인 것처럼 보인다. 레딧 메시지 사이트에서 일어나는 일과 그것이 주식시장에 미치는 영향은 복권을 사는 것이나 한 차례 외도를 하는 것보다 훨씬 더 예측 불가능하고 위험하다. 이런 행동은 다양한 색깔의 모자를 쓴 남성들이 주식 거래를 하려고 거리의 장외시장에 몰려들었던 그레이엄 시대를 연상시키는, 투기적이고 비이성적인 발작이다. 하지만 오늘날에는 기술의 영향력이 훨씬 더 강력하기 때문에 이런 광풍은 몇 배로 증폭되고 파괴적이 되었다. 그래서 이런 투기적 광풍은 대체로 엄청난 손실로 끝날 확률이 높다.

밈주식 현상은 도널드 트럼프(Donald Trump) 전 대통령 지지자들이 2021년 초 미국 국회의사당 건물로 몰려간 직후에 시작되었다. 나는 이것이 시기적으로 우연이라고 생각하지 않는다. 두 현상 모두 현실보다 영화 〈혹성탈출〉과 공통점이 많으며, 광적이고 분노에 찬 세계관이 특징이다. '월스트리트베츠(WallstreetBets)'라는 레딧의 온라인 커뮤니티에서 투자 경험이 많지 않은 수백만의 개인투자자가 전문적인 공매도 투자자들에게 맞서고 그들을 응징하기 위해 뭉쳤다.

헤지펀드들은 '게임스톱(GameStop)' 'AMC엔터테인먼트' 등 몇몇 종목에 대해 주가 하락을 예상하고 주식을 빌린 다음 공매도를 실행했다. 공매도에 나선 펀드매니저들은 돈을 벌겠다는 월스트리트의 일반적인 동기 외에 다른 특별한 목적은 없었다. 그들은 이런 기업들의 미래가 암울하다고 믿었다. 그래서 언젠가 주가가 하락하게 되면 더 낮은 가격에 주식을 매수해서 돌려줄 수 있다는 기대감으로 주식을 매도했다.

하지만 레딧 군중 가운데 상당수는 금융위기로 큰 정신적 충격을 받은 젊은 투자자였다. 이들은 이런 공매도를 개인적인 것으로 받아들이

고는 '조작된 시스템'에 대한 모든 분노와 좌절을 공매도 세력을 파괴하는 데 쏟아부었다. 헤지펀드는 금융위기 원인과 거의 무관했다. 금융위기의 원인은 은행, 그리고 은행을 제대로 감독하지 못한 정부 규제기관에 있었다. 이런 사실을 잊은 채 레딧에 모인 투자자들은 복수를 다짐했다.

레딧에 모인 군중은 개인적으로는 작고 약했지만 그들의 주장처럼 함께 모여 힘을 합치면 (〈혹성탈출〉의) '유인원'처럼 강했다. 어떤 사람은 월스트리트베츠에 300만 명의 개인투자자가 모였다고 주장했다. 이들은 평균 6,000달러 이상의 계좌 잔액을 보유하고 있었고 따분한 연구 보고서에는 관심이 없었다. 300만 개의 계좌에 6,000달러의 잔액을 곱하면 180억 달러의 현금 총알을 준비한 셈이었다. 공매도 타도를 목적으로 똘똘 뭉쳐 유인원처럼 강력해진 군중은 이 자금을 파괴적으로 잘 활용했다. 폭도들은 집단 매수를 통해 5개월도 안 돼 게임스톱의 주가를 15배, AMC엔터테인먼트의 주가를 30배나 끌어 올렸다. 주가 하락에 베팅했던 공매도 세력은 손해를 줄이기 위해 주식을 높은 가격에 사들일 수밖에 없었다. 게임스톱과 AMC엔터테인먼트를 공매도했던 한 헤지펀드는 손실을 보전하고 살아남기 위해 30억 달러의 자금을 투입했다.

레딧 군중이 벌인 집단행동은 시장 조작일 수도 있고 아닐 수도 있지만 한 가지는 확실하다. 이 책을 쓰는 시점에서 레딧 군중이 지지했던 두 회사의 주가는 현실과 전혀 동떨어져 있다는 점이다. AMC엔터테인먼트의 주식을 BMP 템플릿을 통해 검증해보면 이런 사실이 분명하게 드러난다.

'비즈니스'의 품질 측면에서 AMC는 극장산업 분야에서 시장을 선도하고 있는 것은 맞다. 하지만 미국의 극장 관객은 2022년 정점에 달했고 코로나 팬데믹 때문에 사람들이 집에 머물면서 스트리밍서비스를 즐기는 추세가 가속화되었다. AMC는 부채가 100억 달러에 달했고 장기 임차 계약을 맺고 있었다. 관객 감소와 과중한 모기지 부채로 어려움을 겪고 있는 AMC는 지난 수년 동안 여러 차례 파산을 선언할 뻔했다.

'경영진'의 자질 면에서 AMC 경영진의 수장 애덤 애런(Adam Aron)은 전형적인 해결사 스타일의 경영자였다. 그는 지난 30년 동안 4개의 상장기업에서 CEO로 일해왔는데 그중 어느 기업에서도 주식을 대량으로 소유한 적이 없었다. 애런은 베일리조트(Vail Resorts)에서 가장 오래 일했다. 베일리조트는 여러 유명 스키장을 보유한 경쟁력 있는 기업이었지만 애런이 일하는 10년 동안 베일의 주식은 시장 평균 정도의 성과를 기록했다. 베일리조트를 그만두고 AMC에 오기 전에 애런은 '아폴로(Apollo)'의 시니어 파트너로 일했다. 아폴로는 레딧 군중이 매우 혐오하는 월스트리트의 내부자로, 전형적인 사모펀드 기업이었다. 실제로 2020년 말 아폴로는 채권자로서 AMC에 대한 통제권을 장악하기 위해 AMC에 파산을 신청하라고 권고했다.

시장이 요구하는 '가격' 면에서 AMC는 결정적으로 어떤 기준도 통과하지 못한다. AMC는 코로나 팬데믹으로 적자를 냈다. 그래서 당기 이익으로 기업가치를 평가하는 것은 불가능했다. 막대한 부채 때문에 AMC는 2019년에도 손실을 냈다. 2018년 AMC는 1억 달러를 가까스로 넘는 순이익을 기록했지만, 1억 달러를 150억 달러의 시장가치와 비교하면 AMC의 주식은 2018년 순이익의 150배에 거래되고 있음을 알 수 있다. 이것은 0.66%의 주식 수익률로, 가장 안전한 10년 만기 미국 국채 수익률의 3분의 1에 불과하다.

AMC의 어닝파워를 알아보기 위해 나는 기꺼이 재무제표에 보고된 이익률을 조정할 수 있다. 하지만 서서히 죽어가는 극장 체인의 손익계산서를 합리적으로 조정하는 방법이 있을까? 극장의 텅 빈 좌석을 영화 관람객으로 채우기 위해 무엇을 해야 할까? AMC에 대한 광풍이 최고조에 달했을 때 〈배런즈〉는 AMC 주식을 강세 종목의 사례로 포장해 보려고 했지만, 가장 좋은 장밋빛 전망조차 그런 사례에 부합하지 못했다. 〈배런즈〉는 AMC 매출이 이전 최고점에서 배로 증가하고 순이익이 3배가 되더라도 여전히 PER이 50배로 평가된다고 추정했다.

PER 50배는 내 어닝파워 PER 기준인 20배를 통과하지 못했을 뿐만 아니라, 그마저도 아무도 예상할 수 없는 예측에 의존한 것이다. 애런과 AMC의 다른 경영진은 그렇게 생각하지 않는 것이 분명했다. AMC가 재무상태를 개선하기 위해 2021년 5월 신주를 발행했을 때 경영진은 SEC에 제출한 증권신고서에 다음과 같은 내용을 포함했다.

> 우리는 현재 주가가 우리 사업과 무관하게 시장과 거래의 역학을 반영했다고 생각합니다. (…) 투자금의 전부 또는 상당 부분을 잃을 위험을 감수할 각오가 아니라면 클래스 A 보통주에 투자하지 않기를 바랍니다.

경영진은 이런 경고문을 통해 우리에게 자체적인 BMP 분석을 제시하고 있었다. AMC의 주가는 비즈니스의 근본적 가치와 관련이 없다는 뜻이기도 했다. 심지어 AMC가 투기의 대상이 되고 있어 우리가 투자한다면 돈을 잃을 수 있다는 경고였다. 더 심각한 것은 이런 경고가 SEC의 심기를 달래기 위해 삽입하는 상투적인 표현이 아니라는 점이었다. 경영진이 이런 경고를 하는 동안 상당수 임원은 보유하고 있던 AMC의 지분을 팔고 있었다.

AMC 사태와 관련해 안타까운 사실은 레딧에 모인 군중이 불만을 표출하는 것은 정당했지만, 표출 방향이 잘못되었다는 점이다. 전 재산을 게임스톱에 투자한 이유를 설명하기 위해 한 투자자는 월스트리트 베츠에 다음과 같은 글을 썼다.

나는 월가 사람들의 무모한 행동이 나와 내 지인들의 삶에 미친 엄청난 영향을 생생하게 기억하고 있습니다. 패스트푸드점에서나 사용하는 케첩으로 만든 토마토수프가 어떤 맛인지 압니까? 내 친구들도 싸구려 토마토수프를 맛보았습니다. 베이비붐 세대와 나이 많은 사람 (…) 들에게 말합니다. 우리를 시장 파괴자로 호도하는 언론 보도를 듣지 마십시오. 그리고 우리를 응원해주십시오. 10년 전 끔찍한 고통과 스트레스를 유발한 월가 사람들을 처벌할 일생일대의 기회가 찾아왔고 우리는 그 기회를 이용하고 있는 것입니다.

진심에서 우러난 항변이지만 여기엔 한 가지 큰 문제점이 있다. 사람들을 처벌하기 위해 주식시장을 이용하는 것은 문어를 잡기 위해 사냥개를 보내는 것처럼 아무 소용 없는 일이다. 시장은 나쁜 사람들을 쇠사슬로 묶어두고 매를 때리는 광장이 아니다. 시장은 그저 시장일 뿐이다. 시장은 시간이 지나면서 비즈니스의 진정한 가치가 발견되는 곳이다. AMC와 게임스톱 같은 기업도 진정한 가치가 알려지면 이런 주식을 소유한, 유인원 무리 같은 전사들은 완전히 자취를 감출 것이다.

'사회적책임투자'의 사회적 책임에 관해

잘못한 사람을 시장에서 벌주려는 생각이 나쁜 것처럼 시장을 선행의 장소로 만들려는 생각도 좋지 않다. 시장은 도덕적인 곳도 비도덕적인 곳도 아니며, 단지 도덕이 없는 장소일 뿐이다. 인종차별 정책을 펼치던 시절의 남아프리카공화국과 거래하는 기업의 주식을 매도하는 것처럼 시장과 전혀 상관없는 특별한 목적을 제외하면, 시장에서 선행을 하려는 시도는 문어를 잡기 위해 사냥개를 보내는 것처럼 또 다른 무모한 노력일 뿐이다.

최근 월스트리트의 기관투자가들은 미국과 유럽에서 자신의 성공에 죄책감을 느낀 많은 사람이 단순한 부 축적 외에 다른 목적을 위해 돈을 사용하고 싶어 한다는 사실에 주목하고 있다. 지난 10년간 월스트리트는 SRI, 환경·사회·지배구조(Environment, Social, Governance, ESG)

투자, 임팩트투자(impact investment)* 등 세상을 좀 더 나은 곳으로 만들면서 돈을 버는 목적이 다양한 상품을 출시하기 시작했다. 이런 상품은 모두 다른 이름을 가지고 있지만 두 가지 공통된 특징이 있다. 첫째는 이런 상품들이 투자자들의 죄책감을 이용하고 있다는 것이고, 둘째는 투자자들에게 평균 이하의 이익을 돌려주면서 판매자는 비싼 수수료로 평균 이상의 이익을 챙기고 있다는 것이다.

〈월스트리트저널〉의 한 기사는 'SRI ETF는 일반 ETF보다 운용 비용이 더 들지 않는데도 보수를 50% 가까이 더 많이 청구한다'고 보도했다. 여기에 더해 퍼시픽리서치인스티튜트(Pacific Research Institute)의 분석에 따르면 지난 10년간 ESG 펀드에 대한 투자는 S&P500 인덱스펀드보다 거의 50% 정도 낮은 성과를 거두었다.

나는 세상을 더 나은 곳으로 만드는 것에 전적으로 찬성한다. 하지만 이런 투자 상품들은 세상을 좋게 만드는 수단이 아니다. SRI는 당신이 원하는 것을 성취할 수 없는, 지적으로 어설픈 개념이다. 어떤 기업이 '사회적으로 책임'이 있고 '친환경'적일까? 어떤 기업이 그렇지 않을까? 예를 들어 석탄회사 같은 몇 가지 분명한 사례를 제외하면 그 대답은 놀라울 정도로 애매모호하다. 미국 뱅가드(Vanguard)가 운용하는 'SRI 유럽 주식 펀드'는 현재 세계 최대 석유탐사기업 가운데 하나인 '토탈에너지(Total Energies)'와 대형 구리·우라늄 광산회사인 '리오틴토(Rio

---

* 투자를 통해 수익을 추구할 뿐만 아니라 사회나 환경에 긍정적인 영향을 미치는 비즈니스에 돈을 투자하는 행태. – 옮긴이

Tinto)'의 보유 비중이 크다.

사회적으로 선한 일을 하면서 성공하는 기업을 찾아내려는 체계적인 노력 또한 예상치 못한 기업을 투자 대상으로 선정하는 결과로 이어지곤 한다. 〈배런즈〉는 2018년 지속 가능성을 기준으로 미국의 주요 기업에 대한 순위를 정하기 시작했다. 6개의 외부 컨설팅 기관의 도움을 받아 1,000개의 가장 큰 상장기업을 분석했는데, 300개의 성과 지표를 분석에 적용해 5개의 중요한 기업 범주로 정리했다. 어떤 기업이 1위를 차지했을까? 대표 상품이 표백제인 '클로록스(Clorox)'였다.

우리가 사는 혼란스러운 세계에서 어떤 회사가 '좋고' 어떤 회사가 '나쁘다'고 판단하기란 정말 어려운 문제다. 비트코인과 다른 암호화폐들은 어떤가? 이런 암호화폐가 사회적 책임이 있을까? 비트코인은 정부와 금융 중개 기관을 없애고 약탈적인 은행 수수료를 면제해준다. 비트코인에 열광한 일론 머스크는 2020년 말 테슬라를 위해 15억 달러의 암호화폐를 사들였고 테슬라의 CFO 직함을 '코인의 거장(Master of Coin)'으로 변경했다. 하지만 1년도 되지 않아 머스크는 생각을 바꿨고 암호화폐가 좀 더 친환경적으로 변할 때까지 테슬라자동차 판매 대금으로 비트코인을 받지 않기로 했다. 비트코인 채굴을 위해 전 세계 사람들은 1년에 세계 17위의 경제 대국인 네덜란드가 소비하는 만큼의 전력량을 사용하는 것으로 나타났다. 비트코인이 계속 인기를 얻게 되면 머지않아 비트코인 채굴에 세계 10대 경제국 중 하나가 소비하는 만큼의 전력량이 소모될 것이다.

이런 혼란 속에서 월스트리트는 투자 상품에 사회적 책임이 있다는 이름표를 붙여서 마치 만병통치약처럼 팔고 있다. 그 위험은 온전히 상품 구매자가 부담한다. 19세기 뱀기름을 만병통치약으로 둔갑시킨 가짜 약장수처럼 ESG 투자 상품을 판매하는 자들은 규제를 거의 받지 않으며, 자기들이 판매하는 상품의 성과도 잘 추적하지 않는다. 〈월스트리트저널〉에 따르면 이른바 임팩트투자를 하는 모든 사모펀드의 거의 70%가 기업의 ESG 관리자에게 어떤 종류의 구체적인 지표나 보고도 요구하지 않고 있다.

이 모든 것을 고려할 때 당신이 직접 우수한 기업을 찾아내려고 노력하는 것이 더 좋다. 그래야 더 나은 수익을 올릴 가능성이 있을 뿐만 아니라, 자연스럽게 평균 이상의 사회적 책임을 다하는 기업을 발견하게 될 가능성이 크다. 가치 3.0의 세계관과 BMP 템플릿은 미래지향적이기 때문에, 디지털 기술을 수용하지 못한 종류의 기업들을 자연스럽게 걸러낸다. 화석연료회사, 화학회사, 제지회사, 방위산업체 가운데 어떤 기업도 BMP 템플릿의 분석을 통과하지 못한다. 이들 기업의 장래가 밝지 못하기 때문이다.

경영진에 대한 분석은 잠재적인 문제를 밝혀낸다. 현재의 시대정신에 귀를 기울이는 경영진은 기후 변화, 아동 노동, 성·인종차별 같은 문제가 고객에게 중요하다는 것을 알고 있다. 2019년 제프 베이조스가 아마존은 세계 각국 정부가 파리기후협약에서 합의한 것보다 10년 빠른 2040년까지 탄소를 배출하지 않는 기업이 될 것이라고 공언한 이유다. 마이크로소프트와 우버(Uber)를 포함한 기업 수십 개도 이 서약에 동참했다.

여기서 이 책의 중심 주제를 다시 이야기하면, 당신은 이런저런 것을 하라고 조언하는 투자 전문가에게 의존할 필요가 없다는 것이다. 전문가의 상당수가 조언의 대가로 많은 돈을 요구한다. 하지만 당신 자신의 훌륭한 판단이면 충분하다. 어느 정도의 성실함과 상식만 있으면 세상에 존재하는 많은 문제를 악화하지 않으면서 좋은 투자 성과를 낼 비즈니스를 찾을 수 있을 것이다. 당신이 기업의 사회적 책임에 대해 어떤 신념을 가지고 있다면 사회적 책임 문제가 투자에 대한 최종 결정권을 갖도록 BMP 템플릿을 수정하라. 어떤 비즈니스가 당신이 만든 '사회적 책임 BMP' 분석 기준을 통과하지 못하면 그냥 투자하지 않으면 된다.

당신이 이런 분석 체계를 완벽하게 만들고 약속을 실현하는 ESG 펀드를 출시할 수 있을지 누가 알겠는가? 나 역시 그럴지 모른다. 가치 3.0의 세계관은 사회적 책임을 지는 기업에 대한 투자와 자연스럽게 맞아떨어진다. 오늘날 궁극적으로 이 책에서 말하는 '돈이 있는 곳'에 ESG도 있다.

13장

규제와 혁신, 체스판의 후반부

대략 한 세대 만에 기술은 우리의 경제, 일상, 정치적 담론을 지배하게 되었다. 실제로 기술은 규모와 영향력이 너무 빨리 커졌다. 그 결과 빅테크가 나쁘다는 주장은 미국의 여야 정치인 모두가 동의하는 유일한 정치 의제가 되었다. 조 바이든(Joe Biden)의 대통령 당선을 뒤집으려는 트럼프 전 대통령을 지지했던 미주리주 출신 공화당 상원의원 조시 홀리(Josh Hawley)는 2021년 검색엔진과 온라인 시장, 소셜미디어 분야에서 대기업들이 영향력을 확대하는 것을 금지하고 반경쟁적인 이해충돌 문제를 일으키지 못하도록 하는 반독점 법안을 발의했다. 트럼프를 '부패의 화신'이라고 불렀던 매사추세츠주의 엘리자베스 워런(Elizabeth Warren) 민주당 의원도 거의 동일한 표현을 사용한 보도자료를 발표했다. 보도자료 제목은 "지금이 아마존, 구글, 페이스북을 해체

해야 할 시점이다"였다.

투자자로서 나는 이런 위협이 전혀 무섭지 않다. 미국인은 '다윗과 골리앗' 이야기를 좋아한다. 약자를 지지하는 이런 정서 때문에 진보와 보수 양 진영의 정치인들에게 빅테크가 나쁘다는 이야기는 거부할 수 없는 매력을 지닌다. 그러나 현재 워싱턴에서 벌어지고 있는 정치인들의 잘난 척은 90%가 소음이고 10%만 신호일 수 있다. 빅테크에 대한 규제와 해체에 관한 중요한 보도는 지금까지 주식을 매수할 훌륭한 기회를 제공해주었고 앞으로도 그럴 것이다. 하나의 산업이 이런 종류의 압력에 직면할 때마다 미스터 마켓은 불안해하고, 이런 불안감 때문에 주식을 헐값으로 매도한다.

빅테크가 정부의 규제를 두려워할 필요가 없는 구체적인 세 가지 이유는 다음과 같다.

- 이런 부정적인 주장의 이면을 들여다보면 독점금지와 기업 해체 주장은 기껏해야 조잡하고, 최악의 경우 그저 틀린 주장일 뿐이다.
- 빅테크의 비즈니스 모델을 크게 바꾸려면, 정부는 소비자와 세계에서 가장 사용자가 많은 기술 앱 사이에 형성된 일상적 습관이라는 유대 관계를 깨트려야 한다. 현재까지 거의 한 세대에 걸쳐 형성된 이런 유대 관계를 어떤 정치 체제도 깨트릴 수 없을 것이다.
- 설령 정부가 거대 기업 중 일부를 해체한다 해도 분할된 회사는 계속 번영할 것이다. 실제로 분할된 사업들의 합이 전체보다 더 커질 수도 있다.

이런 잘못된 주장의 구체적인 내용을 살펴보기 전에 내가 테크기업의 옹호자도 아니고 지지자도 아니라는 사실을 분명히 밝혀야 할 것 같다. 나는 감정에 치우치지 않는 냉정한 분석가가 되고자 하며, 테크가 지닌 흠결을 분명하게 알고 있다. 구글은 검색 결과가 표출되는 창 주변에 광고를 게재하지 않겠다고 약속했던 때가 있었다. 구글은 이 약속을 어겼고 나는 그 과정을 지켜보았다. 처음에는 조금씩 약속을 어기더니 지금은 완전히 깨트렸다. 하지만 약속을 깼지, 법을 위반한 것은 아니며 주주로서 나는 구글의 전략에 박수를 보낸다.

이와 마찬가지로 내가 주식을 보유하고 있는 테크기업들이 지대추구라는 잘못된 방향으로 가는 조짐이 있는지 주의 깊게 살펴보고 있다. 이런 경계심을 갖는 것은 내가 도덕주의자라서가 아니라 지대추구 경영이 게으름의 한 형태여서다. 기업은 고객을 위해 혁신을 추구하지 않고 대가 없이 고객 몰래 은근슬쩍 돈을 받아내려고 시도한다. 이런 지대추구 행동은 기업에 해를 끼친다. 자유시장 체제에서 이런 종류의 행위는 결국에는 발각될 수밖에 없다. 중소기업이 장부를 정리할 수 있도록 도와주는 인튜이트의 QBO는 빠르게 성장하는 훌륭한 제품이지만, 한층 더 성숙한 사업 부문인 터보택스에 관해 지대추구적 관행을 저질렀음을 경영진은 인정했다. 만약 이런 일이 다시 일어난다면 나는 인튜이트 투자를 재고할 것이다.

우리 사회에는 반경쟁적이고 약탈적인 행동을 금지하는 법이 있고 이런 법이 있다는 사실이 기쁘다. 정부는 기업을 감시하고 권력 남용을 처벌해야 한다. 공정한 경기를 보장하고 경기장이 파괴되지 않도록 잘 살펴보는 엄격하고 강인한 심판이 되어야 한다. 그러나 심판의 역할을 제외하면 정부는 선수들이 경기를 뛰도록 해야 한다. 나는 언론인으로서 공공 부문이 선의의 도구로 활용되는 것을 지켜본 한편, 투자자로서는 정부가 시장 문제를 해결하려고 할 때 얼마나 어설플 수 있는지도 알게 되었다. 자본주의는 너무 개방적이고 잔인해서 고객을 무시한 기업이 무사할 수가 없다. 고객들이 거세게 반발하기 때문이다. 지대추구 기업들은 종종 당국이 아니라 고객들의 대규모 집단 이탈로 벌을 받는다. 더 낮은 가격과 더 품질 좋은 제품을 제공하지 못하는 기업은 고객들이 외면해버린다.

이런 역학 관계는 경제적, 기술적 변화 속도가 매우 빠른 오늘날 특히 더 중요하다. 지금은 구글과 애플, 기타 테크기업의 주가가 상승하고 있지만, 이런 기업들이 정말로 고객을 무시한다면 고객은 그냥 떠나갈 것이다.

반독점주의자들의 규제

구체적으로 테크기업에 대한 규제와 관련해 현재 미국의 반독점 규제 원칙은 원고가 이른바 '소비자후생'을 침해당했다는 사실을 입증하도록 요구한다. 일반적으로 소비자후생이 훼손되었다는 증거는 두 종류다. 더 높은 가격을 치르고 사야 한다거나, 선택할 상품이 부족하다는 것이다. 이것이 오늘날 우리가 사는 세상일까?

구글, 페이스북, 왓츠앱은 무료 서비스다. 이보다 더 저렴한 서비스를 찾는 것은 어렵다. 한편 MIT 에릭 브리놀프슨의 연구에 따르면 소비자들은 페이스북을 연간 550달러, 왓츠앱을 연간 7,000달러, 구글을 연간 1만 7,500달러의 가치가 있는 서비스로 평가하고 있다. 마찬가지로 우리는 빅테크의 시장 지배가 상품 부족을 초래하는 것과는 거리가 먼 세상에 살고 있다. 실제로 '세상의 모든 것을 파는' 아마존은 너무 많은 선택권을 주면서 소비주의를 조장하고 환경 파괴를 가속화한다고 논쟁할 수 있다. 유감스럽겠지만 법을, 특히 '독점금지법'을 위반하는 것은 아니다.

이런 사실을 고려할 때, 새로운 세대의 반독점주의자들은 소비자후생이 더 이상 올바른 반독점 기준이 아니라고 주장한다. 이들은 소셜미디어를 지배하는 페이스북과 이커머스를 장악한 아마존에서 명백한 소비자후생 위반 사례를 찾을 수 없지만 정부는 향후 발생할 수 있는 피해를 막기 위해 행동에 나설 것을 요구한다. 28세의 법대생 리나 칸(Lina M. Khan)은 2017년 〈예일대 법학저널(Yale Law Journal)〉에 반독점 논문을 기고했는데, 주요 대목은 다음과 같다.

> 가격과 생산량을 기준으로 경쟁을 측정한다면 아마존의 지배로 발생한 경쟁에 관한 잠재적 위해를 알 수 없다. 현재의 원칙은 약탈적인 가격 책정의 위험성을 과소평가하고 있다. (…) 플랫폼시장의 경제는 기업이 이익보다 성장을 추구하게 하는 동기를 부여한다. 이는 투자자들이 보상을 받는 전략이다.

칸은 아마존 관련 논문에서, 아마존은 이익보다 성장을 우선시해왔고 투자자들은 그 전략에서 보상을 받았다고 주장했다. 그녀의 주장은 옳다. 이것이 어닝파워의 핵심으로, 공격적인 지출 때문에 가려져 있던 테크기업의 가치를 알아채는 것이다. 반면 칸의 결론은 놀라울 정도로 완전히 틀렸다. 아마존의 최종 목표가 약탈적 가격임을 암시함으로써 테크기업, 특히 아마존의 성공 전략을 제대로 이해하지 못하는 무지를 드러낸다.

아마존은 이커머스시장을 완전히 지배하지 못하고 있다. 설사 지배한다고 해도 결코 가격을 올리지 않을 것이다. 오늘날 아마존은 세계에서 가장 신뢰받는 브랜드 가운데 하나다. 고객에게 바가지를 씌우기 시작함으로써 이런 신뢰를 저버리는 행위는 아마존이 미래에 장기적으로 누릴 번영의 기회를 즉각적이고 돌이킬 수 없을 정도로 망가트릴 것이다. 아마존이 제공하는 가치는 더 빠르고, 더 저렴하며, 더 나은 것의 조합이다. 아마존은 이런 원칙을 중심으로 세계에서 가장 가치 있는 기업 가운데 하나로 성장했다. 아마존이 왜 그런 원칙을 바꾸려고 하겠는가?

빅테크가 더 이상 혁신하지 않는다는 흔한 주장도 터무니없다. 분명한 사실은 웰스파고나 코카콜라 같은 성숙기의 회사와 달리 빅테크는 경제적 해자 뒤에 앉아서 경쟁우위의 열매를 수확만 하고 있지 않다는 것이다. 이와 반대로 증강 현실에서 노화 방지에 이르기까지 다양한 프로젝트에 매년 수십억 달러를 투자한다. 빅테크만 혁신하는 것은 아니다. 비교적 작은 테크기업들도 치열하게 경쟁하고 있다. 만약 빅테크가 정말로 경쟁을 억제하고 있다면 조금 덜 알려진 작은 회사들은 성공하지 못할 것이다. 하지만 그런 기업들도 성공하고 있다. 소규모 상인들의 온라인 진출을 도와주는 반아마존 플랫폼 쇼피파이는 2022년 현재 시장가치가 850억 달러로 크로거, 오토존, 달러제너럴 같은 전통적인 대형 소매기업의 2배에 달하며, 티제이맥스(TJ Maxx)보다 높고 타깃과는 거의 비슷하다. 〈이코노미스트(Economist)〉는 2021년 기사에서 시장의 평가가치가 10억 달러(1조 원) 넘는 스타트업 테크기업, 즉 유니콘의 수가 8년 전 10여 개에서 현재 750개 이상으로 증가했다고 보도했다.

그러나 지금은 민주당이 정권을 잡고 있어서 어떤 형태로든 규제 논의가 진행될 가능성이 크다. 28세의 법대생이자 아마존 비판론자였던 리나 칸은 32세에 연방통상위원회(Federal Trade Commission) 위원장이 되었다. 《빅니스(The Curse of Bigness)》라는 책을 쓴 학자 팀 우(Tim Wu)는 바이든 대통령의 특별 보좌관이 되어 기술과 경쟁 정책에 관해 조언하는 일을 한다.

이 공무원들은 빅테크가 정말로 위협적 존재임을 증명하기 위해 일할 것이다. 이런 와중에도 삶은 계속되고 수십억 인구가 매일 빅테크의 제품을 사용한다. 규제당국이 이런 친밀하고 일상적인 관계에 개입할 방법을 찾기란 상당히 어렵다. 이런 점을 고려할 때 규제당국이 네트워크 효과, 전환비용 같은 경쟁우위를 훼방할 것이라는 생각도 비현실적이다.

테크 플랫폼과 이를 사용하는 사람들 사이에서 일어나는 거래에 역기능이 있다면 나는 규제 가능성에 관해 좀 더 관심을 가질 것이다. 테크기업은 소비자가 원하고 사용하는 서비스를 제공한다. 그 대가로 소

돈은 빅테크로 흐른다

비자는 돈을 지불하거나(인튜이트, 쇼피파이) 광고 판매를 통한 수익화에 동의한다(페이스북, 구글). 비판론자들은 우리가 어떤 방식으로든 이용당하고 조작당하고 있는 것처럼 느끼도록 자극적인 문구를 사용한다. 오하이오주 법무장관인 데이브 요스트(Dave Yost)는 "구글을 이용해 검색할 때, 당신은 고객이 아닙니다. 당신은 제품입니다"라고 썼다.* 이것은 매우 영리한 문구다. 하지만 결과적으로 나와 구글의 거래는 이렇게 요약된다. 즉 내가 온라인에서 신발을 검색하면 구글은 신발 광고를 보여줄 것이다. 무료 검색의 대가로, 나는 온종일 그런 거래를 하게 된다.

내 말을 오해해서는 안 된다. 우리는 빅테크든 거대 정부든 빅 브라더(Big Brother)가 되지 않도록 개인정보 보호 같은 이슈를 지속적으로 해결해나가야 한다. 하지만 구글의 소비자로서 나는 구글이 신발 광고를 보여주는 것이, 텔레비전이 탄산음료나 맥주 광고를 마구 보여주는 것보다 사생활을 더 많이 침해했다고 느끼지 않는다. 사실 나는 구글의 광고가 더 마음에 든다. 내가 신발에 관심이 있다는 것을 알고 그런 광고를 보여주기 때문이다.

개인정보와 광고의 교환이 정말로 불길하고 해롭다는 것이 증명될 때까지 이런 방식의 제품 이용은 변하지 않을 것이다. 그러나 정치인들은 싸움을 빈손으로 그만두는 것을 싫어하므로 결국에는 약간의 승리를 쟁취하고 다윗이 골리앗을 이겼다고 주장하면서 전쟁터를 떠날 것

---

* 구글이 검색 서비스를 이용하는 이들을 활용해 데이터를 생성하고 이를 판매한다는 점에서 구글 검색자는 구글이 판매하는 정보 제품이라는 의미. – 옮긴이

이다. 그러나 그들의 제안 중 일부와 거기에 깔린 논리는 완전히 엉터리다. 홀리 상원의원은 아마존이 인터넷 자체의 기반이 되는 기술 대부분을 소유하고 있다고 주장하면서 이커머스 부문을 클라우드 컴퓨팅 부문과 분리하고 싶어 한다. 이런 주장은 1980년대 말에 월드와이드웹(World Wide Web)을 발명해 작위를 받은 팀 버너스 리(Tim Berners-Lee) 경에게는 깜짝 놀랄 일이다. 월드와이드웹 즉 인터넷은 아마존이 탄생하기 6년 전, 아마존이 클라우드 컴퓨팅 사업을 시작하기 20여 년 전에 발명되었다.

다른 규제는 좀 더 합리적인 것 같고 그래서 성공할 것 같기도 하다. 그 규제대로라면 알파벳은 온라인 검색과 세계 최대 웹 기반 광고회사 모두를 통제권 아래에 두어서는 안 된다. 경쟁 상대를 제거하기 위해 상대 기업을 인수하는 행위도 독점금지법에 위배될 것이다. 페이스북이 왓츠앱과 인스타그램을 인수한 사례가 바로 독점금지법을 위반한 것일 수 있다. 이 문제에 관해 "경쟁보다 인수가 낫다"라는 2018년 저커버그의 이메일은 규제당국이 찾고 싶어 하는 결정적인 증거가 될지도 모른다.

그러나 핵심 사업에서 빅테크가 제안하는 가치는 매우 강력해 규제 당국이 할 수 있는 일이 거의 없다. 만일 페이스북의 세 가지 앱이 세 개의 독립 회사로 분리된다면 페이스북의 주주로서 당신은 소비자가 사랑하는 세 개의 강력한 앱을 갖게 되는 것이다. 아마존이 이커머스 부문과 클라우드 컴퓨팅 부문으로 갈라진다면 아마존의 주주로서 당신은 두 분야의 시장 지배적 기업을 소유하게 되는 것이다. 실제로 많은 경우에 빅테크의 개별 사업 부문들의 합이 전체 기업의 가치보다 더 높았다. 거대 기업이 개별 사업 부문으로 강제 분할되면 수익 잠재력 이상의 결과를 보여주기 위해 각각 사업 부문에 대한 압박이 커질 확률이 높기 때문이다.

아마존이 바로 이런 사례에 해당한다. 아마존의 클라우드 사업은 기업 매출의 10%를 차지하는 반면 영업이익에서 차지하는 비중은 60%에 달한다. 이것은 알파벳도 마찬가지다. 알파벳은 수십억 달러의 이익을 얻을 잠재력을 가진 유튜브와 안드로이드 같은 앱을 보유하고 있지만 현재는 기껏해야 손익분기점을 넘기고 있다. 유튜브와 안드로이드는 지금까지 발명된 가장 수익성 높은 사업 가운데 하나인 구글검색으로부터 보조금을 지원받아왔다. 구글검색은 다른 소들의 젖을 짤 필요가 없을 정도로 많은 젖을 생산하는 가장 뛰어난 암소처럼 다른 사업 부문을 먹여 살리고 있다. 알파벳을 해체한다면 이런 상황이 변할 것이다. 새로운 CEO 체제에서 알파벳은 조기 단계에 있는 사업 부문들에 수익성을 높이도록 압력을 넣기 시작했다. 사업 부문의 분할은 이런 과정을 더 가속화할 것이다. 유튜브와 안드로이드는 독립된 사업체로서 잠재적 어닝파워를 좀 더 구체적인 이익으로 명확하게 실현해야 할 것이다.

나는 알파벳의 해체가 100년 전 스탠더드오일을 34개의 독립 사업체로 분할한 사례와 비슷할 것으로 생각한다. 1910년 미 대법원은 록펠러에게 스탠더드오일을 해체하라고 한 정부의 행정 명령을 판결로 지지했다. 이 소식을 들었을 때 마침 록펠러는 한 신부와 골프를 치고 있었다. 그는 "레넌(Lennon) 신부님, 돈 좀 있나요?"라고 묻고는 "스탠더드오일 주식을 사세요"라고 말했다.

늘 그랬던 것처럼 록펠러의 직감은 정확했다. 스탠더드오일이 해체된 지 10년 만에 분할된 회사들의 가치는 5배로 올랐다.

체스판의 60번째 칸

현시점에서 기업의 분할 위험과 새로운 반독점주의자들의 다양한 규제는 모두 추측일 뿐이다. 분석가로서 우리는 이런 위험을 전적으로 무시해서는 안 되지만 곧이곧대로 받아들일 필요는 없다. 정부가 어느 정도 구체적인 행동에 나설 때까지 우리는 정부의 정책에 관한 중요한 뉴스를 유보적인 태도로 받아들여야 한다. 뉴스는 대부분 의미 있는 신호보다 소음일 확률이 높기 때문이다.

확실한, 그래서 가능성 있는 현실은 지금 우리가 보고 있는 변화의 물결(trends)이다. 컴퓨터 성능이 계속 증가할 것은 100% 확실하다. 컴퓨터 성능 발전이 더 많은 혁신과 파괴로 이어질 것도 분명하다. 무어의 법칙은 1950년대 슈퍼컴퓨터를 탄생시켰고, 1960년대 인간을 달에 착륙시켰으며, 1980년대와 1990년대 개인용 컴퓨터를 책상과 무릎에 올려놓았다. 2000년대에는 어떤 슈퍼컴퓨터보다 강력한 스마트폰을 탄생시켰다. 그러나 지난 20년 동안 테크산업의 원대한 포부는 작아진 것처럼 보인다. 기술은 작고 사소한 문제라고 할 수 있는 것들을 해결하는 데 초점을 맞추고 있다. 기술의 발전 덕분에 우리는 온라인으로 친구들과 수다를 떨고, 신발을 검색하고, 술집에 가지 않고도 친구를 사귈 수 있게 되었다. 이 과정에서 기술은 주주들을 위해 수조 달러의 부를 창출했지만 과거 무어의 법칙처럼 인류 사회에 대한 중요한 업적이라고 부를 수 있는 공헌을 하지는 못했다. 최근에 세계적인 여행 웹사이트인 '부킹홀딩스(Booking Holdings)'의 CEO 글렌 포겔(Glenn Fogel)은 "온라인으로 호텔 방을 예약하고 항공권과 식품을 사는 것 외에 정말로 인터넷이 우리를 위해 해준 것이 무엇일까?"라고 물었다.

포겔의 발언은 경솔한 측면이 있지만 어떤 면에서는 심오하다. 컴퓨터 성능의 발전이 가져올 거대한 가능성을 내다본 말이기 때문이다. 우리의 투자 시야를 넘어선 획기적인 혁신이 빠르게 다가오고 있다. 자율주행차, 양자 컴퓨팅, 우주 식민지 개척, 인공지능의 실용화, 증강 현실은 우리 앞에 다가올 발전 가운데 일부일 뿐이다. 기하급수적인 컴퓨터 성능 발전이 이런 미래를 보장하고 있다.

미래학자들은 체스판의 후반부 이야기를 자주 언급한다. 1256년 이슬람 학자인 이븐 할리칸(Ibn Khallikan)이 처음 이야기한 것으로 알려졌지만 기원은 불명확하다. 이 일화는 심술궂고 똑똑한 궁정 수학자를 고용한 왕에 관한 이야기다. 어느 날 수학자가 왕에게 다음과 같이 게임을 제안한다.

제가 밀알 한 개를 가지고 체스판의 첫 번째 칸에서 내기를 시작하도록 해주십시오. 제가 다음 칸으로 이동할 때 밀알의 수를 배로 늘리겠

습니다. 마지막 64번째 칸에 도달할 때까지 계속해서 밀알 수를 배로

늘릴 것입니다. 이 게임이 끝나면 왕께서는 체스판에 있는 모든 밀알

을 제게 주시겠습니까?

수학을 잘 모르는 왕은 동의했다. 하지만 밀알은 기하급수적으로 증

가했고 게임이 끝났을 때 왕은 수학자에게 922경 3,772조 386억 5,478만

[그림 13-1] 무어의 법칙

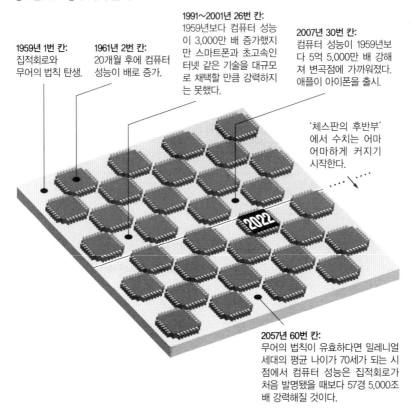

1959년 1번 칸:
집적회로와
무어의 법칙 탄생.

1961년 2번 칸:
20개월 후에 컴퓨터
성능이 배로 증가.

1991~2001년 26번 칸:
1959년보다 컴퓨터 성능
이 3,000만 배 증가했지
만 스마트폰과 초고속인
터넷 같은 기술을 대규모
로 채택할 만큼 강력하지
는 못했다.

2007년 30번 칸:
컴퓨터 성능이 1959년보
다 5억 5,000만 배 강해
져 변곡점에 가까워졌다.
애플이 아이폰을 출시.

'체스판의 후반부'
에서 수치는 어마
어마하게 커지기
시작한다.

2022

2057년 60번 칸:
무어의 법칙이 유효하다면 밀레니얼
세대의 평균 나이가 70세가 되는 시
점에서 컴퓨터 성능은 집적회로가
처음 발명됐을 때보다 57경 5,000조
배 강력해질 것이다.

개의 밀알을 빚지고 있다는 사실을 깨달았다. 이는 오늘날 지구상에서 연간 재배하는 밀의 거의 1,000배에 해당하는 양이다.

이 이야기는 아인슈타인이 복리를 세계의 8번째 불가사의라고 칭한 이유를 알려준다. 돈이든 기술 발전이든 복리 효과는 체스판의 후반부에 도달할 때 특히 경이로워진다. 그때 숫자가 정말로 커지기 때문이다. 버핏은 억만장자가 되기까지 60세 가까이 기다렸지만, 그로부터 10년이 지나자 재산의 가치가 17배가 되었다. 반도체가 처음 소개된 이후 63년이 지난 2022년 현재 컴퓨터 처리 능력은 2,750억 배나 강력해졌다. 하지만 앞으로 2년 뒤에는 또다시 2,750억 배 더 강력해질 것이다.

디지털 앱은 단 10년 혹은 15년이라는 짧은 기간에 임계치(critical mass)*에 도달했다. 이것은 우연이 아니라, 우리가 체스판의 후반부에 도달했기 때문이다. 닷컴의 호황과 붕괴 기간에 컴퓨터 성능은 애플이 아이폰을 만들 정도로 강력하지 않았지만 2007년에 이르러 매우 강력해졌다. 우리가 체스판의 후반에 도달한 시점에서야 기술은 일반 소비자가 디지털 앱을 쉽게 구매해 사용할 수 있게 했고, 이로써 테크기업은 지난 한 세대에 걸쳐 엄청난 부를 창출했다.

현재 우리는 체스판의 후반부에 있기 때문에 훨씬 더 급격한 변화

---

* 핵분열이 스스로 연쇄반응을 일으키는 데 필요한 최소한의 질량을 일컫는 말. 테크산업에서는 수요가 어느 수준의 임계치에 도달한 이후에는 네트워크 효과로 해당 제품이나 서비스의 수요가 폭발적으로 증가하는 규모의 경제가 발생한다. – 옮긴이

[그림 13-2] 1900년 vs. 1913년 뉴욕시 부활절 행진

1900년 뉴욕시 부활절 행진

1913년 뉴욕시 부활절 행진

와 혁신을 경험할 것이 확실하다. 이런 주장에 대해 회의적인 사람들은 100년 전 우리 사회가 혁신을 경험했던 때를 돌이켜봐야 한다. 당시 기하급수적으로 증가하는 기계의 힘은 잇따른 산업의 혁신을 불러일으켰다. [그림 13-2]를 보라. 두 사진 모두 뉴욕시 부활절 행진 모습이다. 1900년 찍힌 첫 번째 사진에는 마차들 가운데 자동차가 한 대뿐이지만, 1913년에 찍힌 두 번째 사진에는 수많은 자동차 가운데 말이 한 마리뿐이다.

'영구적'이 아닌 '오래가는' 경쟁우위

체스판의 네모 칸을 따라 움직이는 과정에서 새로운 산업이 탄생하고 이런 산업이 혁신과 파괴의 물결을 일으킬 것이다. 현재 경쟁자들의 공격을 받는 애플, 구글, 페이스북 같은 기업들은 경제적 성을 방어해야 할 것이다. 그들의 해자는 언젠가 파괴될 것이다. 언제가 될지 예측하기는 어렵지만 경제적 해자가 무너지는 것은 불가피한 일이다.

앞서 설명한 테크기업의 주식을 내가 보유하는 한 가지 이유는 그 기업들이 경쟁기업보다 먼저 스스로 혁신을 추진했다는 것이다. 인튜이트는 처음 시작한 상품인 퀵큰을 매각했다. 알파벳은 자율주행차와 인공지능을 포함해 많은 차세대 혁신을 확실하게 주도하고 있다. 급격한 기술 변화의 속도 때문에 나는 기술 저항성이 있다고 생각하는 비테크기업에도 많은 투자를 하고 있다. 가까운 시일 안에 어떤 테크기업도

0과 1로는 여러분의 건물 벽 도색을 실행하지 못할 것이다.

내가 투자한 기업들은 당분간 강력한 경제적 해자를 가지고 있을 것이라고 확신한다. 하지만 버핏이 성공 투자의 핵심은 '영구적인' 경쟁우위보다 '지속 가능한' 경쟁우위를 갖춘 기업을 찾는 것이라고 말한 데는 그럴 만한 이유가 있다. 영구적인 경쟁우위라는 것은 없다. 괜찮은 수준의 해자는 한 세대 정도 지속되고, 뛰어난 해자는 여러 세대에 걸쳐 지속된다. 그러나 어떤 해자도 영원히 지속되지 않는다. 자유시장이 그렇게 되도록 내버려두지 않는다. '포니익스프레스(Pony Express)'는 한동안 서부에서 가장 빠른 우편 배달 서비스였다. 이후에 전신 서비스가 등장했고 그다음에는 대륙횡단 열차와 항공우편이 출현했다. 1970년대와 1980년대 페더럴익스프레스(Federal Express)는 우편산업을 혁신해 서류 익일배송을 약속했다. 하지만 1990년대 어도비가 PDF 포맷을 발명하면서 익일배송은 비싸고 느린 형태의 우편이 되고 말았다.

훌륭한 기업은 이런 역동성을 거부하지 않고 수용한다. 시어스는 지금의 아마존과 같았다. 19세기 말 통신판매 카탈로그 주문 방식으로 한차례 혁신을 이룩했고 20세기 초 여러 백화점 점포의 네트워크를 통해 또다시 변화를 추구했다. 시어스는 이렇게 민첩하게 움직였기 때문에 130년 동안 사업을 계속할 수 있었다. 하지만 이커머스에 적응하지 못한 시어스는 2018년에 파산보호신청을 했다.

아마존은 이커머스 분야에서 선도적 위치를 확보하기 위해 발 빠르게 움직이는 우리 시대의 시어스다. 창업 이후 10여 년 만에 아마존은 완전히 새로운 산업인 클라우드 컴퓨팅시장의 선도 기업이 되었다. 아마존이 이커머스와 클라우드 컴퓨팅시장에서 경쟁우위를 가졌고 낮은 시장 점유율을 기록하고 있다는 점에서 적어도 앞으로 10년 동안은 계속 번창할 것이다. 그러나 어느 시점에서는 아마존도 빠른 기술 변화의 조류에 휩쓸려 사라질 것이다. 변화의 조류를 영원히 견딜 만큼 강한 배도, 영리한 선장도 없다.

한 세대 전에 피터 린치가 훌륭하다고 평가한 토이저러스, 스바루, 헤인즈를 내가 서문에서 평가절하한 것처럼 미래의 투자자들도 언젠가 아마존과 알파벳, 기타 테크기업에 대해 그렇게 평가할지 모른다. 린치가 소개한 기업들은 전성기가 지났고 아마존, 알파벳 등의 다른 테크기업들도 언젠가 그리될 것이다.

베이조스는 이를 잘 알았다. 그는 2018년 직원들과 대화하면서 "나는 아마존이 실패하리라 예견합니다. 아마존은 파산할 것입니다"라고 말했다. 그는 이런 사태를 방지하기 위해 아마존 직원들이 할 수 있는 일은 고객의 요구에 귀를 기울이고 고객을 가장 중요하게 생각하는 것뿐이라고 강조했다.

세상은 계속 변해왔고 또다시 변할 것이다. 세상이 변하면 지금의 가치 3.0은 쓸모없는 구시대의 유물이 될 것이고, 새로운 역동성을 이해하기 위해 또다시 새로운 분석 틀이 필요할 것이다. 지금은 가치 3.0이 성공적인 투자 전략이지만 언젠가 다른 방식에 의해 대체될 것이다. 그 때가 바로 가치 4.0의 시대가 될 것이다.

용어 해설

회계는 기업을 이해하는 언어다. 여기서는 회계의 기본을 이해하는 데 도움이 되는 용어들을 설명하려고 한다. 기업이 어떻게 가치를 만들고 보호하는지에 관한 추상적인 개념도 설명할 것이다. 현명한 투자는 대부분 투자자의 판단력에 의존하는 것으로, 대변이나 차변과는 상관이 없다.

• **가치투자**(value investing): 가장 오래됐고 가장 성공적인 투자 방법 가운데 하나다. 가치투자는 정확하게 정의하기가 어렵지만 특징을 보면 엄격함, 원칙, 인내가 있고 저렴한 가격, 최소한 공정 가격에 주식을 매수해야 한다는 주장이 있다. 가치투자에서 정량적 기준과 정성적 기준을 활용하는 정도는 어떤 가치투자 기법을 사용하는가에 따라 다르다.

가치투자는 벤저민 그레이엄이 미국 기업들의 '재무상태표'를 체계적으로 분석하기 시작한 100년 전에 시작되었다. 그는 자신의 분석 기법을 가장 유명한 제자인 워런 버핏에게 전수했다. 워런 버핏은 다시 후속 세대에 가치투자 방법을 전해주었다. 하지만 지난 세월 동안 저렴한 가격 또는 공정 가격에 대한 정의는 상당히 크게 바뀌었다. 그레이엄은 주로 기업의 청산가치와 연계해 판단했지만, 버핏은 이익의 관점에서 볼 때 가격이 합리적인 프랜차이즈 기업을 선호했다. 오늘날 소프트웨어 플랫폼기업이 그레이엄이나 버핏이 예상하지 못했던 방식으로 세계를 지배하면서 가치투자는 또다시 변화와 재검증의 시기를 거치고 있다.

• **경쟁우위**(competitive advantage): 경쟁우위는 시장 경제에서 지속적으로 초과수익을 얻는 가장 중요한 원천이다. 자본주의의 본질이 경쟁임을 고려할 때 기업들은 대부분 단지 평균 수준의 이익을 얻는다. 평균을 넘어서는 초과수익은 기업이 소비자를 유인하고 만족시키고 붙잡아두고자 할 때 소비자들에게 돌아간다. 하지만 기업이 경쟁우위가 있다면 기업이 누리는 모든 경제적 이익을 분배할 필요가 없고, 주주들을 위해 이익을 유보하게 된다. 이런 기업을 찾는 것이 성공적인 투자자가 되는 가장 중요한 비결이다.

경쟁우위에 대한 다른 표현은 에지(edge)*다. 워런 버핏 덕분에 경쟁을 물리칠 수 있게 비즈니스를 둘러싼 '해자(moat)'라고도 부른다. 산업화시대에 기업들은 규모의 경제를 통해 경쟁우위를 확보했다. 즉 생산 단가를 경쟁기업보다 좀 더 낮추는 방식으로 제조와 유통에서 효율성을 만들어내는 것이다. 제2차 세계대전 이후 소비자경제시대가 되면서 기업의 브랜드 같은 무형자산에 근거한 다른 유형의 경쟁우위가 우세해졌다. 버핏은 경쟁우위를 갖춘 수십 개의 기업에 매우 성공적으로 투자했다. 디지털시대에는 규모의 경제를 구현하는 제조업 경제나 브랜드 충성도가 아니라 네트워크 효과 같은 새로운 경쟁우위에서 가장 두

---

* 본문에서는 독자의 이해를 돕기 위해 '무기'라고 표기했다. – 편집자

드러지는 경향이 있다.

• **계량분석·퀀트분석**(quantitative analysis): 계량분석가(또는 계량분석을 실행하기 위해 설계된 컴퓨터 프로그램)는 언제 어떻게 투자할 것인지를 결정하는 데 오로지 숫자에 초점을 맞춘다. AQR캐피털(AQR Capital)과 르네상스테크놀로지(Renaissance Technology) 같은 계량분석 투자기업은 다양한 자산 종류에서 하루에 발생하는 수천 개의 작은 움직임들을 찾아내고 이를 이용하기 위해 거대한 컴퓨터의 분석 능력을 활용한다. 현대 증권분석과 가치투자의 아버지인 벤저민 그레이엄도 본질적으로 계량분석가였다.

• **네트워크 효과**(network effects): 기업의 상품이나 서비스를 이용하는 사람이 많아질수록 비즈니스의 가치가 어떻게 증가하는지 설명할 때 사용하는 용어다. 초창기 네트워크 효과 사례로 증권거래소를 들 수 있는데, 특정 증권거래소에서 주식을 거래하는 사람이 많아지면서 그 증권거래소의 가치가 증가했다. 오늘날 많은 소프트웨어기업이 네트워크 효과를 통해 혜택을 본다. 에어비앤비는 더 많은 사용자가 웹사이트에 방문할수록 더 많은 집주인이 임대주택을 내놓으려고 한다. 등록된 임대주택이 증가하면 더 많은 고객이 숙박할 곳을 찾게 되고 이는 다시 더 많은 집주인의 임대주택 등록을 유도한다. 이런 이유로 네트워크 효과는 플라이휠 또는 선순환 효과로도 알려져 있다.

네트워크 효과는 오늘날 많은 테크기업에 '경쟁우위'를 가져다주는 중요한 원천이다. 과거 기업들은 공장이나 유통 시스템에 기초한 규모의 경제를 통해 경쟁우위를 확보했다. 공장이나 유통 시스템이 클수록 생산단가가 낮아졌고, 그래서 가장 큰 규모의 경제를 실현한 기업이 승리했다. 오늘날에는 똑같은 역학 구조가 역으로 적용된다. 즉 생산 능력이 아니라 플랫폼에 매력을 느끼는 고객의 수가 중요하다. 이런 이유로 네트워크 효과는 '수요 측면의 규모의 경제'라고도 불린다. 경쟁우위를 파생시키는 것은 기업의 생산력 규모가 아니라 고객의 수요다.

• **레버리지(leverage):** 레버리지는 월스트리트에서 부채를 빗대어 사용하는 용어다. 부채는 자기자본이익률을 증대시키기 때문에 레버리지, 즉 지렛대라는 표현으로 사용된다. 당신이 40만 달러의 가치가 있는 집을 소유하고 있고 집값의 절반을 현금으로 지불했다면 당신의 자본은 20만 달러고, 당신이 빌린 나머지 20만 달러가 레버리지다. 집값이 50만 달러로 상승하면 부채에 의해 레버리지된 자본이 10만 달러의 이익을 창출한 것이다. 집값이 30만 달러로 하락하면 자본이 모든 손실을 떠안게 된다.

• **모멘텀투자(momentum investing):** '더 멍청한 바보 이론(the greater fool theory)'[*]이라고도 한다. 모멘텀 이론 추종자들은 기업의 '펀더멘털 분석'

---

[*] 자신이 상품 · 자산을 고가에 매입한 '바보'라고 할지라도 더 높은 가격에 매입할 '더 멍청한 바보'에게 되팔 수 있다고 기대하면서 비싼 가격을 지불한다는 뜻. – 옮긴이

이나 '계량분석'에 관심이 없고, 오직 주가가 오를 것인지 내릴 것인지에만 관심이 있다. 용어가 의미하는 것처럼 모멘텀투자자들은 추세에 편승하려고 한다. 모멘텀투자는 속성이 단기적이고 모멘텀투자자는 일반적으로 투기꾼으로 여겨진다.

• **무형자산**(intangible assets): '유형자산'과 반대로 무형자산은 물리적인 형태가 없는 자산이다. 고객의 충성도는 무형자산으로, 만질 수 없고 정확하게 계량화할 수 없지만 가치가 매우 높다. 빨간색과 하얀색으로 구성된 코카콜라 캔 제품, 나이키 스우시 같은 브랜드나 상표도 마찬가지다. 선진국이 산업 기반 경제에서 서비스 중심의 경제로 발전하면서 무형자산은 점점 더 중요해졌다. 그 추세는 디지털 혁명으로 더욱 가속화되었는데 소프트웨어 플랫폼 운영에는 물리적 자산이 거의 필요하지 않기 때문이다.

US스틸은 제품을 생산하는 거대한 공장이 필요하다. 인텔(Intel)도 반도체 제조시설을 만들려면 십수억 달러를 지출해야 한다. 하지만 구글이 검색 네트워크 운영에 필요한 자산은 데이터를 저장 및 처리하는 중앙서버와 노트북을 갖춘 뛰어난 엔지니어뿐이다. 구글의 핵심 자산인 검색 네트워크는 대부분이 무형자산이다.

• **복리**(compounding): 복리란 이익, 컴퓨터 성능 등 무엇인가 성장하는 현상을 나타내며, 특히 비교적 큰 기반에서의 성장이 훨씬 크고 강력해지는 현상을 가리킨다. 어떤 주식에 10달러를 투자해 2배가 되면 10달

러를 번 것이다. 하지만 당신이 같은 주식에 100만 달러를 투자해 2배가 되면 100만 달러를 벌어들인 것이다.

• **성장률(growth rate)**: 기업의 매출 또는 '이익'이 증가하는 비율. 다른 모든 조건이 같다면 성장률이 높을수록 기업의 가치는 더 높아진다. 하지만 5년 동안 20%의 성장률을 지속하는 것보다 50년 동안 10%의 성장률을 유지하는 것이 더 훌륭하다. 빠르게 성장하는 기업이 지속 가능하고 가치 있는 '프랜차이즈'를 갖추고 있다고 혼동하는 것은 주식 투자에서 가장 흔하게 저지르는 실수다.

• **성장주 투자(growth investing)**: 기업의 성장 전망을 가장 우선으로 고려하고, 수익가치에 지불해야 하는 가격을 나타내는 PER을 두 번째 고려 요소로 생각하는 투자 접근법.

• **손익계산서(profit and loss statement)**: 재무상태표와 현금흐름표와 함께 손익계산서(통상 'P&L'이라고 부른다)는 기업이 1년에 얼마를 벌었는지와 그 과정을 보여준다. 이 값은 '순이익' 또는 '이익'으로 불린다.

• **순이익(net income)**: 바텀라인(bottom line)이라고도 한다. 기업이 매출에서 모든 비용을 공제하고 보고하는 최종 이익이다. 비용에는 이자, 법인세, 급여와 임차료 같은 운영비용이 포함된다. 순이익은 비용뿐만 아니라, 공장과 같은 장기 사용 자산을 유지하기 위해 기업이 부담해야

하는 자본적 비용의 대용 개념인 감각상각비 또한 차감한 금액이다. 이자와 법인세 같은 영업활동 외 항목은 전체적인 분석을 왜곡시킬 수 있기 때문에 많은 분석가가 영업이익(operating income)을 기업의 이익 창출 잠재력을 나타내는 공정한 지표로 이용하고 있다.

• **스탠더드앤드푸어스500(Standard & Poor's 500, S&P500):** 미국의 500개 기업의 주식을 모아놓은 목록으로 목록의 상당수가 다국적 대기업이다. 미국 주식시장에서 거래되는 다양한 미국 기업을 하나의 지수로 보여주기 위해 만들어졌다. 이 지수의 운영자들은 미국의 주식시장과 경제를 정확하게 반영하기 위해 분기마다 만나 테크기업, 금융기업 등에 대한 올바른 가중치가 유지되는지 확인한다.

S&P500지수는 투자자의 돈을 관리하는 자산운용사나 기관의 성과 측정에 사용되는 '지표'가 된다. '운용보수를 공제하고도 장기간 지수 이상의 성과를 내는 자산운용사를 찾을 수 있을까? 아니면 시장을 초과하는 수익을 포기하고 평균을 받아들여야 할까?' 투자자라면 이 같은 본질적인 질문을 하기 마련이다. 시장 평균 수익률을 받아들인다면 인덱스펀드를 매수하라. 인덱스펀드는 S&P500을 복제하고 사실상 수수료를 거의 내지 않는다.

세계적으로 유사한 지수가 많다. 영국 FTSE100, 프랑스 CAC40, MSCI 세계 지수(MSCI World Index) 같은 지수가 세계 주식시장을 대표한다. 하지만 미국의 주식시장이 역사적으로 세계에서 가장 성과가 좋았다는 전제를 받아들인다면 S&P500은 모든 투자자가 투자의 성과를 측정하는 기준지수가 되어야 한다.

• **승자독식(winner take all):** '네트워크 효과' '플랫폼화'와 마찬가지로 승자독식의 역학은 테크기업과 밀접하게 연관된다. 소비자들은 한 가지 디지털 서비스 앱을 집중적으로 사용하는 경향(소셜미디어 분야는 페이스북을 사용하고, 검색을 위해서는 구글을 사용하는 것처럼)이 있기 때문에 이런 기업들은 각각의 시장에서 엄청난 시장 점유율을 차지한다. 따라서 '승자독식' 또는 '승자다식' 현상이 발생한다.

• **시가총액(market capitalization):** 종종 마켓캡(market cap)이라고 줄여서 부르기도 한다. 공개시장에서 거래되는 상장기업의 전체 주식 가치다. 시가총액은 주가에, 완전히 희석된 유통 주식의 수를 곱해 계산한다. 투자자들은 시가총액을 기업가치의 대용 수치로 활용한다. 시가총액이 클수록 그 기업은 가치가 높다고 보는 것이다. 당연히 주가는 자주 오르내리기 때문에 기업의 본질가치를 잘못 반영하는 경우가 많다. 투자자들은 주식의 호가와 기업의 공정 가치 사이의 차이를 찾아내는 방법을 통해 돈을 번다.

• **안전마진(margin of safety):** '가치투자의 아버지'라고 불리는 벤저민 그레이엄이 만든 용어다. 이것은 투자에서 얼마나 많은 돈을 벌 수 있는가가 아니라 얼마의 손실을 감당할 준비가 되었는가에 관해 자산관리자들의 관심을 불러일으키는 개념이다. 다락방에 15만 달러 상당의 금

이 있는 집을 10만 달러를 주고 산다면 나는 안전마진을 가지고 투자한다고 말할 수 있다. 다락방에 있는 금이 내가 지불한 집값보다 5만 달러 더 많은 가치를 가지고 있기 때문이다.

• **어닝파워**(earnings power): 좋은 투자를 했는지 아닌지를 판단하기 위해서 투자자 대부분은 기업의 당기 주당순이익(EPS)을 살펴보고 이를 시장 가격과 비교한다. 그 결과인 주가이익배수(PER)는 아마도 모든 증권분석에서 가장 일반적인 기준일 것이다. 하지만 PER 개념은 대부분의 상장기업이 성숙한 단계에 진입해 높은 수준의 이익을 창출하는 시대에 만들어졌다. 이런 기업들은 판매, 마케팅, 상품 개발에 많은 금액을 투자할 필요가 없었다.

이와 반대로 대부분의 테크기업은 아직도 성장의 초기 단계에 있고 시장을 구축하기 위해 많은 돈을 쏟아붓고 있다. 이런 지출은 일반적으로 현명한 것이지만 낡은 회계 관행 때문에 손익계산서에 불리하게 작용하고 PER을 부자연스럽게 높아 보이게 한다. 따라서 영업 규모가 큰 성숙 단계 기업의 PER을, 지속적인 투자를 하는 성장 단계의 기업과 비교하는 것은 분석적으로 부정확하다. 성장하는 기업을 공정한 기준으로 기존의 성숙한 기업과 비교하고, 부를 창출하는 궁극적인 내재 능력을 측정하려면 기업들이 이익이라고 보고하는 것 외에도 이른바 '어닝파워'를 살펴봐야 한다.

성숙 단계의 소프트웨어기업은 매출액 1달러 가운데 약 50센트의 이익을 얻지만, 인튜이트처럼 빠르게 성장하는 기업의 이익률은 성숙 단계 기업의 절반에 불과한 것으로 나타난다. 어닝파워는 이런 왜곡을 바로잡으려는 시도다.

- **영업비용**(operating cost or expenses): 비용은 내용연수가 1년 미만이다. 임차료와 급여 같은 것이 영업비용이다. 공장과 창고 같은 시설에 들어가는 장기적인 지출은 자본적 지출이라고 한다. 그리고 이런 설비에 들어가는 지출은 감가상각을 통해 여러 해에 걸쳐 비용으로 인식한다. 하지만 디지털시대에 회계 규정은 경제적 현실을 따라가지 못하고 있다. 다양한 연구개발 관련 지출은 내용연수가 여러 해이지만 회계에서는 연구개발 관련 지출이 발생한 해당 연도에 거의 모든 것을 비용으로 인식하도록 하고 있다.

- **영업이익**(operating income): 이자, 법인세 공제 전 이익(EBIT)이라고 부르기도 한다. 영업이익은 기업의 상대적인 강점과 약점을 측정하는 좋은 기준이다. 영업이익을 매출로 나눈 영업이익률이 높으면 일반적으로 장사를 잘하고 있다는 의미다. 하지만 가장 궁극적인 기준은 투하된 자본으로 창출한 이익의 지표인 'ROIC'라는 사실을 명심해야 한다.

- **유형자산**(tangible assets): 유형자산은 말 그대로 현금 가치를 추정하기가 매우 쉽고 그래서 쉽게 판매되거나 청산될 수 있는 자산이다. 건물, 공장, 재고자산은 모두 유형자산이다. 현금과 기업이 고객들로부터 받을 매출채권도 유형자산이다. 현금과 매출채권은 엄밀히 말하면 형

태가 있는 것은 아니지만 자산의 가치가 알려져 있다. 가치가 있지만 '정량화'가 훨씬 더 어려운 무형자산과 대조되는 개념이다.

- **이익과 이익률**(profit and profit margins): 이익은 기업이 비용을 쓰고 남긴 것으로 순이익(net income)이나 영업이익(operating income)으로 표현될 수 있다. 어떤 방식이든 이익률은 중요한 비율이다. 일반적으로 기업이 매출에서 더 많은 이익을 기록할 수 있으면 그 사업은 그만큼 경쟁력이 있고 강력한 것이다. 기업의 평균적인 영업이익률은 10% 안팎이다. 이것보다 낮으면 그 기업이 경쟁에 직면하고 있거나 상품이 경쟁우위를 가지고 있지 못하다는 사실을 암시한다. 15% 이상의 이익률은 경쟁우위가 있다는 의미다. 효율성과 규모를 갖춘 성숙 단계의 소프트웨어기업은 영업이익률이 거의 50%에 달한다. 이것은 테크기업의 경영 상태가 아주 좋다는 것을 뜻한다. 그런데도 가장 중요한 지표를 하나 꼽으라면 투하자본이익률(ROIC)임을 기억하자.

- **자기자본**(equity): 재무에서 자기자본은 두 가지 의미가 있다. 증권에 관해 이야기할 때는 기업의 보통주를 일컫는다. '주식'을 소유하고 있다는 것은 기업의 일부를 소유하고 있다는 의미다. 주식은 기업의 이익 증가에 노출돼 있지만 기업이 어려움을 겪게 되면 더 큰 고통을 받는다는 점에서 부채와 구별된다. 기업이 파산하면 주식 투자자는 모든 것을 잃는 경우가 많다. 기업의 재무제표에서 자기자본은 기업의 순자산가치를 의미한다. 자기자본은 기업의 재무상태표에 나타나며, 기업의 '소

유 자산'에서 부채를 빼고 남은 자산을 단순하게 측정하는 지표다.

• **자기자본이익률**(return on equity, ROE): 손익계산서와 재무상태표 두 가지를 모두 살펴봐야 하는 또 다른 핵심 투자 지표다. ROE와 ROIC는 "내가 1달러의 이익을 창출하기 위해 들어가는 자본은 얼마나 될까?" 같은 중요한 질문에 답을 찾아주는 지표다. 손익계산서에 나타나는 이익을 창출하는 것과, 가능한 한 적은 자본을 이용해 이익을 창출하는 것은 완전히 다른 문제다. ROE의 분자는 기업의 순이익이다. 분모는 순이익을 창출하기 위해 투하된 순자산이다. ROE가 10%에 못 미치면 기업의 이익률이 낮거나 이익을 창출하는 데 너무 많은 자본이 필요하다는 의미다. ROE가 15%를 넘으면 기업이 강력한 경쟁력을 가지고 있다는 뜻이다. ROE가 20% 이상이면 일반적으로 탁월한 기업, 즉 프랜차이즈 기업이라고 한다.

• **자본시장**(capital markets): 월스트리트는 자본시장을 대표하는 말이다. 이름이 의미하는 것처럼 자본시장은 돈이 필요한 기업이 자금을 구하려고 가는 장소다. 기업은 투자은행의 도움을 받아 월스트리트에서 가장 좋은 가격으로 자본(대부분 사람이 투자하는 보통주)이나 부채(훨씬 더 큰 시장이지만 일반적으로 전문가들이 거래하는 시장)를 조달할 방법을 찾는다.

• **자본적 지출**(capital expenditure): 기업이 회계 규정에 따라 1년 이상

의 내용연수를 가진 자산에 쓴 지출이다. 임차료와 급여는 영업비용이고 발생과 동시에 비용으로 인식된다. 하지만 자본적 지출은 여러 해에 걸쳐 감가상각된다. 공장에 대한 지출은 자본적 지출의 대표적인 사례다. 하지만 회계 규정이 디지털시대의 경제 현실을 따라가지 못하고 있다는 사실에 주목하라. 테크기업에서는 연구개발과 판매를 위한 지출을 즉각적으로 비용으로 인식해야 한다. 하지만 연구개발과 판매를 위한 지출 가운데 내용연수가 1년 이상인 경우도 많다.

• **장부가치**(book value): 기업이 소유한 것(자산)에서 빌린 것(부채)을 빼는 방식으로 계산한 것으로, 자산에 기초한 가치다. 가치투자자는 과거에 기업의 순자산과 관련해 얼마를 지불해야 하는지를 이해하기 위해 기업의 장부가치와 주가를 비교했다. 주가순자산배수(price to book value, PBR)를 참고하라.

• **재무상태표**(balance sheet): 기업의 3가지 핵심 재무제표 가운데 하나다. 다른 두 개는 손익계산서와 현금흐름표다. 재무상태표는 기업의 자산과 부채를, 즉 '가진 것'과 '빚진 것'을 한눈에 보여준다. 기업의 자산에서 부채를 빼면 장부가치(book value)로 알려진 순자산가치(net worth)를 알 수 있다. 제2차 세계대전 이전 벤저민 그레이엄의 시대에 순자산가치는 가치투자의 가장 중요한 기준이었다. 유동화할 수 있는 유형자산을 측정하기 때문이다. 경제의 기반이 경질자산에서 브랜드로, 그리고 지금은 테크기업의 주요 자산인 소프트웨어로 이전하면서

재무상태표는 기업의 가치를 측정하는 방법으로서 중요성이 많이 감소했다.

• **주가순자산배수**(price to book value ratio, PBR): 기업의 자산 측면에서 지불한 가격 대비 받은 가치를 측정하는 일반적인 가치투자 지표다. 가치 1.0의 프레임에서 일반적인 기준이었던 장부가치는 기업이 이익을 창출하는 데 공장과 재고 같은 물리적 자산에 대한 의존도가 낮아짐에 따라 선호도가 떨어졌다.

• **주가이익배수**(price to earnings ratio, PER): 분석가들이 어떤 주식의 가격이 비싼지 싼지를 평가하기 위해 가장 먼저 사용하는 간단한 분석 지표다. 모든 주식에는 가격이 있다. 주식의 가격이 바로 PER에서 P에 해당한다. 분모는 주당순이익(EPS), 즉 법인세 공제 후 주당 이익이다. 어떤 주식의 가격이 15달러이고 EPS가 1달러일 경우 PER은 15달러/1달러로 15배가 된다. 이것이 헷갈린다면 PER은 채권 수익률과 같다고 생각하는 것이 유용하다. 주식 수익률 항목을 참고하라.

다른 모든 것이 같다면 PER이 높을수록 주식은 비싼 것이다. 하지만 이것은 주식 매수자가 부담해야 하는 위험일 수도 있다. 주식은 기업의 소유권 조각이다. 기업은 시간이 지나면서 흥하기도 하고 망하기도 한다. 최근 10년 동안 PER이 낮은 주식을 매수하는 방식은 효과가 없었다. 시어스 같은 구시대 기업들은 미래가 어둡기 때문에 가격이 저렴했다. 역으로 알파벳과 아마존 같은 주식은 매우 비싸 보였지만 기업의 미래 전망이 밝기 때문에 더 높은 PER을 적용받을 가치가 있다. 회계 상의 왜곡과 테크기업들의 막대한 투자 비용 지출은 과거에 믿을 수 있었던 PER의 유용성을 훼손하고 있다. 더 자세한 것은 어닝파워를 참고하라.

• **주식 수익률**(earnings yield): 기업의 주가이익배수(PER)는 시장이 어떤 기업에 대해 얼마를 지불해야 하는지를 알아보는 단순한 지표다. 주가를 주당순이익(EPS)으로 나누는 대신 분모와 분자를 바꾸어 순이익을 주가로 나눈 것을 주식 수익률이라 하며 이 또한 가치가 있다. 주당 1달러의 순이익을 얻는 15달러짜리 주식의 PER은 15배이지만 순이익을 주가로 나눈 수익률(1달러/15달러)은 7%다. 미국 정부가 장기 국채를 보유하는 대가로 2%보다 적은 이자를 지급하는 경우 7%의 수익률은 매력적이다. 기업에 대한 주식 투자 수익은 채권이 정기적으로 지급하는 이자와 같지 않다는 것을 기억하라. 기업에 대한 주식 투자 수익은 변하고 기업이 배당금으로 언제나 현금을 지급하는 것도 아니다. 기업은 투자를 하거나 기업을 인수하거나 자사주를 매입하기 위해 순이익을 내부에 적립하려고 할 것이다. 그럼에도 불구하고 주식 수익률은 주식을 채권과 비교하는 기준이기 때문에 유용한 이론적 개념이다.

• **증권분석가·애널리스트**(securities analyst): 공개시장에서 거래되는 기업의 금융상품, 즉 일반적으로 주식이나 채권을 연구하는 사람이다. 분석가는 일반적으로 두 종류로 나눌 수 있다. 우선 펀더멘털 분석

가는 기업의 성장과 수익성의 원동력, 예를 들면 비즈니스 품질 또는 경영진의 자질 같은 정성적 요인에 관심이 많다. 반대로 계량분석가(quantitative analyst)는 오로지 숫자에만 관심이 있다. 기업의 재무제표와 증권이 거래되는 시장이 보여주는 많은 통계가 주요 관심사다.

- **투하자본이익률**(return on invested capital, ROIC): 자기자본이익률(ROE)과 유사한 개념으로 투하자본이익률은 어떤 기업이 프랜차이즈 특성을 보유하고 있는지 아닌지를 찾아내는 지표다. ROE는 기업이 빌린 돈이나 레버리지를 사용해 얻게 되는 효과까지 고려한다. 반면에 ROIC는 부채의 영향을 배제한 총자본의 이익률을 평가할 수 있다.

- **퍼스트무버 또는 패스트무버 우위**(first-mover or fast-mover advantage): 새로운 시장으로 진출하기 위해 경쟁기업보다 먼저 움직일 때 기업이 얻게 되는 우위를 말한다. 이 용어는 체스에서 유래되었다. 흰 말을 가진 선수가 먼저 체스 말을 움직이기 때문에 유리하다고 간주하는 것이다. 체스와 마찬가지로 먼저 움직이거나 가장 빠르게 움직이는 기업은 종종 시장의 선두 주자가 된다.

- **펀더멘털 분석**(fundamental analysis): 펀더멘털 분석은 비즈니스 품질과 기업 생태계에서 기업이 차지하는 지위에 중점을 둔 기업 분석 방식이다. 펀더멘털 분석가는 이익률(profit margin), ROE 등 숫자로 표시되는 다양한 분석 요소(factors)에 관심이 있다. 이름이 의미하는 것처럼

펀더멘털 분석 방법은 기업의 기본적인 강점을 찾아내려는 것이다. 워런 버핏은 가장 유명하고 가장 성공한 펀더멘털 분석가다.

• **평균회귀**(reversion to the mean): 시간이 흐르면서 모든 것이 정상으로 돌아간다는 재무·수리적인 개념이다. 일반적으로 1년에 매출이 5% 성장하는 유통기업의 성장률이 몇 년간 저조하다면, 평균회귀에 투자하는 것은 매출 성장이 역사적 평균으로 되돌아갈 것으로 예측하고 투자한다는 의미다. 저PER처럼 평균회귀는 가치투자자에게 중요한 분석 지표였다. 20세기 대부분 기간에 경제가 매우 안정적이었기 때문이다. 그러나 인터넷의 확산과 함께 평균회귀를 이용하는 전략은 매우 위험할 수 있다. 오프라인 소매점과 화석연료 기업 같은 전통적 기업들은 평균으로 돌아갈 조짐이 보이지 않는다. 테크기업들도 마찬가지다. 전통 기업들의 환경은 점점 더 나빠지고 있지만 테크기업은 아직도 성장 궤도의 초입에 있기 때문이다.

• **프랜차이즈**(franchise): 투자에서 프랜차이즈는 탁월한 수익성, 높은 ROE, 확실한 미래 이익 흐름으로 차별화되는 기업이다. 백화점이 시장을 지배하던 시절 시어스는 프랜차이즈 기업 투자의 본보기였다. 탄산음료가 건강에 좋지 않다고 생각하기 전에는 코카콜라가 프랜차이즈 투자의 본보기였다. 이커머스와 온라인 광고의 확산 같은 확고한 기반과 추세를 토대로 성장한 오늘날의 디지털경제시대에는 아마존과 구글이 프랜차이즈 투자의 본보기가 되었다.

• **플라이휠(flywheel):** 네트워크 효과 참조

• **플랫폼기업(platform company):** 수많은 소비자에게 없어서는 안 되는 기업이 되어 다른 기업들이 비용을 지불하고 그곳에서 사업을 하고 싶어 하는 기업을 말한다. 애플이 전형적인 사례다. 애플의 앱스토어를 통해 앱을 판매하고 싶은 기업은 매출액의 30%를 애플에 지불해야 한다.

• **현금흐름표(statement of cash flows):** 세 번째이자 마지막 주요 재무제표인 현금흐름표는 특정 기간에 회사의 현금이 얼마나 들어오고 나갔는지를 보여준다. 이 때문에 현금흐름표는 다양한 비현금성 항목에 대해 추정치에 근거하고 발생주의 원칙에 따라 수익과 비용을 인식하는 손익계산서보다 훨씬 더 정확하다.

• **LTV/CAC:** 고객생애가치(lifetime value of a customer)/고객획득비용 (customer acquisition costs)의 약자다. 이것은 많은 테크기업이 마케팅비를 얼마나 효율적으로 사용하고 있는지를 측정하기 위해 사용하는 공식이다. 고객생애가치는 기업이 고객 한 명에게 기대할 수 있는 매출이다. 고객획득비용은 기업이 고객 한 명을 얻기 위해 쓰는 비용을 말한다. 대부분의 테크기업은 3달러(고객생애가치)/1달러(고객획득비용)의 비율을 목표로 한다. 즉 기업은 마케팅에 지출하는 1달러의 고객획득비용에 대해 3달러의 고객생애가치를 기대한다.

테크 온 미, 비욘드 레거시!*

워런 버핏**과 테크주 투자

흔히 테크기업 투자는 '산업과 비즈니스의 성장'을 중시해서 '재무분석과 가치평가'는 적당히 해도 된다고 여긴다. 많은 국내 개인투자자가 미국 빅테크에 투자하지만 대개 재무 수치보다 내러티브, 스토리텔링에 의존하는 것이 현실이다. 나는 이런 현상이 테크주 투자에 대한 오해에서 비롯됐다고 생각한다.

워런 버핏은 테크주 투자에 대해 어떤 입장일까? 2000년 닷컴버블 당시 버핏은 "우리가 테크주 투자를 종교적 금기처럼 여기는 것이 아니라 단지 장래 모습이 그려지는 테크주를 찾지 못할 뿐"이라고 밝혔다.

앞으로 50년을 더 산다면 어느 섹터를 능력범위에 추가하고 싶은

---

* Tech On Me, Beyond Legacy: 노르웨이 3인조 밴드 아하(A-ha)의 1985년 메가히트곡 'Take On Me'에서 힌트를 얻은 제목이다. 테크가 투자자를 또 다른 부의 세계로 데려갈 기회를 준다는 뜻을 담고자 했다.
** 워런 버핏과 찰리 멍거의 모든 인용문은 《워런 버핏의 주주 서한》《워런 버핏 바이블》《워런 버핏 라이브》에서 발췌했다. 버크셔 해서웨이 주주총회 때의 발언은 버크셔 해서웨이를 생략하고 '주주총회' 혹은 '주총'으로 표시한다.

지 묻는 질문에 버핏도 찰리 멍거도 모두 기술(테크) 섹터라고 답했다 (2011년 주주총회). 이후 12년이 흘렀고 멍거는 어느덧 100세를 앞두고 있다. 그 12년 동안 빅테크의 투자 수익이 시장 수익을 크게 초과한 것을 보면 이들의 판단은 틀리지 않았다.

이에 앞서 1999년 주주총회에서 버핏은 첨단 테크주 하나를 선택해야만 한다면 마이크로소프트를 택할 것이라고 답했고, 2005년에는 마이크로소프트 주식을 사지 않은 것이 여전히 후회스럽다고 했다. 멍거도 "세상은 많이 바뀌었고 정확한 판단으로 이 새로운 기업에 투자한 사람들은 탁월한 실적을 올렸다"(2017년 주주총회)며 빅테크의 투자 성과를 인정했다.

버핏은 아마존에 대해서도 CEO 제프 베이조스가 다른 경쟁자처럼 풍부한 자본을 가지지는 못했지만 소매와 클라우드 서비스 두 부문에서 큰 성공을 거두었음을 인정했다. 그는 "오래전부터 제프가 하는 일을 지켜보았고 그를 높이 평가했다"며 "그러나 그렇게 크게 성공할 것으로는 생각하지 못했고 아마존 웹서비스(클라우드 컴퓨팅)까지 성공할 것으로는 상상도 못 했다"(2017년 주주총회)라고 아마존을 놓친 것을 아쉬워했다. 그는 아마존의 성공을 예상하지 못했기에 아마존 주가가 항상 비싸 보였다고 덧붙였다.

내재가치 평가의 어려움을 극복하려는 시도

버핏은 1992년 주주총회에서 모든 투자는 가치투자가 될 수밖에 없다고 말했다. 나아가 기업의 가치는 그 기업이 창출하는 현금의 현재

가치이므로 가치주와 성장주를 평가하는 방법이 다르지 않다고도 말했다(2000년 주주총회). 멍거도 동조하며 현명한 투자가 모두 가치투자인 까닭은 지불하는 가격보다 얻는 가치가 더 많기 때문이라고 말했다.

1992년 주주 서한에서 버핏은 고PBR, 고PER, 저배당수익률 주식을 산다고 해서 가치를 상실하는 것이 아니라고 강조하며 가치는 전적으로 내재가치에 달렸지 PBR, PER, 배당수익률 같은 수치에 좌우되지 않는다는 것을 분명히 했다.

그러나 버핏은 내재가치 평가의 어려움도 토로했다. 2010년 주주 서한에서 "멍거가 계산하는 내재가치와 내가 계산하는 내재가치조차 일치하지 않을 것"이라며 내재가치는 정확한 계산이 불가능하다는 점을 밝혔다. 이 책의 저자 애덤 시셀이 어닝파워 개념과 BMP 템플릿을 고안한 것 역시 내재가치 계산의 어려움을 극복하고자 하는 새로운 시도다.

시셀은 내재가치 평가 기준으로 '비즈니스 품질, 경영진의 자질, 가격' 세 가지 요건을 제시하는데, 이는 버핏이 말한 기준과도 같다. 버핏은 투자 대상 기업에 대해 "유형자기자본이익률이 높아야 하고, 경영자가 유능하고 정직해야 하며, 가격이 합리적이어야 한다"(2021년 주주 서한)라며 세 가지 기준을 충족하는 기업을 인수하려는 노력에 대해 설명했다.

디지털시대, 더 중요해진 무형자산

한국의 회계기준에서 자산은 크게 유동자산과 비유동자산으로 구분한다. 유동자산은 당좌자산과 재고자산으로 세분되고 비유동자산은 투자자산, 유형자산, 무형자산, 기타비유동자산으로 세분된다. 전통적

돈은 빅테크로 흐른다

인 제조기업과 유통기업의 재무제표를 살펴보면, 유동자산인 '현금및 현금성자산, 매출채권, 재고자산'과 비유동자산인 '유형자산'이 자산의 대부분을 차지한다.

유형자산은 수확체감의 법칙, 무형자산은 수확체증의 법칙이 적용된다. 수확체감의 법칙이란 추가 자원 투입에 따른 이익이 점차 감소하는 원리를 말한다. 자원 투입 초기에는 많은 이익을 얻을 수 있지만 추가 투입에 따른 이익은 점점 줄어든다는 뜻이다. 수확체증의 법칙은 수확체감과 반대되는 개념으로, 자원 투입을 늘렸을 때 자원 증가율보다 큰 비율로 수확이 증가하는 것을 말한다. 수확체증의 법칙이 적용되는 전형적인 분야가 디지털산업이다.

21세기가 시작된 후 기업들의 유형자산과 무형자산 투자 규모를 분석하면 글로벌 경제에 엄청난 변화가 일어났음을 알 수 있다. 디지털경제화로 물적자산의 투자 비중은 크게 낮아진 반면 무형자산의 투자 비중은 크게 높아졌다. 무형자산이 비즈니스의 가치를 창출하는 수단이자 경제적 해자의 핵심 요소로 자리매김하는 현상은 전 세계 공통된 특징이다. 디지털경제에서는 유형자산(공장, 건물, 기계장치, 항공기, 선박 등)이나 재고자산(제품, 상품 등)을, 경쟁우위를 창출하는 자산으로 평가하기가 어렵다. 이런 물적자산은 아웃소싱화로 경쟁자들이 얼마든지 보유할 수 있는 동질재가 되었기 때문이다. 내재가치와 성장 기여도 면에서 무형자산이 물적자산을 능가하고 있다.

삼성전자와 애플의 예로 살펴보자. 21세기가 시작된 2000년 기준 시가총액이 삼성전자는 55조 6,000억 원인 반면 애플은 50억 달러 아래였다. 당시 원/달러 환율을 고려하면 애플의 시장가치는 고작 삼성전자의 10분의 1 수준이었다. 그러나 2023년 7월 현재 애플의 시가총액은 3조 달러가 넘어 삼성전자의 시가총액보다 9배 많다. 그런데 2022년 결산 기준 연결재무상태표를 보면 애플과 삼성전자의 자산 규모는 비슷한 수준이다.

장부상 자산 규모로는 두 회사의 시가총액 차이를 도저히 설명할 수 없다. 애플은 삼성전자에 대해 재고자산이 12.5%, 유형자산이 32%, 자기자본이 18%에 불과하다. 그러나 순이익 규모는 오히려 애플이 삼성전자의 2.3배가량 된다. 이런 큰 차이를 만들어낸 것은 무형자산이라고 해석할 수밖에 없다. 이렇다 보니 애플의 주가순자산배수(PBR)는 최근 40배가 넘는다.

현재의 회계기준으로는 애플의 무형자산이 0으로 나타난다. 원칙적으로 내부에서 창출한 무형자산은 당기에 영업비용으로 처리하는 회

[표] 삼성전자와 애플의 재무상태 비교(요약)
2022년 결산일 기준
(단위: 100만 달러)

	삼성전자	애플
현금및현금성자산	38,478	23,646
매출채권	27,666	28,184
재고자산	40,420	4,946
유형자산	130,162	42,117
무형자산	15,659	0
자산	347,307	352,755
부채	72,552	302,083
자본	274,755	50,673

계 원칙 때문이다. 반면 똑같은 무형자산이라도 외부에 대가를 지불하고 취득한 개별 무형자산과 기업 인수합병으로 취득한 무형자산은 비용이 아닌 자산으로 인식한다. 개별 무형자산은 재무상태표에 우선 자산화한 후 일정 기간 비용으로 상각하고, 인수합병으로 취득한 영업권은 가치 훼손 시 손상 처리하도록 규정하고 있다. 그래서 애플의 무형자산이 0으로 나타난다.

내부에서 창출한 무형자산은 가치를 측정하지 못해서 재무상태표의 자산으로 기록할 수 없다고는 하지만, 이 역시 외부에 라이선스 비용이나 용역 대가를 지불하는 등 제삼자 거래가 수반되는 경우가 많다. 이 경우 외부에서 무형자산을 취득해 자산화하거나 다른 기업을 인수합병해 영업권을 자산화하는 것과 비교해서 경제적 실체의 차이가 없다.

테크기업의 무형자산 누락

스타벅스가 다른 커피 브랜드에 비해 경쟁우위를 지니는 것도 재무제표에 나타나지 않는 무형자산 때문이다. 스타벅스의 경쟁우위는 매장과 커피머신 같은 유형자산이나 원두 같은 재고자산에 있는 것이 아니라 강력한 브랜드에 기반한 운영체제에 있다. 브랜드는 소비자들에게 신뢰와 가치를 전달하는 역할을 한다. 고객들에게 고품질 커피와 편안한 공간을 제공한 대가로 획득한 고객 충성심은 신규 시장에서 경쟁우위를 확보하는 데 도움이 된다.

전 세계 매장을 통해 구축한 글로벌 네트워크도 스타벅스의 경쟁우위다. 이 외에도 메뉴 혁신, 모바일 앱을 통한 주문 및 결제서비스 등 소비자들에게 편의성과 혁신적인 경험을 제공함으로써 경쟁우위를 확보한다. 이런 경쟁우위들로 얻은 강력한 브랜드파워가 스타벅스의 가장 중요한 핵심 자산이지만 장부상의 가치는 0원이다.

미디어, SNS, 이커머스 등의 플랫폼에서 가장 중요한 자산은 고객이다. 고객이야말로 경쟁우위의 핵심이고 경제적 해자를 공고히 하는 핵심적 자산임에도 회계상 자산으로 표시되지 않는다. 고객 획득을 위한 마케팅, 브랜드 구축 비용은 미래의 효익을 가져다주는 지출임에도 자산이 아닌 비용으로 인식하기 때문에 자산의 규모와 이익이 과소 계상된다.

신기술, 신제품, 신서비스를 위한 연구개발, 고객 획득과 브랜드 강화를 위한 투자 활동을 어떻게 구성하고 집행하는가의 창의적 전략도 그 자체로 경쟁우위가 된다. 이런 전략을 실행하는 노하우나 맨파워 역시 시간이 지날수록 가치가 감소하기보다는 누적적으로 강화되는 경우가 많음에도 장부에는 전혀 반영되지 않는다.

연구개발비*는 재무보고서에 연구개발비 항목으로 별도로 보고되지만 브랜드 구축과 유지, 직원 교육훈련, 고객 획득을 위한 마케팅, 콘텐츠 개발, 판매 프로세스 혁신, IT 시스템 구축 등을 위한 지출은 상세히 보고되지 않는 경우가 대부분이다. 경쟁우위 구축에 들어가는 결정적

---

* 원칙적으로 미국 GAAP과 IFRS 모두 내부적으로 무형자산을 만들기까지 들어가는 모든 지출을 비용 처리해야 한다. 그러나 예외가 있다. IFRS의 경우 연구개발비 중에서 일정한 무형자산 인식 요건을 만족한다면 자산으로 인식할 수 있다. GAAP의 경우 소프트웨어 개발비용은 일정 요건을 만족한다면 자산으로 인식할 수 있으나 그 외의 연구개발비는 무조건 비용 처리해야 한다. 이 책은 미국 GAAP을 기준으로 설명한다.

인 지출에 대한 정보가 투자자에게 불충분하게 제공되는 것이다.

무형자산이 기업의 내재가치와 투자자의 부를 창출하는 핵심 자산으로 부상했음에도 무형자산의 가치를 기업의 재무보고서에 충분히 반영할 수 있는 제도적 개선은 아직 요원하다. 컴퓨터, 소프트웨어, 인터넷, 모바일, 플랫폼, 클라우드 같은 무형자산이 태동하지 않았던 산업화시대에 제정된 낡은 회계 규정이 여전히 테크기업의 연구개발 지출의 회계 처리에 그대로 적용되고 있다. 21세기 디지털경제의 특성을 제대로 반영하지 못한다는 비판이 있는 이유다.

테크기업만 무형자산을 통해 가치를 창출하는 것이 아니다. 전통적인 소비재 제조 및 유통기업 역시 대규모 제조설비나 유통시설에 투자하는 것보다 브랜드를 구축하고 생산 및 유통 프로세스를 혁신함으로써 경쟁우위를 강화한다. 나이키(Nike), 월마트 같은 물적자본 집약적인 기업들도 끊임없는 비즈니스 프로세스 혁신을 통해 경제적 해자를 구축한다.

테크기업 가치평가의 난제를 해결하려는 시도

이 책에서 지적하는 것처럼 현재 미국 기업들은 무형자산에 연간 1조 달러 이상을 지출하고 있다. 무형자산은 미래의 막대한 경제적 효익을 명백히 창출하고 있다. 그러나 현행 회계기준은 건물, 기계장치, 재고자산 같은 유형자산을 기반으로 하는 기업에 적합하다. 산업 간, 기업 간 또는 한 기업의 생애주기 속에서 유형자산의 장부가치, 안정성, 수익성을 통해 기업의 가치를 평가하는 것이다.

유형자산과 금융자산은 시장에서 거래되므로 거래 이력 등으로 공정가치를 평가할 수 있다. 그러나 무형자산은 특정 사업이나 기업에 전속되는 특성이 강해 시장에서 따로 거래하기가 어렵고 원칙적으로 장부에도 기록되지 않는다. 생산성도 비교하기가 어려워 공정가치를 평가하는 것이 대단히 어렵다. 무형자산의 투자 성과는 따로 공시하지도 않는다. 투자자는 재무보고서에서 무형자산에 대한 정보를 취득하기가 어렵다.

1990년대에 촉발된 정보혁명 이후 무형자산이 본격적으로 산업의 중심으로 이동했다. 21세기 들어 무형자산 기반의 산업이 새로운 성장과 부의 대부분을 창출하게 되었다. 실물자산과 금융자산은 평균 정도의 투자 수익만 창출하고 있다. 기업은 고부가가치의 핵심 역량을 제외한 저부가가치의 나머지를 대부분 아웃소싱함에 따라 생산에서 무형자산의 역할이 비약적으로 중요해졌다.

신제품 연구개발, 새로운 서비스 출시, 대규모 고객 획득 등 기업의 명운에 중대한 영향을 미치는 사건들은 무형자산 투자라는 이유로 지출 당시의 재무제표에 부정적인 영향을 준다. 매출 같은 경제적 효익은 상당한 시차를 두고 발생한다. 전통 산업을 송두리째 와해하는 혁신적인 신기술이 등장하더라도 현재의 회계장부에는 전혀 반영되지 않을 수도 있다. 중대 사건이 발생했음에도 자산, 매출, 비용, 이익 등으로 회계 처리하는 과정에서 경제적 효익의 장부상 인식이 지연되는 동안 주가는 크게 상승할 수 있다. 가치투자자에게는 실체 없이 석연찮은 이유로 주가가 오르는 것으로 보인다.

보수적 회계 원칙에 따라 지출 시점에는 저조한 실적을 보이지만 미래에는 이익이 과대 계상될 수 있다. 무형자산 투자 비용이 현재 모두 인식되어 그 효익으로 발생하는 미래 매출에 대응해 비용이 인식되지 않기 때문이다. 보수적 회계 원칙, 수익-비용 대응의 원칙, 무형자산 투자의 비용화는 무형자산 중심의 비즈니스에 적용하는 데 한계가 있다. 가치평가 면에서도 실제 수익성에 비해 주가가 과소평가 내지 과대평가될 수 있다.

이 책은 이 같은 가치평가의 난제들을 하나하나 풀어나간다. 보수적 회계 원칙의 왜곡을 바로잡고 테크기업의 손익 구조를 비교적 정확히 반영한 가치평가 툴을 내놓는다.

수익-비용 대응의 회계 원칙

기업의 당기 수익과 비용을 적절하게 대응하는 것을 수익-비용 대응의 회계 원칙이라고 한다. 당기 수익을 창출하는 데 관련된 모든 비용을 해당 수익에 적절하게 대응할 때 사업 성과를 가장 정확하게 나타낼 수 있다는 뜻이다. 기업은 수익이 발생할 때 그에 대한 비용과 대응하고, 수익은 일정한 조건을 충족했을 때 인식된다. 예컨대 제품이 판매되었을 때 재무상태표의 재고자산은 손익계산서에 비용인 매출원가로 대응된다.

따라서 원재료 구매 대금은 지출과 동시에 비용으로 인식하는 것이 아니라 우선 재무상태표에 재고자산으로 자산화한 후 제품으로 판매될 때 비로소 수익과 대응해 비용으로 인식한다. 이렇게 하지 않으면 매입한 당기에 재고자산이 판매되지 않고 차기에 판매되는 경우, 당기에는 매입원가만큼 손실만 발생하고 차기에는 매출액만큼 이익만 발생하는 문제가 생긴다. 이런 불합리 때문에 수익과 비용은 인과관계처럼 같은 회계 기간에 대응돼 기록된다.

유형자산도 구매할 당시 바로 손익계산서에 전액 비용으로 인식하는 것이 아니라, 우선 자산으로 기록한 후 사용 기간 경과에 따른 가치 감소분을 분배해 비용으로 순차 인식한다. 이런 감가상각은 대개 유형자산(공장, 기계장치, 생산라인, 차량, PC, 서버 등)에 적용된다. 감가상각비는 해당 자산의 취득원가와 사용 기간에 따라 산정된다. 예를 들어 회사가 10년 동안 사용하기 위해 1,000만 원의 기계를 구입하고 연간 감가상각비를 100만 원으로 산정하면 10년 동안 매년 100만 원의 감가상각비를 인식하고 해당 자산에서 발생한 수익과 대응해 기록한다. 이를 통해 기업은 자산의 소모와 가치 감소를 적절히 반영해 경영 의사 결정을 내릴 수 있다.

그런데 무형자산에 이런 감가상각을 적용하면 수익-비용 대응에 심각한 불일치가 생긴다. 테크기업이 향후 5년간 수익을 창출할 것으로 예상하는 신규 고객을 획득하기 위해서 쿠폰 제공, 할인 판매 등의 방법으로 마케팅 비용을 지출하는 경우 당기에 모두 비용으로 인식하지만, 그 마케팅 효익은 고객이 특정 서비스에 록인(lock-in)된다면 수십 년에 걸쳐 발생할 수도 있기 때문이다.

연구개발비는 무형자산 투자 중 가장 큰 비중을 차지한다. 그 효익도 유형자산 이상으로 장기간에 걸쳐 지속된다. 그럼에도 연구개발비를 당기에 모두 비용화한다면, 적극적으로 성장과 생산성을 도모할수록 당기의 이익이 과소 계상되는 등 경제적 실체와 괴리되는 결과로 이어진다.

저자는 이 문제를 해결하기 위해 인튜이트의 예를 들어 고객생애가치(LTV)와 고객획득비용(CAC)을 이용한 LTV/CAC 지표로 설명한다. 마케팅 지출을 손익계산서의 비용으로 인식하지 않고 재무상태표상의 자본적 지출로 전환해서 지출 효율성을 측정하는 것이다. 또한 테크기업 연구개발비 지출의 내용연수를 1년으로 보는 것은 터무니없는 잘못이라고 말하면서 재무제표를 재구성해 새롭게 가치평가하는 방법을 제안한다.

어닝파워: 사과 대 사과 비교법

사과 대 사과 비교법(apple to apple comparison)이란 두 물건을 같은 것으로 놓고 비교한다는 의미다. 반대 개념이 사과 대 오렌지 비교법(apple to orange comparison)으로, 종류가 다른 사과와 오렌지는 비교 불가능하다는 의미다. 전통기업과 테크기업을 사과 대 사과 비교법으로 재무적으로 비교하면 다음과 같은 문제점이 있다.

1. **산업 특성의 차이:** 전통기업과 테크기업은 다른 산업 분야에 속하며, 이는 재무 측면에서도 차이를 가져올 수 있다. 자산의 구성, 수익 모델 등이 다르기 때문에 직접 비교하면 왜곡이 발생할 수 있다.
2. **성장 잠재력의 차이:** 테크기업은 일반적으로 성장 잠재력이 높다. 이에 반해 전통기업은 성장이 상대적으로 더디다. 이런 차이로 수

익성 지표나 자산가치 등을 비교할 때 왜곡이 발생할 수 있다.

3. 회계 및 재무 정책의 차이: 다양한 산업과 기업은 서로 다른 회계 및 재무 정책을 사용할 수 있다. 이는 재무보고서의 내용과 형식에 차이를 만들어내며, 비교 시 데이터의 일관성에 영향을 줄 수 있다.

따라서 전통기업과 테크기업의 재무상태를 비교할 때, 산업 특성과 성장 잠재력을 고려하고 재무보고서의 차이를 분석하는 것이 중요하다. 비즈니스 내용, 경영 전략, 자산 구성, 재무 구조, 무형자산 투자, 주주환원, 매출에 대한 이익률, 투하자본에 대한 수익률 등을 비교 분석해야 각 기업의 강점과 약점을 이해할 수 있다.

가치의 핵심 자산이 유형자산인 기업과 테크기업을 동일한 방식으로 장부상 자산, 장부상 이익에 기반해 가치평가를 하면 테크기업이 고평가된 것으로 보일 가능성이 높다. 이 문제를 해결하기 위한 도구로 저자가 제안하는 개념이 어닝파워와 어닝파워 PER, BMP 템플릿이다. 책에서 아마존의 사업 부문별 어닝파워를 계산하는 과정, 알파벳과 인튜이트의 BMP 템플릿을 만드는 과정을 따라가다 보면 디지털시대 테크기업의 가치평가에 대해 감을 잡을 수 있을 것이다.

저자의 어닝파워 역시 가치투자의 핵심 원리인 안전마진의 새로운 해석이므로 벤저민 그레이엄과 버핏의 투자철학에서 크게 벗어나지 않는다. "한 세대는 가고 한 세대는 오되 땅은 영원히 있도다"(전도서 1:4)라는 성경 구절처럼 벤저민 그레이엄의 가치투자의 핵심은 앞으로도 영원할 것이다.

홍영표